傳說隧道中會
出現身穿白衣
的女性靈體。

太陽照射角度的不同，充滿迷幻的光線會閃耀在祭壇上。

像是被幽靈附身的西根俐落地爬上山坡。

籠罩在謎樣黑影之中的平交道。

在因丑時參拜[1]而聞名的神社找到了釘在樹上的稻草人。

❶ 丑時參拜：日本古老的詛咒儀式，相傳幽靈出現時間是半夜兩點至四點，換算成地支，也就是丑時。

抵達關西國際機場後，被 EXO 的紛絲衝撞、包圍的我。

我在少年時期住在古墳上時拍的照片。

從禁止進入的懸崖遠處傳來悲鳴聲。

異界探訪恐怖之旅

凶宅怪談2

日本最強凶宅藝人
松原田螺——著
李喬智——譯

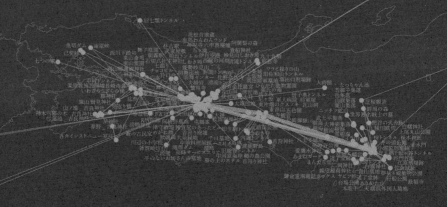

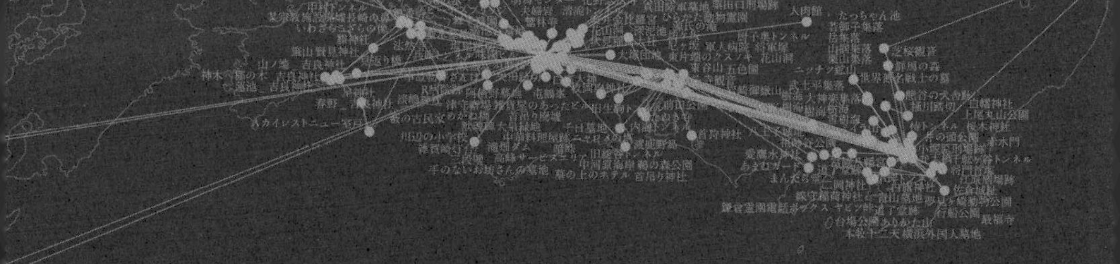

suncolor
三采文化

—繁體中文版獨家作者序—

跟我一起進行恐怖之旅的模擬體驗吧！

台灣的讀者們大家好。我是日本的搞笑藝人——松原田螺，雖說是搞笑藝人，但我算是比較特殊吧。凶宅，也就是有人在裡頭過世的房子，台灣應該也是這麼稱呼的吧。我就住在凶宅裡，每天都進行收集靈異現象的工作。

在日本，人們相當忌諱凶宅，理由是不吉利、會招來厄運等等，根本沒有人願意住。不過隨著少子化及高齡化的問題日益嚴重，日本的凶宅數量也持續增加，可能是因為這樣吧，所以日本人對於一直住在凶宅裡的我，紛紛投以好奇的眼光。

日本現在對於靈異直播和靈異地點的探訪影片，有開始流行的徵兆。

像 YouTube 之類的影音內容，只要是恐怖類型的頻道都能得到相當高的點閱率。特別是靈異地點的直播影片，非常能勾起觀眾的好奇心，因為那些地方很可怕所以不想自己去，但若是有人去了，就會想要看看。

我這幾年所做的事情就是在家住凶宅、出門找靈異。日本有非常多令人感到害怕的靈異地點，同時也有不少能提升運氣的能量場域。所有有著不可思議現象而且遠離日常生活場域的地點，都可稱為靈異禁地。這次我走出凶宅，探訪各地的靈異禁地，這裡頭有九死一生的恐怖經歷或是重溫在地記憶的歷史探訪，當然也有對自我省思的全新體驗。恐怖之旅，真的能讓人學到很多很多。

其中對我衝擊最大的就是，台灣五天四夜的恐怖之旅了。廢棄礦坑、巨大的幼稚園，還有廢棄的火葬場……眼睛看得到的靈異現象，全都凌駕日本之上。而眼睛看不到的恐懼，則讓我的心臟狂跳。我在台灣所經歷的體驗，至今仍令我印象深刻、難以忘懷。

另外，台灣還有很多我不知道的靈異地點及特殊文化，甚至是真實存在的妖怪等等的，我都一一詢問了。原來我的恐怖之旅只接觸了冰山一角而已，希望之後還有機會再去台灣。屆時期待大家能告訴我更多資訊，麻煩各位讀者了。

那麼台灣的讀者們，請大家透過這本書跟我一起進行模擬體驗吧。感受我在台灣遭遇的恐懼，以及我所住的國家——日本的可怕之處。

松原田螺

—前言—

在家住凶宅、出門找靈異的日常生活

常聽到有人說「喜歡旅行，是因為有家可以回」，但對我來說，我要回的家就是凶宅。我在凶宅持續住了整整六年。一開始的緣起是《北野誠的你們不要去啊！》的節目企劃，後來我以「凶宅藝人」的身分先後住了七間凶宅。

住在曾有人去世的房子裡，並且對外闡述在凶宅內發生的靈異現象，就是我現在的工作。住進凶宅真的太刺激了，我一開始怕得要死。原本我對死亡的感知是很遲鈍的，總是用一種活著很理所當然的態度在過日子，然而從那之後，我反而強烈感受到自己真實活著的感覺。

其實，持續住了一陣子之後，會發現並非每天都在發生不可思議的事情，風平浪靜才是真實的日常。當然偶爾還是會遇到些靈異現象，但基本上即使發生了也不會威脅到生命安全，因此我也就漸漸習慣了。

我覺得在曾有人去世的房子裡生活，很明顯地增強了我對恐懼的耐受力。而現在，我開始期待能夠遇到一些更不可思議的事情，如果真的有幽靈的話，我非常渴望能夠用雙眼親自見證。

我想著既然我都能夠在凶宅住下來了，理論上不管是多麼可怕的地方，應該都去得了。所以大約是在住進第三間凶宅後，我開始造訪曾發生過靈異現象的地點，各種意外或事故的事發現場、戰爭遺跡、廢棄隧道、自殺勝地、詛咒之地、刑場遺跡、目擊鬼火出沒的地方等等。如果時間許可的話，我甚至還打算到靈異禁地去瞧瞧。

因為單純的靈異地點探訪，已經無法滿足我了，所以我訂下了五大原則。

- 盡可能選擇沒有人聽過或去過的地點。
- 盡可能選在靈異現象最有可能發生的半夜前往。
- 選擇可以長住的地點。
- 盡可能自己一個人去。
- 為了在發生靈異現象時留下證據，過程中都要錄影，而且以現場直播的方式記錄。

本書彙整了我從二〇一六年七月開始到二〇一八年四月為止的所見所聞，有些靈異禁地的恐怖傳說只是人們因為地名或地點強行穿鑿附會的故事而已，當然也有真的發生不可思議現象的靈異禁地，這些地方我全都實際到現場親身體驗。

我的恐怖之旅紀實，詳實記錄了我探訪未知的恐懼，並且征服恐懼平安歸來的種種過程，希望大家會喜歡。

目錄

繁體中文版獨家作者序／跟我一起進行恐怖之旅的模擬體驗吧！ 3

前言／在家住凶宅、出門找靈異的日常生活 6

靈異禁地 MAP 14

靈異禁地一覽表 16

2016年

大塚住宅區（滋賀） 22

舊七類隧道（島根） 24

大塚住宅區（滋賀） 26

矢田平交道（大阪） 34

樹海（山梨） 37

星神社（高知） 40

夫妻岩（兵庫） 44

鷲林寺（兵庫） 47

祖師谷公園（東京） 51

大神樂聚落（埼玉） 54

武士平聚落（埼玉） 57

群馬之森（群馬） 58

熊谷的犬舍遺跡（埼玉） 60

長崎之鼻（香川） 62

「早知如此何必當初」的雕像（香川） 64

滕神社（香川） 67

法然寺（香川） 69

明舞購物中心（兵庫） 74

巧克力大廈（兵庫） 76

狩口台（兵庫） 78

舞子墓園（兵庫） 81

吉良神社（高知） 86

2017年春

東山殯儀館（岡山） 91
東山靈園（岡山） 95
岡山縣護國神社（岡山） 97
屯鶴峰（奈良） 99
安井金比羅宮（京都） 104
伏見稻荷大社（京都） 107
滿池谷墓園（兵庫） 112
白高大神（奈良） 116
積雪的樹海（山梨） 120
味園大樓（大阪） 123
塩屋車站附近的國道（兵庫） 126
須磨平交道（兵庫） 129
東谷山（愛知） 132
清瀧隧道（京都） 137
深泥池（京都） 143
木乃伊山（東京） 145
凶宅散策（大阪） 148
有雜貨店的大樓（大阪） 154
上吊廢墟（大阪） 156
前田公園（愛知） 159
維納斯大橋（Venus bridge、兵庫） 165
七彎道（兵庫） 167
垂水墓園（兵庫） 169
枚岡廢神社（大阪） 172
內海隧道（愛知） 178
狸之寺（愛知） 181
道了堂遺跡（東京） 184
岩崎御嶽山（愛知） 187
野間隧道（大阪） 189
能勢妙見山（大阪） 190
妙見山刑場（大阪） 192
東片端的樟樹（愛知） 194
尼坂（愛知） 196
坊坂（愛知） 198
津守殯儀館（大阪） 200
眼鏡橋（大阪） 201
Nyanome之塔（三重） 203
大泉綠地（大阪） 205
真田山陸軍墓園（大阪） 207
大阪城（大阪） 208

根香寺（香川） 210
春野的吉良神社（高知） 212
蓮池的吉良神社（高知） 214
山之端的吉良神社（高知） 215
黃金週的樹海（山梨） 217
久良波大王墓（沖繩） 219
SSS（沖繩） 221
大山貝塚（沖繩） 223
嘉數高台公園（沖繩） 225
喜屋武岬（沖繩） 226
二條城（京都） 229
清瀧隧道（京都） 231

靈異實錄寫真館 235

2017年夏

大象雕像神社（大阪） 246
舊總谷隧道（三重） 249
相坂隧道（兵庫） 252
二岡神社（靜岡） 254
櫻木神社（埼玉） 256
枚方寵物墓園（大阪） 257
源氏瀑布（大阪） 258
中華料理店遺跡（大阪） 261
川邊的小學（大阪） 263
R醫院遺跡（大阪） 265
井之頭公園（東京） 266
廚子奧隧道（京都） 269
花山洞（京都） 271
栗田口刑場遺跡（京都） 273
五池（兵庫） 275
行天宮（台灣） 277
廢棄火葬場（台灣） 280
辛亥隧道（台灣） 286

礦坑遺跡（台灣）290
黑魔法幼稚園（台灣）292
線守稻荷神社（神奈川）294
矢櫃峠（神奈川）296
白旗神社（神奈川）298
千駄谷隧道（東京）300
青山墓園（東京）302
將門首塚（東京）303
江原刑場遺跡（千葉）304
佐倉城遺跡（千葉）305
鵜之森公園（三重）307
中河原海岸（三重）308
裏六甲廢墟（兵庫）310
日窒礦山（埼玉）312
岳聚落（埼玉）313
若御子聚落（埼玉）315
山摑聚落（埼玉）317
栗山聚落（埼玉）319
瀧畑水庫（大阪）320
八王子城遺跡（東京）324
道了堂遺跡（東京）327
有難山（東京）329
淡嶋神社（和歌山）331
千日墓園（京都）333

2017年秋冬

樹叢裡的老宅（德島）338
回頭橋（高知）340
雜賀崎燈塔（和歌山）342
墓園上的飯店（三重）344
舊佐和山隧道（滋賀）345
人肉館（長野）346
住吉車站（兵庫）348
沒有手的和尚之墓（大阪）350
行船公園（東京）352
赤水門（東京）354
八木山橋（宮城）355
葛岡墓園（宮城）358
太白山隧道（宮城）361
芝櫻觀音（群馬）363
桶川平交道（埼玉）365
颱風過境的樹海（山梨）367
照恩寺（福井）368
九十九橋（福井）370

渡鹿野島（三重） 374
白幡神社（千葉） 377
貴船神社（京都） 378
賢見神社（德島） 381
神木竹柏（高知） 383
Sky Rest New Muroto（高知） 385
中村隧道（香川） 387
某個宗教設施的廢墟（香川） 389
南原峽谷（廣島） 390

2018年

首狩神社（愛知） 394
正月的樹海（山梨） 396
橫濱外國人墓地（神奈川） 397
小坪隧道（神奈川） 398
曼陀羅堂（神奈川） 400
高峰休息站（奈良） 402
朝霧站（兵庫） 404
舞子墓園（兵庫） 406
龜水（兵庫） 409
暗峠（奈良） 410
採集蕨菜的山（京都） 412
花魁淵（北海道） 415
西岡水源地（北海道） 416
三段壁（和歌山） 418
筆山（高知） 420
幽靈出沒的喫茶店遺跡（香川） 422
林田港（香川） 425
已斐峠（廣島） 426
魚切水庫（廣島） 427
阿闍梨之森（大阪） 429
七間廢墟（山口） 431

後記／靈異旅行是逃亡也是療癒，更是日常 437

靈異禁地MAP
沖繩

台灣

靈異禁地一覽表

兩年間探訪206處地點

2016年

7月9日　大塚住宅區（滋賀）
23日　舊七類隧道（島根）
8月19日　大塚住宅區（滋賀）
9月2日　矢田平交道（大阪）
25日　樹海（山梨）
10月21日　星神社（高知）
11月1日　夫妻岩（兵庫）
1日　鷲林寺（兵庫）
7日　祖師谷公園（東京）
10日　大神樂聚落（埼玉）
10日　武士平聚落（埼玉）
16日　群馬之森（群馬）
17日　熊谷的犬舍遺跡（埼玉）
28日　長崎之鼻（香川）
28日　「早知如此何必當初」的雕像（香川）
28日　滕神社（香川）
28日　法然寺（香川）
12月8日　明舞購物中心（兵庫）
8日　巧克力大廈（兵庫）
8日　狩口台（兵庫）
8日　舞子墓園（兵庫）
9日　吉良神社（高知）
10日　東山殯儀館（岡山）
10日　東山靈園（岡山）
10日　岡山縣護國神社（岡山）
31日　屯鶴峰（奈良）

2017年

1月3日　安井金比羅宮（京都）
3日　花山洞（京都）
4日　伏見稻荷大社（京都）
10日　滿池谷墓園（兵庫）
20日　白高大神（奈良）
22日　積雪的樹海（山梨）
26日　味園大樓（大阪）
2月1日　塩屋車站附近的國道（兵庫）
1日　敦盛塚（兵庫）
1日　須磨平交道（兵庫）
8日　東谷山（愛知）
11日　清瀧隧道（京都）
11日　化野念佛寺（京都）
11日　深泥池（京都）
14日　木乃伊山（東京）
18日　凶宅散策（大阪）
18日　有雜貨店的大樓（大阪）
18日　上吊廢墟（大阪）
22日　前田公園（愛知）
3月1日　維納斯大橋（Venus bridge，兵庫）
1日　兵庫隧道（兵庫）
1日　七彎道（兵庫）
1日　垂水墓園（兵庫）
6日　枚岡廢神社（大阪）
6日　舊生駒隧道（大阪）
6日　石切劍箭神社（大阪）

13日 內海隧道（愛知）
13日 狸之寺（愛知）
13日 笠寺觀音（愛知）
16日 道了堂遺跡（東京）
22日 岩崎御嶽山（愛知）
23日 野間隧道（大阪）
23日 能勢妙見山（大阪）
23日 妙見山刑場（大阪）
25日 阿倍野墓地（大阪）
29日 東片端的樟樹（愛知）
29日 尼坂（愛知）
29日 坊坂（愛知）
4月1日 津守殯儀館（大阪）
1日 眼鏡橋（大阪）
1日 獸魂碑（大阪）
4月5日 Nyanome之塔（三重）
8日 大泉綠地（大阪）
12日 世界無名戰士之墓（埼玉）
15日 真田山陸軍墓園（大阪）
16日 大阪城（大阪）
27日 根香寺（香川）
28日 春野的吉良神社（高知）

28日 蓮池的吉良神社（高知）
28日 山之端的吉良神社（高知）
5月4日 黃金週的樹海（山梨）
17日 久良波大王墓（沖繩）
17日 SSS（沖繩）
18日 大山貝塚（沖繩）
18日 嘉數高台公園（沖繩）
18日 喜屋武岬（沖繩）
18日 姬百合之塔（沖繩）
25日 小塚原刑場遺跡（東京）
29日 二條城（京都）
29日 清瀧隧道（京都）
29日 上宮天滿宮（大阪）
6月1日 大象雕像神社（大阪）
6日 大觀音寺（三重）
6日 舊總谷隧道（三重）
7日 石切八社主神社（兵庫）
7日 相坂隧道（兵庫）
7日 武家屋敷（兵庫）
8日 伊丹機場（大阪）
14日 二岡神社（靜岡）
15日 櫻木神社（埼玉）

24日 枚方寵物墓園（大阪）
24日 源氏瀑布（大阪）
24日 軍人醫院（京都）
28日 中華料理店遺跡（大阪）
29日 川邊的小學（大阪）
29日 R醫院遺跡（大阪）
7月1日 井之頭公園（東京）
2日 廚子奧隧道（京都）
3日 將軍塚（京都）
3日 花山洞（京都）
3日 粟田口刑場遺跡（京都）
6日 五池（兵庫）
13日 行天宮（台灣）
13日 廢棄火葬場（台灣）
13日 辛亥隧道（台灣）
14日 礦坑遺跡（台灣）
14日 黑魔法幼稚園（台灣）
18日 線守稻荷神社（神奈川）
19日 矢櫃峠（神奈川）
19日 白旗神社（神奈川）
20日 千駄谷隧道（東京）
20日 青山墓園（東京）

20日 將門首塚（東京）
21日 江原刑場遺跡（千葉）
21日 佐倉城遺跡（千葉）
29日 鵜之森公園（三重）
30日 中河原海岸（三重）
8月1日 神咒寺（兵庫）
1日 裏六甲廢墟（兵庫）
1日 有馬汪汪樂園（兵庫）
6日 日窒礦山（埼玉）
6日 岳聚落（埼玉）
6日 若御子聚落（埼玉）
6日 山擱聚落（埼玉）
6日 栗山聚落（埼玉）
13日 上吊神社（三重）
14日 瀧畑水庫（大阪）
20日 八王子城遺跡（東京）
21日 道了堂遺跡（東京）
21日 有難山（東京）
22日 夢見崎動物公園（神奈川）
22日 宅部池（東京）
27日 淡嶋神社（和歌山）
31日 千日墓園（京都）

9月1日 樹叢裡的老宅（德島）
2日 回頭橋（高知）
10日 雜賀崎燈塔（和歌山）
13日 墓園上的飯店（三重）
14日 舊佐和山隧道（滋賀）
15日 愛鷹山水神社（靜岡）
15日 Amane 地下道（靜岡）
20日 再訪妙見山刑場（大阪）
23日 人肉館（長野）
25日 住吉車站（兵庫）
28日 沒有手的和尚之墓（大阪）
10月5日 弁天橋（千葉）
6日 行船公園（東京）
6日 台場公園（東京）
7日 赤水門（東京）
7日 侍隧道（埼玉）
19日 八木山橋（宮城）
19日 葛岡墓園（宮城）
19日 太白山隧道（宮城）
20日 芝櫻觀音（群馬）
21日 桶川平交道（埼玉）
21日 上尾丸山公園（埼玉）

21日 颱風過境的樹海（山梨）
25日 照恩寺（福井）
25日 九十九橋（福井）
11月3日 渡鹿野島（三重）
17日 白幡神社（千葉）
17日 最福寺（千葉）
19日 花松首地藏（兵庫）
30日 貴船神社（京都）
12月7日 賢見神社（德島）
7日 神木竹柏（高知）
7日 Sky Rest New Muroto（高知）
8日 中村隧道（香川）
8日 某個宗教設施的廢墟（香川）
9日 南原峽谷（廣島）
16日 富岡八幡宮（東京）

2018年

1月2日 首狩神社（愛知）
2日 正月的樹海（山梨）
17日 橫濱外國人墓地（神奈川）
17日 本牧白色之家（神奈川）
17日 本牧十二天（神奈川）

18日　海側的小坪隧道（神奈川）
18日　山側的小坪隧道（神奈川）
18日　曼陀羅堂（神奈川）
18日　「莎莉的洋房」（神奈川）
27日　高峰休息站（奈良）
31日　朝霧站（兵庫）
31日　舞子墓園（兵庫）
2月
1日　龜水（兵庫）
1日　西川下平交道（兵庫）
3日　五色園（愛知）

4日　暗峠（奈良）
19日　高山寺（京都）
19日　採集蕨菜的山（京都）
25日　花魁淵（北海道）
25日　西岡水源地（北海道）
3月
2日　三段壁（和歌山）
14日　筆山（高知）
16日　幽靈出沒的喫茶店遺跡（香川）
16日　林田港（香川）

16日　已斐峠（廣島）
17日　魚切水庫（廣島）
25日　阿闍梨之森（大阪）
4月
4日　七間廢墟（山口）

2016年

大塚住宅區（滋賀）七月九日

我第一次一邊走訪靈異景點一邊進行網路直播的地方，就是位在滋賀縣東近江市的大塚住宅區。大塚住宅區是一個荒廢的聚落，九〇年代後半，住在此處的居民們突然間集體失蹤了。

到訪當天很不巧地下著傾盆大雨，因為我沒有駕照，所以由我的後輩藝人華井二等兵當司機，我們一起開車到現場去。時間剛過深夜兩點，我們在寫著「岡本墓園」、「傳染病屍體焚燒場遺跡」的告示牌前停下車子。

我們下車後開啟直播，朝向 Google 地圖所顯示的位置走去。不過，我們一開始想得太天真了，沒有帶手電筒在身上，在滂沱大雨中只憑著手機發出的微弱光線，就這麼闖進黑暗之中。

先說結論吧，才前進五分鐘我們就放棄了。因為經過看板再往前走沒多久，立刻就有一陣線香的味道撲鼻而來，接著有一道白光從華井的眼前飄過。

此時，手機直播中的攝影畫面裡，也出現了一張陌生的臉。難以忍受的恐懼朝我們襲來，再加上強烈的雨勢，讓我們慌張地撤退了。

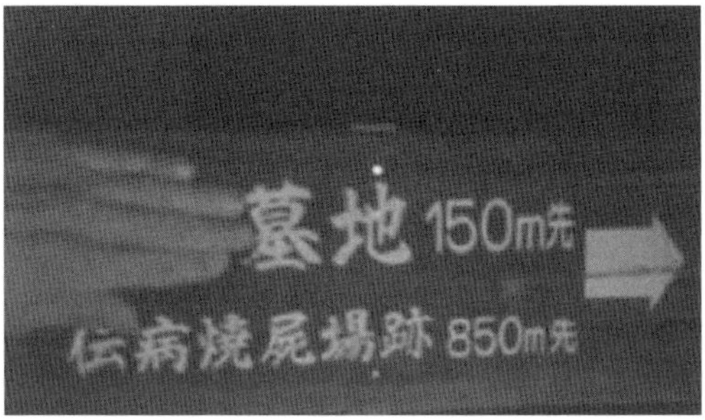

岡本墓園與傳染病屍體焚燒場遺跡的告示牌。

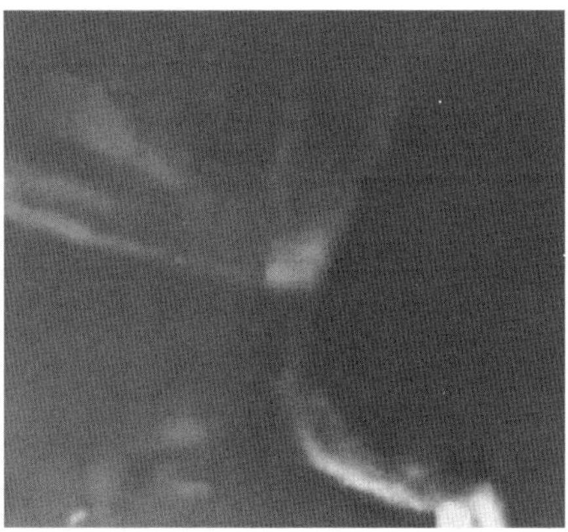
在我身後有一瞬間出現了一張謎樣的臉。

● 舊七類隧道（島根）七月二十三日

這天，我在鳥取縣的境港參加靈異怪談的現場直播節目。負責企劃這個節目的是枝，是我以前在金龍拉麵店打工時的同事。因為境港是他的故鄉，他為了振興鄉鎮就把我們叫來幫忙。

活動結束後，我聽是枝說，在境港附近有一個靈異地點，他所指的地方就是位在島根縣松江市的舊七類隧道。從鳥取的境港出發，經過境水道大橋後就是島根半島的東部，再開十五分鐘左右的車就可以抵達目的地。

在新七類隧道開通之後，舊七類隧道就不再使用了，成了廢棄的隧道。這條隧道附近，有被放生的德國牧羊犬出沒，因此也被稱為「瘋犬隧道」。另外，據說還會出現穿著紅衣的女鬼。

負責開車的是一起參加怪談活動的華井，就在我們開往隧道的途中，突然有個東西橫越我們的車子前方。

「嗚哇！」

「紅色的！有個紅色的東西！」

「是動物還是什麼鬼東西啊！」

「大小就跟大隻的鼬鼠差不多吧！」

「等等，會不會就是穿著紅色衣服的女人啊？」

將各自看到的畫面統合起來之後，我們認為那應該就是某種大小跟大型鼬鼠一樣的紅色東西。會不會是紅色衣服的女人跟德國牧羊犬的綜合體呢？這就是我們最後的結論。

我們的目的地——舊七類隧道，已經禁止進入了，所以我們也沒辦法繼續前進。

隧道入口用石塊封閉起來了。

大塚住宅區（滋賀）八月十九日

為了要一雪七月時的前恥，我們在一個月後再次造訪大塚住宅區。我們深刻反省了上次那種沒出息的狀況，仔細地為這次出征做好了萬全準備。手電筒、防蚊液、運動鞋和安全帽，另外還增加一名成員，同樣是後輩的西根。

我們一行人抵達當地入口時是深夜三點鐘，與上次不同的是，這次沒有下雨。朝著「岡本墓園」、「傳染病屍體焚燒場遺跡」的告示牌所指示的方向，我們三人以準備萬全的態勢前進。

上一次在入口附近就聞到了線香的味道，這次倒是沒有。伴隨著手電筒的充足光線以及人數增加所帶來的安心感，我們一步步踏進未知的世界。首先映入眼簾的是地藏王菩薩，再過去一點就是墳墓區了，我想這裡應該就是岡本墓園。

從 Google 地圖上可以看出，從這個墓園再往北邊走，就有一片看起來像是廢墟群的地方。那裡想必就是大名鼎鼎的大塚住宅區，但我們不知道該要怎麼從墓園這一頭走過去。我們三人就這樣在墳墓邊繞來繞去，好不容易才在茂密的草叢裡找到一條小小的道路，不仔細去看還真的難以發現。

我們一邊將草撥開，一邊在狹窄的山路中前進。走了一會兒之後才看到了勉強保有石階形狀的階梯，繼續前進、繼續前進、繼續前進……

「那裡有人！」

黑暗之中，有個白色的人影浮現。

太可怕了！在筆直的石階另一頭，我很確定有個一動也不動的白色影子。我們當下真的是嚇破膽，實在是沒辦法，因為真的太可怕了。不過，這次我們有三個人！三個人一起走過去的話一定沒問題的。我一邊自言自語，一邊繼續向前。

……結果什麼事也沒有，那個白色人影只不過是個石燈籠。在靈異地點所感受到的高度緊張，真的會讓人把燈籠之類的東西看成人影啊。說真的，從遠處看過去，還真的會讓人覺得那是人影……

石燈籠前方就是老舊的墓碑群，看來並沒有人在照料看管，應該都是一些無主孤墳吧。在墓碑群周邊，不知道為什麼埋了一些缸在地上。

狹窄的山道前方，有一個白色人影浮現。

我們誤以為是白色人影的東西，其實是石燈籠。

「誒！是不是有什麼奇怪的味道啊？」

華井冷不防地拋出這句話。的確如他所說，現在聞到的味道，跟一路以來的感覺真的不太一樣。是肉的味道嗎？還是動物的味道？

「喀嚓！」

這時，華井的手機突然傳出拍照聲。

「我明明沒碰手機，但快門卻自己動了。」

我們把華井放在口袋裡的手機拿出來確認，結果拍到一片漆黑的畫面。此時，我們眼前出現了宛如巨大慰靈碑的石碑，上面刻著數十個人名。

事實上，大塚住宅區的所在區域，在明治時代曾流行過霍亂，據說遭到隔離的傳染病患者一旦死亡，就會就地火化。

「傳染病屍體焚燒場遺跡」

入口處的告示牌上寫的這一行字，所指的或許就是這個地方吧。在這個墓碑雜亂擁擠的空間裡，看來已經沒有路可以繼續往前進了。因此我們不得不放棄，回頭重新尋找可以前往「疑似大塚住宅區」的路。

「試著從北邊進去如何？」

華井建議開車回到北邊，到那裡再找其他的路。由於差不多快天亮了，所以我們接受了華井的提案。前往大塚住宅區的北邊道路，是可以開車直接深入山中的，我們一直開到沒辦法繼續前進為止，才把車停下來改用走的。這邊的路跟岡本墓園那邊的路不太一樣，可能因為是產業道路吧，路面相當寬敞。

「喂喂，別鬧了好不好！」

華井的聲音傳來。

「你剛剛踢我的腳對吧？在這種地方開玩笑真的很要不得。」

我當下根本無法理解他在說什麼，似乎是走在後頭的我踢到了華井的腳。但是，我當然沒有踢華井，況且我還跟華井保持了一小段距離。那麼，到底是誰踢華井的呢？

就在我想著怎麼解釋這個誤會時，正前方出現了障礙物，就是一般工地現場常出現的虎紋護欄。不過隔著護欄，我發現道路的兩旁好像有某個東西，那是住家的圍牆。

我沒看錯！這是民宅的遺跡。我越過圍牆探看裡頭的情況，結果看到水泥階梯，再更往前……就別無一物了。原本的建築物已經拆毀，如今變成一片未經整理的空地。

不過，裡頭倒是長了幾棵松樹，每棵松樹上，都各自貼著寫著某個姓氏的名牌，我還記得那個姓氏。我在網路上調查大塚住宅區的傳說時，其中一個奇聞軼事裡的人物，就是這個姓氏。

〈變成廢墟的大塚住宅區裡，還有一戶人家住在這裡，每當夜晚降臨，就只有一家燈

火通明。在大塚住宅區正前方的道路上，插著一把日本刀，只要有人想來拍照錄影，住在這裡的H先生就會拿起日本刀砍人。〉

關於大塚住宅區的傳說還真是各式各樣。

①住宅區的居民集體失蹤。
②附近的森林裡發現一具老婆婆的遺體。
③有一群來這裡試膽的大學生，其中一人慘死在某人的日本刀下。

還有像是「住宅區的居民在失蹤事件發生之後自殺了」、「附近的火葬場有幽靈出沒」等等，傳言真是多不可數。不過，說到火葬場的故事，我想應該是因為「傳染病屍體焚燒場遺跡」這個告示牌而開始廣傳的吧。

關於第一個傳說是指「一九九五年，大塚住宅區全體居民突然全部消失」，這件事是因為廢墟探險家在網路上公開了當地的照片，才會變得廣為人知。

幾年前在網路上搜尋「大塚住宅區」時，會出現的圖片包含擱置的行李及換洗衣物，還有牆壁上的宣傳海報、吃到一半的食物等等，感覺就好像居民們只是神隱，其他一切看起來像是尋常生活般運作著（現在那些圖片似乎都已經刪除了）。

關鍵是其中有一張圖片裡掛著一九九五年的月曆，表示從那一年開始時間就像是靜止了，我猜想就是因為這樣才有了第一個傳言。

至於第二個就是實際發生過的事件了。

「殺人事件現場——平成十二年（二〇〇〇年）六月二十六日，附近的山地發生了殺人棄屍事件。有目擊到與事件相關的人或車輛，煩請提供協助。東近江警察署搜查本部」

寫有上述內容的告示牌，真的曾聳立在岡本墓園附近。事件發生在二〇〇〇年，而集體失蹤事件則是發生在一九九五年，所以兩者之間應該沒有直接的關聯性。

最後第三點，傳聞中的肇事者，也就是揮舞日本刀的人，姓氏就是H。而我在松樹名牌上所看到的姓氏，也是H。也就是說，H先生是真實存在的人。看著松樹上的名牌，我渾身顫抖了起來。

花了點時間查看周遭環境之後，我們就離開現場，回到產業道路上。接著我們走到前方的工地用護欄旁邊，護欄另一邊的景象讓我們大吃一驚，那是一大片太陽能發電廠。

護欄對面的廣大土地，架設了多不可數的太陽能板。如果傳聞可信的話，H先生的家就是剛剛我們造訪的那片長有松樹的空地，而大塚住宅區應該就在這片空地的正前方。

假設真是如此，那麼現在的大塚住宅區已經化身成太陽能發電廠了。天漸漸亮了，即使關掉了手電筒的光，也可以清楚看見眼前的太陽能發電廠，這場景把我們從靈異世界拉回到現實世界。

再來談談大塚住宅區之謎的真相吧，事實上大塚住宅區有可能並沒有被建造出來。大塚住宅區真正的本體是預定在一九七〇年興建的「湖南高級住宅區」集合住宅建案，然而這個建案卻在將雜木林開闢成道路之後就遭到閒置了。

接下來的說法雖然只是我的推論，說不定被稱為「大塚住宅區」的廢墟群，只是有人把附近的幾棟廢棄透天厝當成是廢墟群了呢。另外還有一種說法是，大塚住宅區其實是大倉住宅區經過拆除後集合的住宅，所以實情如何真的不得而知。

再說回H先生的事件，基本上他是這附近的土地所有者，而且聽說他現在也還住在這片稱之為大塚住宅區的區域附近。由於有這樣的謠言傳出，造成他的住處遭到破壞，附近也掀起不小的騷動，甚至還有人會把垃圾丟在這裡，造成莫大的困擾。

如果因為靈異地點的謠言或者是都市傳說，就把某人說成是壞人，讓人很難好好生活下去，這可就一點都不好玩了。如果是有良心、有常識，而且真心想要探索靈異世界的心靈之友，我相信絕對不會希望因為自己的行為而造成任何人的困擾的。

在各式各樣的傳言中，殺人事件是真實發生過的。

伴隨著明亮的天光，我們看到眼前的一片太陽能發電廠。

墳墓旁的地上，不曉得為什麼埋了缸。

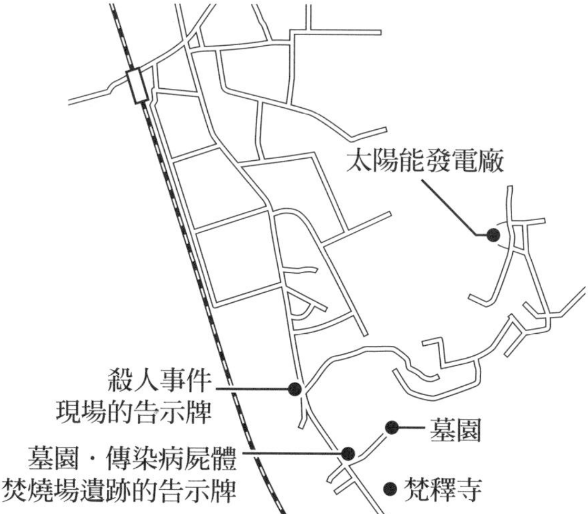

矢田平交道（大阪）九月二日

位在大阪市東住吉區的矢田交流道，不曉得為什麼發生多次硬闖平交道的自殺事件，因而在大阪相當出名。在某一個沒有特別安排行程的夜晚，我突然受到一股莫名的義務感驅使，心想「如果有時間去探訪另一個世界還不去的話，就未免太……」於是我立刻把華井約出來，兩人開了三十分鐘左右的車，前往矢田的平交道。

矢田平交道就興建在幾乎沒有路燈的大和川河堤上，在藍色燈光的照射之下，讓詭異的感覺更加凸顯。我們才走到平交道前方，就聽到一個聲音。

「好可憐喔……」

平交道旁的茂密草叢裡，確實傳來女人說話的聲音。

接著我們舉步橫跨平交道，走到正中間時看到鐵軌延伸過去的另一端，有座鐵橋坐落在河川的正上方，此時有個聲音從鐵橋方向傳來。

「咚——」

當然這個時間點並沒有電車行駛。天啊！真的很久沒有這種可怕的感覺了，我們急忙從平交道撤退，但就在返回車子的途中，我想到我們連一張照片都沒拍。就在我無奈地轉

身想回到平交道時，一開始聽到有聲音傳出的那個草叢，這次傳來尖銳的小孩哭喊聲。

「啊——」

我們兩人不由得停下腳步，太可怕了！即使如此，華井還是鼓起勇氣，越過我的背將拍攝鏡頭轉往發出聲音的方向，接著他大叫：

「嗚哇！」

華井的手機裡照著一團鬆軟軟的白光，就出現在我背後不遠處。他急忙按下拍照鍵，但不知為何就是遲了幾秒，直到畫面上的光點消失後，快門的聲音才響起，結果當然就什麼也沒拍到了。

回程路上，在距離平交道一段路程的地方有一座電話亭，而電話亭前方擱著一台嬰兒車。雖然不知道為什麼，但感覺就是很詭異。

發生過不少傷亡事故的矢田平交道。

回程的路上發現一台放置在電話亭旁邊的嬰兒車。

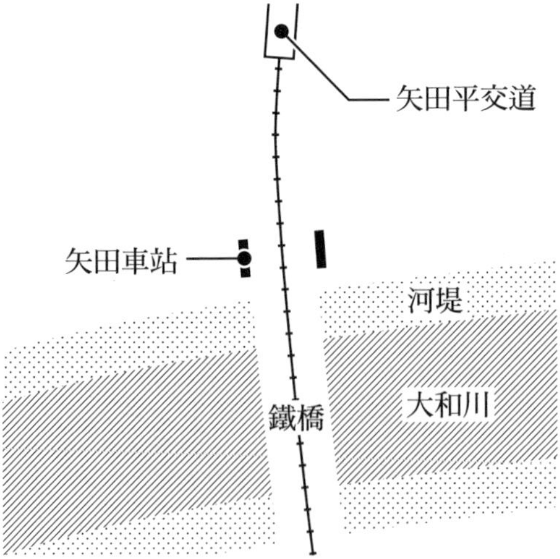

樹海（山梨）九月二十五日

那天我在富士山的樹海住了一晚，當時同行的成員有作家村田 ramu 先生，因為他總會邀請我一起去探索樹海；另外還有兩位藝人，分別是搞笑團體 Honey Trap 的梅木，以及橋山 meiden，一行總共四個人。

因為樹海是由生長在冷卻熔岩上的樹木所形成的森林，樹根無法深入地底，只能在地面上盤根錯節地生長，所以非常不好走。光是前進一百公尺，就足足得花三十分鐘以上。

我們一開始就打定主意要住宿一晚，所以是在半夜的時候進入樹海的。當下如果將手電筒關掉的話，真的是一片漆黑，什麼都看不見。最後我們在入口處不遠的地方選了一塊窪地，眾人拿出各自準備的睡袋將自己包好，打算一覺到天亮。

順帶一提，樹海裡頭有非常多高高低低的起伏地形，所以在樹海自殺的人們，大多數都是在低窪地區被找到的。因為比起把繩子繞過高高的樹木後再上吊，將繩子綁在手就搆得著的樹枝上，然後身體往低窪處垂吊的方式死得更容易一些。

我們四個大男人，在這個過去或許曾經死過人的地方（也有可能沒死過人），各自臥躺在起伏不定的地面上。突然，最年輕的橋山 meiden 喃喃地說：

「接下來我就要到名古屋的節目去錄影了，真不知道該怎麼辦才好。」

他和他的搭檔將一起在某個重要的節目上表演，對藝人來說那真是魚躍龍門的跳板，能不能在節目上創造出火花，會大大地影響今後的演藝生涯。儘管如此，他對於上節目表演這件事可以說是沒有任何因應對策，也沒有任何練習。

身為前輩的梅木忍不住說了句「你這樣可不行啊」，然後給橋本許多建議。然而橋本什麼都不願多想，只顧著把問題歸咎到搭檔身上，嘴裡說的全都是一些藉口。

「不是我的問題啊，對方根本是一點勁都沒有。」

原本一直袖手旁觀的村田先生，也忍不住說：「好好思考一下會比較好喔。」這是一個非常成熟的意見。

「但是我真的覺得那傢伙（搭檔）一點都不好笑，我在想說是不是該拆夥了。」

自己拋出話題找人商量，但對於前輩的建議卻完全聽不進去的橋本，以及在一旁乾著急的三個前輩。不過話說回來，這真的是非得在深夜的樹海之中討論不可的話題嗎？

聊著聊著，話題全然沒有要停下來的意思，不知不覺間就轉移到橋本的戀愛諮詢上，在一片漆黑的環境裡，彷彿此時此刻會持續到永遠似的，像這樣子睡在樹海感覺也不是多可怕的折磨。

在戀愛話題持續延燒的時候，我猛然向上一看，某個灰色不規則形狀的東西映入我的眼簾。這片灰色是天空的顏色，而除此之外的黑暗之境都是樹木。原來從樹叢間窺探出去的夜空，比漆黑的樹海還要明亮許多啊。

橋本 meiden 難以解決的人生難題諮詢，就這樣一直持續到天亮。

光要走路都很困難的富士山樹海。

星神社（高知）十月二十一日

在高知的音樂展演空間——CHAOTIC NOISE 所舉辦的靈異怪談節目，一年之內曾四度邀請我和人稱「恐怖王」的田中俊行先生一起去參加，每次參加我都可以從當地人口中得知不少靈異地點的情報。這一天，有位住在高知的音樂家 watch 先生（因為他家是開手錶行的，所以就稱他為 watch 先生）跟我說：「我介紹你一個很不錯的靈異地點吧。」

他跟我說的靈異地點，就是星神社。這座神社位在高知市五台山的山中，角度超陡且讓人走路不是很穩的石階，一直延伸到山麓。照 watch 先生的說法，並沒有很多人知道星神社是一個靈異地點，據聞在幾百年前，有好幾位傳染病患者從這裡的階梯滾落，日後只要在半夜踏上石階，聽說就會有死者的呻吟聲從黑暗中傳出。

這是我第一次來到高知的靈異地點，一起參加節目的田中先生因為另有要事，沒辦法一同前往，所以我厚著臉皮請提供情報的 watch 先生開車載我到星神社入口。從現在開始就真的只剩我自己一個人，已經不能回頭了，我終於要獨自一人闖一闖靈異地點了。

深夜三點，眼前是非常陡峭的石階，恐怕有超過四十五度吧，而且石階盡頭還像被黑暗吸入一般一直向前延伸。原來如此，獨自一人的焦慮不安原來會膨脹到這種程度，如果

真的發生什麼事，根本也沒人能來幫忙啊。我再一次咀嚼著孤獨所帶來的危機感。

即便如此，我還是鐵了心腸，一步步走上石階。用手電筒照著腳邊，我一階一階慢慢走，心裡只想著要小心別踏到外面去，專心無比地向上爬著。雖然說幽靈很恐怖，但從石階掉下去才是最可怕的事情。

就這樣不知道爬了多久，意識一旦完全集中，耳邊就會開始清楚聽見自己的腳步聲……喔不，不對！腳步聲的次數有點奇怪，那不是我的，有別的腳步聲從下方傳上來。

「沙沙、沙……」

我完全沒有回頭看的勇氣或餘裕，只好持續攀爬石階，彷彿是為了逃離緊跟在後的腳步聲。猛然一回神，才發現自己來到一座小祠堂前。很有可能是因為後面的腳步聲太可怕，我一心想要逃開，結果下意識地離開了石階，進入森林避難了吧。

眼前是一座破破爛爛的祠堂，看來已經完全被人們遺忘了。為什麼在這樣的森林之中會有一座祠堂存在呢？我不曉得。雖然不曉得，但我有一個強烈的直覺：「絕對絕對不能打開這間祠堂的門！」同時心中也有非打開不可的想法。

這是給我的試煉。如果今天我不將祠堂的門打開的話，就代表我同意了這個世界上有無法跨越的恐懼存在。這一關若是無法突破，那麼今後我恐怕也沒辦法自己一個人在另一個世界闖蕩了。我把手搭在小小的門扉上，慢慢地將門推開。

裡頭的狀況果然是奇慘無比。神龕崩塌了，神像倒在一旁，供品滾到四周，枯草散落滿地。感覺像是受到了懲罰似的，真是令人感到不舒服的景象，這一定是有惡靈作祟吧。我心中立刻湧出強烈的悔意，以至於呆立在現場無法動彈。

我到底在幹麼呀！好不容易突破了對凶宅的恐懼，一步一步走到了這裡（當時我正住在第三間凶宅裡），要是來到靈異地點，就這樣被恐懼打敗，那一切不就完了嗎？果然我一個人什麼事都辦不到啊！

「不要緊的，你確實在前進著。」

腦中的某個角落突然冒出這句話。這是，我自己的聲音。我突然想到，以前我也曾經被眼前的恐懼支配，但是最後我還是戰勝了它。那是在高中時代，參加柔道社入社面試那天，我為了克服面試的恐懼，當天特別起了個大早，看了部喪屍電影。

我想如果我能先克服我最害怕的恐怖電影，幫自己增加一點自信，然後再去參加面試。結果，因為睡眠不足的關係，最後還是在面試中落敗了。

是啊，就像那樣嘗到惡果也不錯不是嗎？只要體驗過絕望之後，我想就再也沒有比這個更可怕或更教人後悔的事情了。一想到這裡，我就真的不再感到害怕了，真的很不可思議。此時此刻的我，已經進入無敵狀態。

祠堂裡的墓碑群……不可怕。

老舊的護衛石犬……不可怕。

緊緊跟在我後頭的腳步聲……一點都不可怕！

我再次朝星神社走去，幾分鐘之前我還因為不屬於自己的腳步聲而嚇得半死，現在已經可以爬得很順利。最後，我終於登上了石階的頂端，星神社到了。

神社境內很小也很簡樸，沒有任何多餘的裝飾。但是比起這些事情來說，我在當下做的第一件事情就是衝進簡易的廁所。我的尿，真是如潮水般洶湧啊，甚至還讓山裡冷冽的空氣揚起了熱氣。啊啊啊好溫暖，原來我是活著的。活著這件事真的是太強大了，這次的體驗，真的給了我莫大的勇氣。

星神社是我第一次獨自一人挑戰探訪的靈異地點。

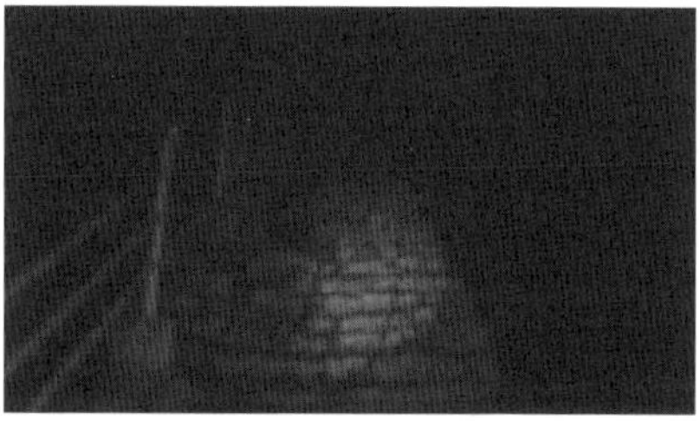

在黑暗中無限延伸的超陡石階。

破爛的祠堂，讓人覺得不可以擅自打開。

夫妻岩（兵庫）十一月一日

我在大阪・京橋的音樂展演餐廳「維若妮卡」參加完萬聖節靈異怪談演出之後，在田中先生的介紹下前往兵庫縣西宮市附近繞繞，同行的還有田中先生、華井，以及西根。深夜一點，我們第一個目的地是夫妻岩。這一顆坐落在八十二號縣道彎道處中央的巨石，因為是從中間裂開來的，所以又被稱之為○○石（表達女性性器官的關西方言）。從好久之前開始，就有傳言說執行移除這顆巨石工程的相關人等，都相繼死亡且死因成謎，最終就是無法順利地將巨石移走。另外，也有人說一摸到這顆巨石就會發高燒，而田中先生認識的一個朋友，不僅摸了夫妻岩，而且還爬上去，甚至從側面給予正拳攻擊。沒想到竟然從巨石上跌落陷入昏迷，之後的一個禮拜，胯間都痛得不得了，連家門都無法踏出一步。

事實上，在錄製電視節目《北野誠的你們不要去啊！》的時候，我也曾到此地出外景，記得當時岩石裂開的地方還散落著謎樣的線香以及紙垂❷。

在雨中，我再次與巨石面對面。朝著裂開的地方一看，線香跟紙垂已經不見蹤影。

「喂喂，田螺啊，你踩到當作供品的柿子了啦！」

被田中先生提醒，我才察覺有柿子供奉在裂開處的正前方，而我就這樣踩上去了。

「哇！真的假的？」

就在這時候，我看到岩石後方閃過一道汽車大燈的亮光。

「啊，糟了，有車來了！」

此處的交通流量算滿大的，在這樣的道路正中間突然出現一顆巨石，對駕駛來說相當危險，更何況是為了看巨石而走上前去的行為更是危險度倍增。

「咦，什麼車子？根本沒車啊。」

華井跟西根不約而同地面露驚訝。但是，岩石的後方應該真的有車子開過來才對啊，然而實際上並沒有發生這種事。

「惡靈作祟吧。」

田中先生小小聲地說了這句討人厭的話。

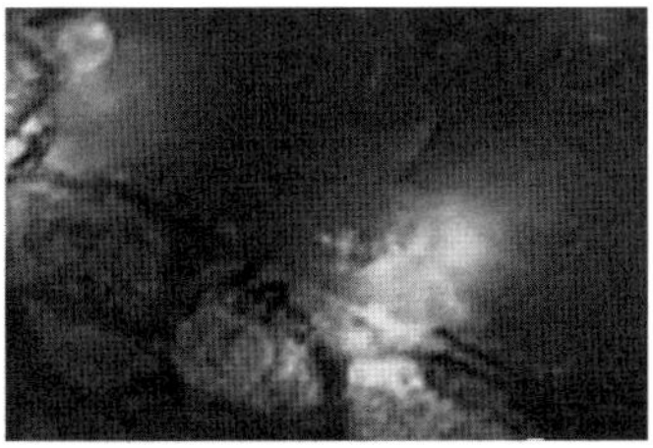

被我踩爛的供品——柿子。

❷紙垂：日本的祈福用品，通常與注連繩一起使用。

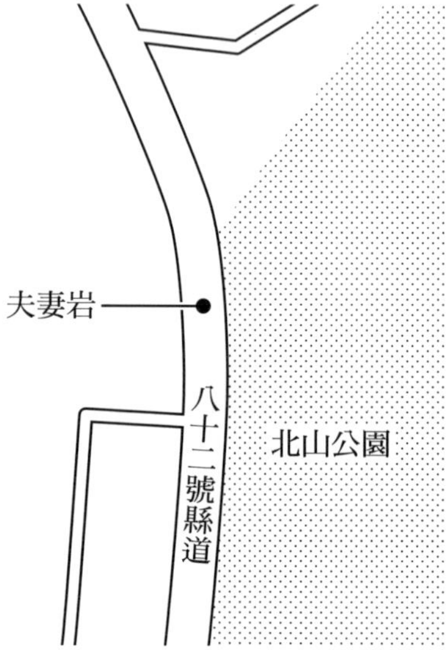
夫妻岩
八十二號縣道
北山公園

鷲林寺（兵庫）十一月一日

深夜一點半我們離開夫妻岩之後前往鷲林寺，鷲林寺有一個關於牛女的都市傳說，據傳寺內的弁天池旁有一座祠堂，每到深夜兩點，只要沿著祠堂逆時針方向走三圈，在回程的路上就會遇到一個頭是女人、身體是牛的牛女追過來。

戰國時代有個背叛織田信長的武將名叫荒木村重，而這個牛女的真實來歷據傳就是荒木的女兒。她在逃到這座寺廟時被發現，當時連同寺廟一起被焚燒，灼熱的惡火讓她跳入池中，最後死在裡頭。至於為什麼她會變成一頭牛而且還追著人跑，就是謎了。

時間接近深夜兩點我們抵達了鷲林寺，然而雨勢卻有越來越強的態勢。更糟糕的是，本來應該負責帶著我們的田中先生，卻在車內睡得不省人事，無可奈何之下我們只能把田中先生留在車裡，然後靠之前在網路上找到的資料朝寺內走去。

很快地我們就找到了弁天池，池子的另一端有一座小橋，祠堂就在那座橋上。祠堂的前方放了一個女性人偶，並且還用塑膠袋罩著，雨滴打在人偶上再彈開的畫面，真有種說不出的詭異感。

因為我們只準備一把傘，所以就大家一起撐，全身溼答答地逆時針繞著弁天池走了三

圈（後來我們上網再次確認傳說的內容，發現裡頭寫的是「繞祠堂三圈」，所以我們繞弁天池三圈是錯的）。

在繞圈的過程中，我們發現了一個疑似是八大龍王洞窟的地方，但因為雨勢真的太強了，實在沒有多餘的氣力，所以我們假裝沒看到，繞完就迅速回到車上了。

順帶一提，這個洞窟也有個傳說，「被幽禁在洞窟裡的牛女，每到晚上就會掙脫出來，登上山頂襲擊人類。」這是在戰亂時期，蘆屋與西宮一帶遭受空襲，「有個被幽禁於某處屠殺場禁閉室的牛頭女，出現在被空襲燒毀的遺跡現場」，這個傳言還曾被當地的新聞媒體披露過，所以才會廣傳開來。

事實上，鷲林寺的官方網站寫明了牛女傳說是源起於西宮的市中心，山林裡的鷲林寺並非發源地。另外，繞祠堂三圈就會被牛女追的傳言，主要是寺中神明的親族在祠堂兩旁施行祭祀時，有人看到了牛卻說成了牛女，一句話就演變成都市傳說了。某本雜誌曾將這件事情的來龍去脈刊載出來，完全否定了傳言的真實性，並清楚交代傳言的始末。

總之，事後我們才知道原來鷲林寺的牛女傳說，完全就是以訛傳訛，但在那次探險之旅的回程路上，我們還是認真地在驗證牛女尾隨的傳說是否屬實。

「西根，牛女如果從後面追上來的話，要馬上告訴我們。」

「好！」

「還沒有追來嗎？」
「還沒看到耶。」
「還沒嗎？」
「還沒。」
就在這時候，擔任駕駛的華井大叫了一聲。
「嗚哇！」
那一瞬間，有個速度非常快的東西超過了我們的車。
車內突然一陣緊張。
「是牛女嗎?!」
「不是，是一台開得非常快的車。」
「不是牛嗎？」
「不是，是車。」
西根喃喃說道：
「該不會是那台車被牛女追趕，所以才會拚了命想逃吧？」
「是啊，搞不好那台車是牛女開的呢。」
「真的假的！駕駛座上真的是一頭牛嗎？」

「哎呀，我沒看那麼清楚啦。」

坐在後座的田中先生，應該是睡到剛剛才對，卻在此時說了一句：「唉唷，反正都已經超車過去了。」

被供奉在此處的女性人偶。

謠言無限的鷲林寺。

為了一個以訛傳訛的謠言，獨自一人走到祠堂。

祖師谷公園（東京）十一月七日

這個秋天，我與 The Band Apart 的貝斯手原昌和先生結伴，兩人一起舉辦了巡迴群馬、埼玉、東京等地的靈異怪談之旅，旅途中我和原先生造訪了關東地區各式各樣的靈異地點。我們第一個抵達的地方，就是世田谷的殺人事件案發現場。這起事件發生在二〇〇〇年的除夕夜，當時震撼了全國上下。

「田螺啊，如果你想住凶宅的話，應該無法錯過這個點吧。」

跟我說了這句話的原先生，在一個悠閒的午後帶著我到了世田谷區的祖師谷公園。

事件發生的當下，案發現場正好落在祖師谷公園擴增計畫的區域內，被害者所住的房子也預定在二〇〇一年三月進行搬遷。然而，事件發生至今已經過了將近二十年，兇手依舊逍遙法外，因此只剩被害者的房子因為事件未解決而被迫保留原貌，附近的居民幾乎都搬離了。

在重新整修完成的公園一角，案發現場的房子就這麼聳立著，彷彿時間靜止了一般。此處還可以清楚聽到孩子們玩鬧的聲音，從近在咫尺的公園遊樂設施那邊傳來。陰森可怕的殺人事件發生地，與休閒遊憩的場所比鄰相依，形成相當詭異的空間，然而附近的居民

竟都習以為常、不以為意，更教人覺得難以置信。

「不好意思……」

原先生突然開口說話。

「不好意思……」

只見他站得非常靠近禁止進入的黃色警示帶，朝著站在被害者住家玄關前的警官打招呼。事件發生後，警方在被害者住處前設置了一個簡易的哨所，並有員警常駐在此。

「喂——」

可惜，他始終沒能和那名警官對上眼。世田谷喧騰的午後，孩子們歡愉玩樂的聲音和身高一百八十公分、蓄著鬍子的大叔所發出的呼喊聲，奇妙地重疊交融了。

「不行啊，對方沒有回應。」

原先生只是想問問看事件有沒有什麼最新的進展。但是，大白天的突然冒出一個來歷不明的大叔越過管制線大吼大叫，感覺就有點恐怖，我想即使是警察應該也受不了吧。

「辛苦啦！」

最後，原先生選擇放棄，對著沒有任何回應的警官說了聲「辛苦了」。

在晴空朗朗的都會公園裡，玩樂的孩子們、殺人事件的案發現場，還有警察及大叔，同一時間聚集在一起的景象，我實在不知道該如何描述才好。

午後的公園一角。

大神樂聚落（埼玉）十一月十日

跟原先生一起進行的關東靈異怪談演出之旅的第一天，我們結束了群馬縣太田市的活動之後，便留宿在原先生的埼玉縣老家。一早起床，原先生的朋友上君開車來接我們。

「上君的家很有趣喔，一起去看看吧。」

上君就住在附近，聽說他們家原本是祈禱師家族。他們家保管著歷代先祖的牌位，就放在佛堂裡，其中最古老的一個，上頭記載著大約四百年前的年號。

他家的腹地裡，有一個不知道何時蓋好的小小稻荷神社，直到現在還是會有不明就裡的人擅自跑進來參拜。根據上君的奶奶所說，他們家族的姓氏「上（かみ）」，原本是由「神（かみ）」演變而來。

住在這個區域（話雖如此，但因為此處是山裡的村莊，所以還是有不小的距離）的人們，基本上都姓「上」，儘管現在彼此之間幾乎沒什麼往來，但就是有一層遠親的關係存在，甚至有人說以前這個聚落一帶很有可能就是祈禱師的村莊。順帶一提，上君現在在附近的 LAWSON 便利商店工作。

離開上君的家之後，我們前往秩父。這一天要在秩父參與靈異怪談節目，既然都來到

秩父了，大家也就興高采烈地討論著去廢棄村落看看的話題。

「去秩父很危險喔。之前我去的時候發現有懸崖擋著，爬上懸崖一看，才發現眼前都是些破破爛爛的民房，真的很討厭啊。」

為了探訪廢棄村落而爬上懸崖的原先生固然很厲害，但上君更是了不起，他不僅經常自己一個人到秩父遊玩，甚至還騎摩托車順著斜度大到不可思議的陡坡衝上去，進而找到了謎樣的廢棄房屋。

車子循著兩人的記憶，沿著浦山水庫往七十三號縣道前進。我們沒有穿越紅色的浦山大橋，反而進入一片漆黑、毫無照明設備的山擲隧道，準備去探訪原先生所攀登的懸崖。只可惜，途中有一個「落石危險・禁止通行」的告示牌橫擋住去路，我們只好作罷。接著，目標轉向上君爬上去的那個斜度大到不可思議的陡坡，我們開到水庫最南端之後切換路線。開到山路後，我們將車停下來，開始徒步探索。

「啊，是廢墟。」

一間、兩間、三間……順著山路攀登，廢棄的房屋陸續出現。玻璃窗破損、牆壁剝落、屋頂傾斜崩塌。往屋裡頭一瞧，發現木材及各式家具全都亂成一團，看來根本連腳踩的空間都沒有。

在這個失去主人並且逐漸腐朽的房子裡，我突然間感受到一道視線投射過來。定睛一瞧，原來是七福神中的惠比壽神及大黑神的浮刻雕像，從破掉的玻璃窗縫隙窺視著我們。

後來我們得知，那裡原來就是所謂的「大神樂聚落」，如今仍有第二代的子孫在當地生活著。

一片漆黑、毫無照明設備的山擱隧道。

保管在上君家裡的歷代祖先牌位。

原先生站在土牆剝落的廢墟前。

武士平聚落（埼玉）十一月十日

離開大神樂聚落後，前方等著我們的就是斜度大到不可思議的陡坡。

「啊，應該就是這裡了。」

上君喃喃地說了一句。真的是陡到不合邏輯的斜坡，上君竟然能騎著摩托車衝上去，太教人佩服了，會讓人心臟衰竭指的就是這種情況了吧。我們氣喘吁吁地在斜坡上不斷地爬、不斷地爬，最後登頂時的確看到了民房，甚至還有車子。咦？這裡有人住？

「汪汪汪汪汪！」

突然之間，有狗叫聲傳來。然而卻是只聞其聲、不見其影，雖然沒看到狗，不過叫聲卻是此起彼落，整座山裡頭環繞著狗狗們的警告聲。感覺就好像在告訴我們：「不可以再繼續前進了。」雖然好不容易才爬上來，但是沒辦法了，我們還是折返。

這道斜坡上面就是所謂的「武士平聚落」，現在似乎僅剩一戶人家還住在那裡。所以說，這個聚落勉勉強強算得上還存活著。

群馬之森（群馬）十一月十六日

跟 The Band Apart 的原昌和先生結束了在高崎舉辦的靈異怪談演出之後，我們跟音樂表演空間的夥伴們一起前往「群馬之森」。

群馬之森是一座被綠意環繞的都市公園，園區內還有近代美術館及歷史博物館。據說在這座森林的深處，有自殺者的幽靈出沒，但比起這件事來說，更加重要的是這座森林的悠久歷史，這裡曾是以前舊陸軍的火藥製造所。

在第二次世界大戰結束時，這裡的火藥廠規模達到三十二萬五千坪（相當二十三個東京巨蛋的大小），共有差不多四千人在裡頭工作。占地面積之所以大到這種程度，主要是為了避開頻頻發生的爆炸事故，工廠與工廠之間為了要避免爆炸事故的震波影響，必須要建造設置土牆堡壘或木板，境內謎樣的巨大地下水管，往往也成為工作人員在緊急事故發生時逃難的防空洞。

如今，在這處遺跡的北方有核能研究所，而南方則有化工製造商的研究所及工廠。

原先生和我們一行人在遊園步道上朝著森林的深處快步前進。途中，原先生喊著「好累喔」，並作勢要往一顆大石頭上靠，結果有人大喊「原先生，等一下！」制止了他。原

先生打算要靠上去的大石頭上，刻有一些文字。

「哇，這不是一塊石碑嗎？」

這塊石碑就是為了證明此處曾製造過黃色炸藥。再往前一點的地方，有一道柵欄圍著，裡頭聳立著一棟讓人不太舒服的廢棄工廠。可惜的是，從這裡開始就禁止進入了，所以我們沒辦法進到裡面去。

為了鎮魂而安置的黃色炸藥碑。

用柵欄封閉得很嚴實的廢棄工廠。

熊谷的犬舍遺跡（埼玉）十一月十七日

結束高崎的靈異怪談演出後，隔天就是在埼玉縣的熊谷所舉辦的怪談節目。熊谷以最高氣溫四十一・一度榮獲「日本最熱城市」稱號，因而名聞遐邇，但它同時也是「埼玉愛犬家連續殺人事件」的發生地，說這是日本最可怕的事件一點也不為過。

事件的始末是在熊谷經營「アフリカケンネル（Africa Kennel）」寵物店的飼育員夫婦，以寵物詐欺的方式行騙，並在惡行曝光前一一殺害了寵物的主人們，電影《死魚》（冷たい熱帯魚）就是根據這起真實案件所改編的。這間犬舍兼辦公室，如今還在熊谷近郊，所以我們打算去一探究竟。

在四處可見的尋常田園景色中，出現了一棟不祥的建築物，一看就知道是它了。木屋風格的建築儼然已成為廢墟，想必以前在辦公室的屋頂曾聳立著寫有「アフリカケンネル」的看板吧。但現在只剩下看板的骨架還遺留在現場。

建築物的腹地內放置了不少建築材料，不知道是因為接下來要建造些什麼，或者是建築公司把這裡當成建材的放置場了。飼養大型犬或其他猛獸（感覺連獅子也有養）的圍欄或犬舍，也同樣直接棄置，上面還貼著西伯利亞哈士奇、阿拉斯加雪橇犬等等的貼紙，時

間就這樣過去了二十多年。

事件剛發生時，我只是個住在關西的小學生，雖然能夠隱約記得發生在熊谷的愛犬家連續殺人事件，但是說實在的，在熊谷所發生的所有細節，我幾乎都不記得了。因為這起事件本來就相當複雜，而且犯人遭到逮捕是在一九九五年的一月，隨後不久就發生了阪神大地震，之後在同年三月還發生了東京地鐵沙林毒氣事件，所以對於愛犬家連續殺人事件我幾乎沒有任何記憶。

不過透過這次造訪事發現場，我確實能感受到這是真實發生過的事情，而非出現在電影或小說中的情節。

矗立在尋常田園風景中的案發現場，至今仍散發出不祥的氛圍。

長崎之鼻（香川）十一月二十八日

香川縣高松市的音樂展演空間「TOONICE」一年大約會找我去參加靈異怪談節目三次，不過這天的主題是音樂活動，所以我當天是以虛無僧偶像「戀村虛無子」的身分受邀，而非松原田螺。

戀村虛無子（一般被稱之為虛無虛無）是一個頭戴僧侶斗笠的偶像，這是我在成為凶宅藝人之前，從我的搞笑哏裡頭延伸出來的一個角色，當時算是我迷失人生方向，生活又困頓的時期。就好像職業摔角選手武藤敬司還扮演了Great Muta一樣，我也是以另外一個角色的身分前往參與音樂活動的演出。

演出結束後的深夜，我被帶到了位在屋島這座半島上的長崎之鼻。屋島是發生「屋島之戰」的所在地，也就是源平合戰的大型戰場之一。在一之谷嘗到敗仗的平氏，將根據地轉移到此處，沒想到卻遭到源義經的奇襲，逼得他不得不面對最後的決戰。

長崎之鼻位在屋島的最北端，就好像一個尖尖的鼻子朝瀨戶內海突出。此處最廣為人知的景點就是幕府後期所建造的砲台遺跡，以及長崎鼻古墳，兩處都是自殺勝地。有著各式各樣不同歷史背景的自殺者亡靈，在此混雜交融，結果就成了靈異地點。

帶我來這裡的是香川縣的棒球迷加賀先生，以及他工作上的晚輩I先生，前來支援活動的西根也一起搭上了I先生開的車，一行總共四個人就在深夜一點出發前往目的地。

十一月的海風呼呼地吹著，讓人感覺格外寒冷。停車場除了我們這台車之外，還有另一台車。

「該不會是，來自殺的人……」

我們雖然一邊這麼說著，但總之還是一邊朝向砲台遺跡前進。這邊的海岸線是凹凸不平的岩岸，要是不小心踩空的話是相當危險的。海風大到幾乎要把人吹飛，四周又是如此漆黑，因此我們小心慎重地向前走著，結果，在一片伸手不見五指的黑暗海面上，突然「啵嗞」地浮現了一團光球。

「該不會是，鬼火……」

當我們盯著那團光看，就發現到光正一步步朝著我們所在的岩岸靠近。接著，鬼火的下面，有個全黑的東西從海面上幽幽地出現了。

「嗚哇！海怪！」

但其實那只是在捕撈章魚的一位大叔而已。

殘存在長崎之鼻的砲台遺跡。

「早知如此何必當初」的雕像（香川）十一月二十八日

香川縣高松市有一個名為平池的湖，湖邊立了一尊少女的雕像。

「在我家附近有一尊雕像，建造的由來真的非常非常酷喔。」

在長崎之鼻遇到捕撈章魚的大叔之後，在回程路上I先生一邊開車一邊說著這尊少女雕像相關的「早知如此何必當初傳說」。

平安時代末期，住在這個地區的居民們深受水災所苦，此時有個從雌山來的少女，身上帶著一台「千切」（チキリ）的紡織器，她說想要鎮住水患，就必須找個人活埋當作獻祭。村裡的人們商量了半天也沒辦法決定要活埋誰，最後決定讓前來傳達訊息的少女成為犧牲者。

結果，水患如同少女所說的停止了，氾濫的河水從堤防的缺口處徐徐地流出去了，那個聲音就彷彿少女在說著「早知如此何必當初」。「早知如此何必當初」，意思就是「要是沒說那些話就好了，要是沒來傳達訊息就好了」。如果知道最後犧牲的是自己，那就不說了、那就不來這個地方了。

雕像旁有個石碑上刻著「早知如此何必當初」的由來，上述故事就是石碑上的內容。據說，以前人們將祭拜少女的祠堂設在湖中的岩石上，然而不久後祠堂就被移往少女原本所在的雌山，並且成為備受景仰的「千切大明神」，鎮守著這片土地。後來祠堂變成了「滕神社」，現在坐落於雄山（平池附近的一座山，上頭有法然寺）之上，總之過程挺複雜的。

我們在深夜造訪這座少女雕像，在一片漆黑的環境裡，只有一盞燈光照著她，畫面看來就像是正上演著獨白的戲碼。少女的左手包覆著右手，放在右邊的肩窩，做出祈禱般的手勢，這樣的動作，從稍微遠一點的地方看過來，就好像是在掐自己的脖子一樣，讓人不寒而慄。

平池旁的少女雕像已經有五十年的歷史了，在二〇一八年時，雕像老舊的部分被翻新修整，煥然一新的「平成少女雕像」，如今已展現出不一樣的氛圍。

現在已經換成新的雕像了。

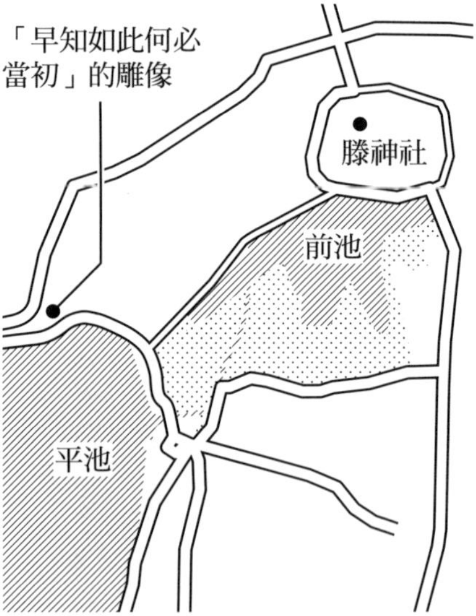

滕神社（香川）十一月二十八日

看過少女的雕像之後，我們轉而前往滕神社。滕神社的介紹看板上所寫的內容，與少女雕像的石碑提到的故事有些出入。

平清盛命令田口成良建造平池，這是一個難度頗高的工程。某天，田口的床邊出現一個白衣長髮的女神對他說：「明天會有一個白衣長髮的少女帶著千切紡織器路過此處，只要將那個少女活埋在堤防裡，你的工程就可以順利完工。」隔天，果然如同女神所預告的一樣，有個抱著千切紡織器的白衣長髮少女出現了，於是田口就將她抓起來獻祭……

這個版本裡，傳達訊息的人並非「帶著千切紡織器的少女」，而是出現在田口成良床邊的「白衣長髮女神」，被活埋的人變成「帶著千切紡織器路過此處的少女」，所以被當作祭品獻出去的並非「前來傳遞訊息的少女」，而是「帶著千切紡織器的少女」。

介紹看板上的內容以「哀傷又美麗的獻祭傳說」為題，最後結尾則提到「在多如繁星的傳說中，平池的故事最為淒美動人」。不過，我完全無法理解獻祭這件事有多美麗，總之就是美化活人獻祭這件事吧。

雖然我們是在深夜探訪滕神社，但因為神社的腹地不大，所以馬上就繞完一圈了。

只是，過程中我總覺得好像有人在盯著我們看。就在我猛然將視線往上移時，看到前殿與鄰近建築物相連的走廊部分，窗戶內側擺了幾十具的日本人偶。

因為「千切」是紡織的工具，所以滕神社會用布織成人偶來驅邪消災。由前殿延伸出去的走廊另一端，就是祭祀殿，這裡如同和歌山的淡嶋神社一般，擺放了一整排的人偶。博多人偶、市松人偶、迪士尼的米妮、莉卡人偶、穿著和服的俄羅斯人……咦？俄羅斯人？

「叮鈴叮鈴叮鈴……」

就在我的注意力被俄羅斯人拉走時，應該沒有任何人在的神社入口，突然傳來鈴鐺音。再仔細一看發現那個俄羅斯人是穿著日本和服，有著一雙藍色眼珠，與真人等身大的人體模型，但鈴聲究竟從何而來我就不清楚了。

在那之後，我們還聽到了好幾次木梆子拍打的聲音「鏘鏘鏘……」，但同樣不知道是從哪裡傳出來的，當時的時間是深夜三點。

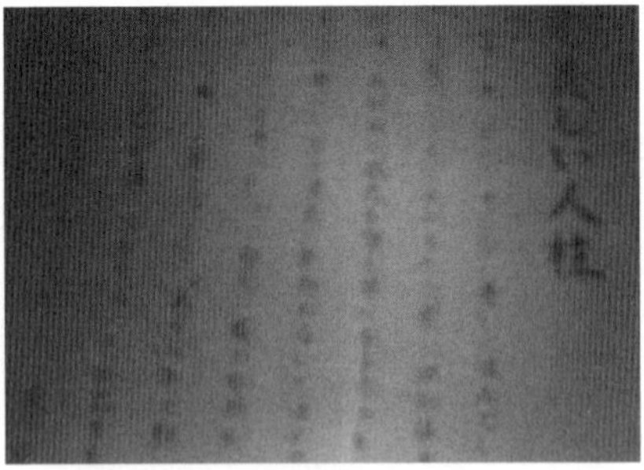

「哀傷又美麗的獻祭傳說」看板。

會發出詭異聲響的滕神社裡所供養的人偶們。

法然寺（香川）十一月二十八日

深夜三點半，我們從滕神社下山。開車帶著我四處採訪的I先生跟加賀先生，因為隔天一早還有工作，所以先行離開了。

「我送你們到高松車站吧。」雖然I先生這麼說，但因為我們還有想去的地方，所以就和西根一起先下車。

「到清晨這段時間會很冷，所以帶著這個吧。」

加賀先生借了兩條毯子給我們，真的非常感謝，但我們的行李也因此增加了。聳立著「早知如此何必當初」雕像的平池對面，就是所謂的雄山，從池邊一直到山的側面，緊密排列著為數眾多的墳墓。由於現場太暗了，所以只能看得到墳墓，我實在很想要爬上這座只看得到墳墓的山上去看看。

這個區域就是法然寺的墓園，法然寺是由松平賴重所建，為了紀念淨土宗的開山祖師——法然。松平是第一代讚岐藩主（地方諸侯）德川光圀的哥哥，而德川也是水戶黃門故事中的主角。另外，松平家的菩提寺也相當有名。

我和西根都揹著帆布背包，右手拿著手電筒、左手則抱著毯子，兩人一起在凌晨四點

默默爬上墳墓山。這段路感覺就像角色扮演遊戲中，通往魔王之城的道路，我們走在多不可數、整齊排列的石燈籠旁，腳底踩著一直延伸至小小神殿的石階，然而除此之外全部都是墳墓。西根原本就是一個足不出戶的宅男，相當沉默寡言，所以我們一路上完全沒有任何對話。

終於，我們來到了松平家歷代祖墳「般若台」的入口，然而大門是封閉的，所以我們無法繼續往前走了，我和西根就在大門前坐了下來。此時我突然想到，在出發之前我們有先在便利商店買了春捲，從袋子裡將春捲拿出來後，發現春捲油膩膩的，而且也冷掉了，一點都不好吃。

失望的感覺油然而生，疲倦與睏意也跟著襲來。時間是凌晨四點半，身體漸漸地冷了起來。這一趟並沒有什麼靈異收穫，而且還要走下山，光想到就讓人覺得很麻煩。

啊啊啊，早知道就讓I先生送我們到高松車站就好了！為什麼非要說「我要留在這裡」不可呢？為什麼我要跑到這樣的深山裡呢？要是沒有說這樣的話就好了，要是沒來這裡就好了。

早知如此何必當初、早知如此何必當初、早知如此何必當初……這樣的事情，想再多也沒有用，所以我們還是默默走下山了。我們專注地穿梭在墳墓與墳墓之間的空隙，一步步下山。

「鏘、鏘。」

等等，我瞬間停下腳步。鈍器撞擊的金屬音從我們行進方向的右斜方傳來，響遍了整座山，聽起來像是用鍋鏟敲擊鍋子的聲音。誰在那裡？恐怖感突然湧出，我們一邊窺探四周一邊往下走，眼前的路分成了左右兩條。

「聲音確實是從右邊傳來的吧。」

「是啊。」

「要去看看嗎？」

「咦！為什麼要去？」

此時，西根做出了今天一整天下來最大的反應。

「也只能去看看了吧。」

先前在高知縣的星神社所得到的體驗，讓我知道要帶著勇於面對恐懼的心態。所以對我來說，這樣的選擇再理所當然不過。但當時的西根似乎覺得我是不是腦子有病。

結果，我們在那條路上沒有遇到任何人，而且也沒有發生任何詭異的事情。我們就這樣走到出口，將法然寺拋在後頭。

「嗚哇！」

走出寺院腹地的瞬間，西根放聲大叫。

「剛剛傳來砰的一聲，對吧？」

我完全沒有聽到。

在法然寺附近有一個佛生山公園，我們在公園涼亭的長椅上躺下，並用加賀先生借我們的毯子把自己包起來。此時此刻，對毯子的感恩之情才終於油然而生。然而，接近十二月的清晨，氣溫驟降的程度是超乎想像的，從長椅所傳來的刺骨寒意，更是殘酷地帶走了我們的體溫。

最後，我們還是聯繫了I先生，請他開車來接我們。然後我們到早上六點就開門營業的「烏龍傻瓜一代」，吃了熱騰騰的乾拌奶油烏龍麵，這才終於感覺活了過來。

「只看得到墳墓的山」傳來詭異的聲響。

清晨的法然寺。

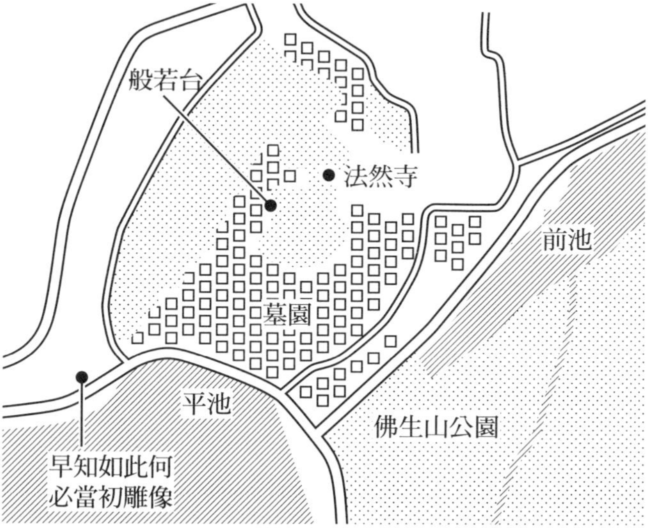

明舞購物中心（兵庫）十二月八日

我的家鄉是兵庫縣神戶市，在神戶市的最西邊，有一個名為舞子的地區，在那裡有全世界最長的橋——明石海峽大橋（不是指橋本身的長度，而是兩端主塔之間的距離最長），連接了淡路島與本州的交通動線。一走出舞子車站，巨大的鐵橋就會映入眼簾，看起來相當震撼。

我的老家就位在舞子坂之上，從二樓的窗戶望出去，淡路島、明石海峽大橋，以及瀨戶內海，全都看得到。我小時候常會做一個惡夢，就是巨大的哥吉拉突然從這片海景中冒出來，破壞了大橋與城市，並且一步步朝著我家走來。

包含舞子車站在內的這條ＪＲ神戶線沿路城市，發生過非常多傷亡事件。舞子更有一個跳樓自殺的勝地——「明舞住宅區」。一九六四年開放入住的明舞住宅區，是日本最老的中規模新市鎮之一，在住宅區入口處，有一個百貨商場叫做「明舞購物中心」，這棟大樓據說發生過很多自殺事件。

在「明舞中心前」的巴士停靠站旁，有一座祠堂和寫著事由的告示牌，上頭寫著「這個區域有許多彌生時代留下的古墳，為了建造住宅區而遭到破壞，詭異的事件就接二連

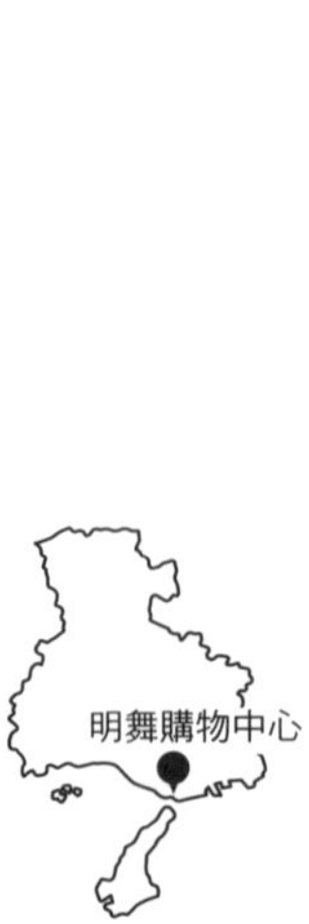

三地發生，因而在此設置祠堂，並供奉著古墳石的一部分。」包含自殺在內的許多難以解釋的事件，看來持續影響著這個住宅區的居民。

這一天，我回到闊別多時的老家，就是為了再探訪一次即將拆毀的明舞中心。小學時，我常到這裡買遊戲閃卡，在扭蛋機內投入二十日圓，就會掉出一張閃片。

當時ＳＤ鋼彈的閃卡在一部分的小學生之間非常流行。雖然我對於鋼彈的故事並不是那麼熟悉，但還是會將遊戲閃卡上的鋼彈畫在空白筆記本上，讓它跟出現在我夢中的哥吉拉對戰，這就是我的幼時記憶。為了要與哥吉拉對戰，明舞中心就是一個必須存在的地方。

時隔二十五年再次來到明舞中心，只見拉起的封鎖線阻隔著人們，看起來完全就像一座廢墟了。當年開幕的時候，**Finger 5** 還曾來表演，簡直就是高度經濟成長期的代表性購物商場，可惜我心目中的哥吉拉對戰應變中心，如今已變得如此寂寥。

除了描述由來的告示牌之外，還設置了祠堂以及古墳石。

立在「明舞中心前」巴士停靠站旁的告示牌。

巧克力大廈（兵庫）十二月八日

深夜時分，穿過擺了類似 cheese-bite（義大利起司餅乾品牌）裝置藝術的松之丘公園，一路向北走。說到松之丘公園，就不得不提到裡頭保有被稱之為「松之丘古墳」的橫穴式石室，有部分古墳的石頭就放在明舞中心前的那座祠堂中。

以明舞中心為首，在整個明舞住宅區發生了許多自殺事件，其中各式各樣的傳說環繞著一棟十四層樓高的大廈，這棟建築物牆壁都是黑色的，看起來就像巧克力一般，因此通稱「巧克力大廈」。

坊間的傳說包含，「在深夜時跑到巧克力大廈的天台，也就是最高的那一層樓，往下一看就會看到目前為止在這裡跳樓的人的最後身影」、「深夜爬樓梯從四樓往上爬，卻怎麼樣也到不了五樓」、「跳樓自殺的男人突然爬了起來，然後就這樣走掉了」諸如此類的故事。

我在明舞住宅區的北側找尋巧克力大廈，卻一直找不到。雖然沿途有經過高樓層的大廈，但那並不是巧克力色的。不過，當我仔細查資料之後，終於知道原因了。

原本的巧克力大廈就是當地赫赫有名的幽靈鬼屋，人們都嚷嚷著「巧克力大廈好恐

怖、巧克力大廈好恐怖」，因此把外牆塗成白色了，巧克力大廈的響亮名號被捨棄了，所以現在這棟大廈變成是——白巧克力大廈。

如今已經變成白巧克力大廈了。

●狩口台（兵庫）十二月八日

深夜一點，為了從明舞住宅區回老家，我穿過矢元台公園。這座公園裡有一個狩口台，小學時我常和少年棒球隊的夥伴們在這裡打棒球，好懷念啊。

總而言之，舞子的古墳非常多，就像明舞住宅區由來的告示牌上所寫的，這個是藉由破壞古墳才得以興建完成的新市鎮。鄰近四周環繞著神陵台、南多聞台、狩口台、松之丘等地名，無論是「台」還是「丘」，都是人為建造的，因此看起來就是新興住宅區。

一九五五年過後，有殼族的時代降臨，城市周邊的區域逐漸開發起來，套上〇〇台或〇〇丘之類名稱的土地及住宅區，人氣都相當高。可惜的是，包含舞子在內的整個神戶市垂水區，真的有太多古墳了。

每個地名或許都有正確的由來吧，但基本上我覺得就是照著字面上的意思取名的，像是「神的陵墓之台」稱為「神陵台」，還有「狩口台」就代表著「獵人的台地」，據說這裡以前就是一個刑場。

不過，「狩口」這個地名在《日本書紀》一書中記載著取名的由來。討伐三韓成功的神功皇后生下了皇子，麛坂皇子及忍熊皇子聽聞此事，深怕同父異母的弟弟將來會爭奪皇

位，因此計畫從明石到淡路島重軍守備，準備迎擊凱旋歸來的神功皇后。

不過，兩位謀反的皇子為了卜算計畫能否成功，所以用狩獵的方式進行占卜，結果麛坂皇子不幸遭到野豬攻擊身亡，忍熊皇子也就率兵撤退了。據說因為「狩口」這個地方就在當初兩位皇子狩獵場地的入口處，因此就直接這樣命名了。

順帶一提，矢元台公園的「矢元」二字，也是從這個狩獵的傳說而來。說到刑場，雖然跟地名的由來沒有太大關係，但在江戶時代，位於狩口台西南方的明石藩，確實有一個畑山刑場。而且，狩口台上也的確有一座古墳，名為「狩口台狐塚古墳」。

其他鄰近的區域也有類似的古墳，像是整頓完成的繩紋時代「豎穴式住屋」之中，就有「大歲山古墳」（我從老家通勤往返松竹藝能養成所期間，常在這裡想段子）；另外還有「五色塚古墳」，這是兵庫縣最大的前方後圓式墳墓，全長一百九十四公尺。從歷史的觀點來看，這個區域肯定非常值得一提。

我從狩口台往回走，經過我的母校——舞子中學及西舞子小學的正門口，循著上學的路線回到老家。我的老家在一個名為舞子坂的陡坡上方，小時候總會想這個斜坡真是長得不像話，但事隔多年再來爬，覺得怎麼一瞬間就走完了。不過，因為年紀也大了，體力難免下降，說辛苦也的確挺辛苦的。

深夜一點半我回到老家時，老爸竟然還醒著。

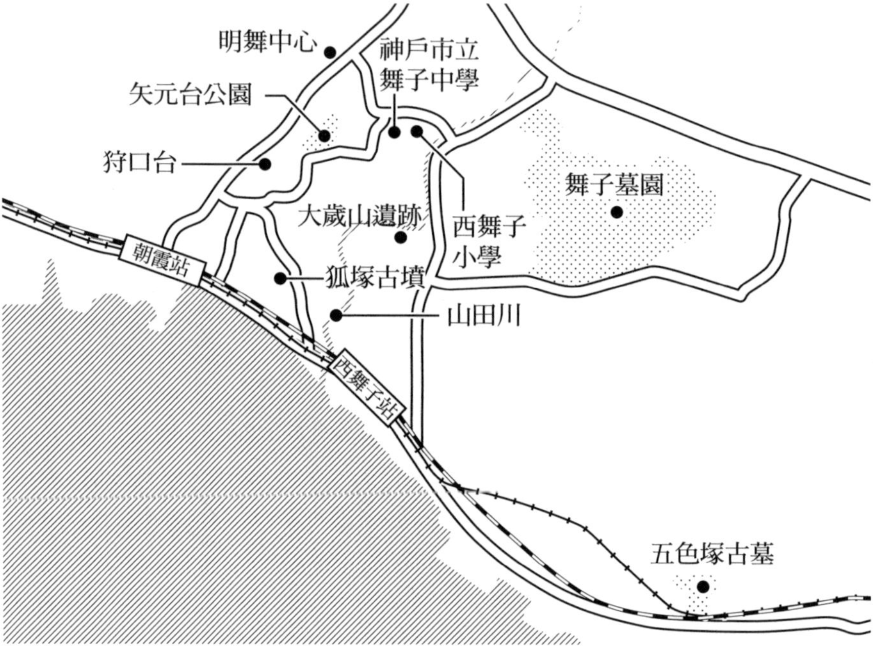
明舞中心
神戸市立
舞子中學
矢元台公園
狩口台
舞子墓園
大蔵山遺跡
西舞子
小學
朝霞站
狐塚古墳
山田川
西舞子站
五色塚古墓

舞子墓園（兵庫）十二月八日

深夜一點半，我回到久違的老家，從還沒睡覺的老爸手中接過在地的地圖，又在大約深夜兩點左右前往舞子墓園。

老家旁的舞子墓園，是當地非常有名的靈異地點。時常有人目擊到鬼火；深夜兩點有人看到流下血淚的聖母瑪利亞雕像；以及有奇怪的人出沒等等……小時候聽到這些傳言，都會覺得夜晚的舞子墓園就是魔界，裡頭全都是又黑暗又寬廣的墳墓。

更重要的是，那裡常發生上吊自殺事件。住在附近的老婆婆，一早在健行時就曾發現過，或是帶著狗散步的老爺爺也曾撞見，恐怖的傳言就這樣不脛而走了。還有就是，常會有A書遺留在此處。

其實我在高中的時候，曾有一次擅自將柔道社團用來錄比賽過程的相機帶出來，跑到傳聞發生過上吊自殺的地方去拍照。當時相機突然故障了，害得我焦急得不得了。現在回想起來，其實自己現在正在做的事，跟那時候沒什麼兩樣呀。

老爸給我的地圖，就是這附近周邊的古墳地圖，而舞子墓園原本就是一個古墳群。我

手裡拿著古墳地圖，展開首次的舞子墓園探索。在此之前我只有帶狗散步以及練習棒球的時候會來這裡。

在舞子古墳群所在的墓園之中，現在僅剩下「石谷石窟」，墳丘上的砂石已然流失，石室的巨大石塊也直接露了出來。再次見到石谷石窟，感覺真是龐大。以前的我並不知道原來這些巨石就是古墳的一部分，甚至沒有發現原來那些是如此巨大的石頭，這讓我感覺到相當感動。

我用從來沒有過的觀察角度，在墓園信步走著，突然發現到一道階梯。從階梯爬上去，眼前出現一座跟墓園隔開的祠堂，周遭有為數眾多的旗幟圍繞著。當我走進去時，那些旗幟突然間劇烈地搖動，並傳來啪嗒啪嗒啪嗒的聲響，感覺好像是被什麼圍住似的。旗幟上頭寫著「石谷大龍王」。我不知道這代表好事還是壞事，不過當下的狀況，我肯定是來自於某種力量的驅使。

究竟是在原本的墳墓區（古墳）上蓋了房子呢？或者是在古墓群裡建了新墳呢？不管哪一種，應該都會帶來詭異的現象吧。不知道為什麼，我瞬間覺得神清氣爽。

我家老爸現在是淨土真宗的僧侶，被賜予的法名是「釋要聞」。原本他是一個虔誠的基督教徒，然而有一天卻突然說他看見光，於是就改信了佛教，簡直是「保羅歸信」的相反版本。在那之後，他就認真學習淨土真宗，當我從京都的龍谷大學（隸屬於淨土真宗的大學）退學，加入松竹藝能養成所的時候，剛好符合退休年限的老爸，竟然進入龍谷大學就讀了。

他就這樣一路讀到研究所，畢業後仍持續修行，並學習到佛教的奧義。老爸的本名是

走進石谷大龍王的地盤時，旗幟突然劇烈地搖動起來。

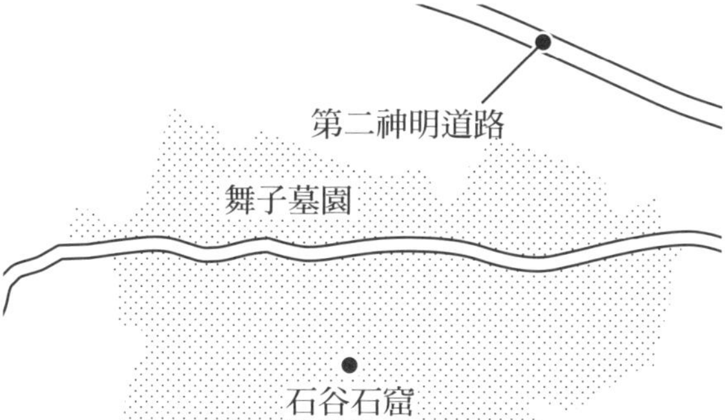

松原要，取法名時就以本名中的「要」，再從在地舞子的海取了「海」字，結合成為「要海」。但因為當時有香客認為「這個法名的來源跟妖怪有關，所以不太好」，因此才改成現在的「要聞」。

久未回家省親的我，深夜一點半看到老爸還醒著，著實嚇了一大跳。當時老爸正在書房看資料，我向他問起明舞中心由來的相關傳說，這是我們從未聊過的話題，結果他就從佛堂的壁櫥中拿出謎樣的古老地圖，興致勃勃地跟我聊了一小時，都在討論舞子這片土地是否真的圍繞在古墳之中。沒錯！老爸原本是基督教信徒，如今是淨土真宗的僧侶，他同時也是一名古墳超級愛好者。

最讓我感到驚訝的是，根據那張古老地圖的記載，在我們老家的旁邊，就有一座小小古墳。所以我在成為凶宅藝人之前，其實就是位古墳少年了。

古墳少年的童年

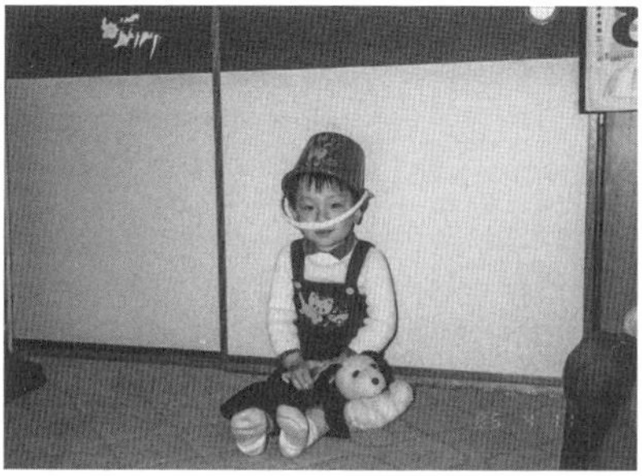

天真無邪的三歲。

小學一年級在新年的書法大賽上得獎。

國中二年級的寒假，我剃了個大平頭，當時對坐禪相當熱衷。

跟親戚一起在佛堂前合影。

吉良神社（高知）十二月九日

做完深夜的家鄉古墓巡禮之後，隔天早上我從明石海峽大橋下方搭電梯上到「高速舞子」巴士站，準備搭乘清晨的第一班高速巴士前往高知。經過三個半小時的車內搖晃，終於在中午前抵達目的地。接著我再從高知車站搭上巴士，往西沿著五十六號國道前進，同樣在巴士上搖了一個鐘頭後，我來到蓮池這個小鎮。

恬靜安逸的田園風光之中穿插著房屋，一眼望去都是尋常可見的鄉下景象。根據我在網路上查到的地址，得知這個小鎮上有一座吉良神社。之所以會想去吉良神社是有理由的，主要就是為了探訪幽靈七人組的發源地。

幽靈七人組指的是時常七個一起行動的怨靈，遇到他們的人會發高燒然後死亡，死亡的人就會成為新的怨靈成員，而最早加入的怨靈就能升天成佛，這樣的運作模式讓幽靈七人組的人數固定維持在七人，沒有任何增減。

祭祀幽靈七人組的神社，就是吉良神社。吉良神社所祭拜的是吉良親實，他是長宗我部元親身邊的親信，親實因為捲入了長宗我部家族的權力鬥爭，被下令要切腹自殺，而他的家臣也跟著殞命，包含他在內的七個人，從此成為令人畏懼的幽靈七人組。吉良神社就

是為了要鎮住他們的魂魄而建的。

這個夏天，我在高知的音樂展演空間「CHAOTIC NOISE」所舉辦的靈異怪談演出上，講了幽靈七人組的故事，就在我講完的同時，麥克風突然爆出了謎樣的聲響。

「請問有什麼事嗎？」

當時全場一片譁然，每個人都懷疑自己到底聽到了什麼，該不會是幽靈七人組現身了吧（結果是負責音控的工作人員手機的語音助理功能突然啟動，至於為什麼會突然啟動，就不得而知了）。

事隔三個月後，再次被邀請到高知的我，準備造訪吉良神社。從夏天發生那件事以來，我就一直在想幽靈七人組是不是依舊存在，停不下來的好奇心，讓我想到他們的發源地去一探究竟。現在想想，或許自己是被他們「召喚」了吧。

我抵達的巴士站對面是土佐市消防局，以方位來說，這個方向再繼續往前走，就是吉良神社了。我一開始打開 Google 地圖時，有先將路線查清楚，但因為實際在走的時候卻找不到了，所以就先朝著消防局的方向走看看。

走著走著我看到一條連接一旁民宅的小路，另一頭則通往消防局的腹地，因為走到消防局也沒用，所以雖然說方向有點偏我還是往民宅小路前進，不過當我踏上這條通往民宅的小路時，眼前突然出現了一座鳥居。鳥居的牌匾上寫著「吉良神社」，沒錯！這裡就是吉良神社。參拜的道路經過鳥居，一直延伸到深處。

雖然說是參拜道路，但兩旁已經全都是民宅。走在這些民宅之間，順著坡道向上爬，不久又有另一個鳥居映入眼簾。站立於兩旁的石犬（狛犬）已經老舊斑駁，而且布滿了苔蘚，讓人感覺不太舒服。裡頭則是非常簡潔的前殿，參拜道路兩旁的草木幾乎沒有修剪過的痕跡。

怎麼跟我的印象完全不一樣呢？不，不光是我的印象，就連在網路上搜尋到的圖片，也跟眼前的景象完全不同。這裡真的是吉良神社嗎？我站在鳥居前拍下前殿的照片，接著用手機傳給告訴我吉良神社相關資訊的K先生。然後，訊息傳回來了。

「這是什麼？」

「是吉良神社的照片，但我怎麼覺得好像來錯地方了。」

我這麼回應他。

「不是，我的意思是，這一片馬賽克是怎麼回事？」

我看著K先生回傳回來的照片，鳥居下方的部分全都模糊不清，感覺就像打了馬賽克一般。我再次檢視了自己傳出去的訊息，發現我傳的照片是正常的檔案，然而到了K先生的手機裡，卻變成這種馬賽克照片，越來越搞不懂這是怎麼一回事了。

我再次用手機搜尋「吉良神社」的圖片。果然，完全不一樣。接著我用「吉良神社所在地」去搜尋。

……咦？高知縣高知市春野町西分……

我現在所在的地點是高知縣土佐市蓮池。在我出發前搜尋到的地址，應該就是蓮池沒錯啊。但是我現在重新再找一遍，出現的卻是不同的地方。原來祭祀吉良親實的吉良神社有三座。

春野的吉良神社

山之端的吉良神社

蓮池的吉良神社

位在春野的吉良神社，是長宗我部元親為了鎮壓吉良親實的怨靈作祟，在親實的墳地供奉木塚明神，因而成為吉良神社。神社境內也祭拜幽靈七人組，也就是所謂的「七塚明神」。網路上搜尋到的圖片，指的是這座神社。

山之端的吉良神社，則是與若一王子宮合併，在這座吉良神社的祠堂前，放置了一個洗手盆（手水鉢），因為吉良親實自殺身亡後，曾在這裡沖洗首級，所以被稱之為「洗頭盆」（首洗い鉢）。吉良親實切腹時的住處遺跡，就在此神社裡頭。

而我所在的蓮池吉良神社，就位在城山公園之中，這裡就是蓮池城。長宗我部氏在占領了之後賜予吉良親實的就是這座城。改朝換代後由山內一豐取代長宗我部氏入主之後，便隨之廢城了。

總而言之，這座神社所供奉的就是蓮池城最後的城主，然而此城如今已走入歷史了。就像這座被遺忘的神社一樣，以吉良親實為首的幽靈七人組作祟，說不定依舊存在著。甚至有可能，他們就是希望我能察覺到這一點。

將吉良神社的照片傳給K先生之後，不知為何出現馬賽克。

東山殯儀館（岡山）十二月十日

這一天，我來到位於岡山市奉還町的高級招待所「KAMP」，參與靈異怪談的演出。前一天在高知的怪談活動後，我跟客人一起合照，但是不管重拍幾次，成像畫面都是反過來的。我想這個詭異現象，可能是受到吉良神社的影響吧。

因為晚上我預定要住在KAMP，所以我請工作人員先將行李搬到我預約的二樓房間，結果眼前的女性工作人員歪著頭說道：

「咦？請稍等一下，好奇怪喔……」

她看了看櫃檯的電腦，確認了些什麼之後，對我說了這句話便把我留在現場，自己跑到二樓去。緊接著，二樓就傳來尖叫聲。

「哇！」

我有點擔心，想說跟去二樓看看狀況，結果她小跑步衝了下來。

「發生了奇怪的事情……」

聽了她接下來說的話之後，事情的確變得怪怪的。

原來是工作人員在確認電腦時，發現不知道為什麼原本安排我入住的房間，變成另一

個「ま」字的住客預訂了，於是她就跑到房間去確認狀況，結果早上才整理好的房間，如今床單卻被弄得亂七八糟。因為這樣，她才會發出尖叫聲。這的確有點奇怪，而且有點恐怖。最後，我被換到別的房間，不過我內心真正的想法是「留在原本那一間還比較好，因為感覺好像會發生些什麼事」。

到了傍晚，開放進場之後，來賓絡繹不絕地湧入。我在吧檯的一端坐著，眼前有張紙條，上面寫著「詭異的瑪芬」。

「詭異的瑪芬是什麼啊？」

我向顧櫃檯的大姐詢問。

「為了今天的靈異怪談演出，我們昨天特地做了全黑的瑪芬。這件事我們也有放到 Facebook 上宣傳，就是這樣的瑪芬。」

說著說著，她讓我看了放在 Facebook 上的瑪芬照片，結果我大叫了一聲「哇！」又是一聲尖叫。

「咦？為什麼會這樣？為什麼會這樣？」

大姐放上 Facebook 的瑪芬照片，不知道為什麼變成一片綠色。在這個不可思議的畫面上，瑪芬真的變得非常詭異。坐在我一旁的客人看到眼前的景象，也不禁驚叫一聲。

「哇!!」

這位客人打開自己的Facebook，想要將真實的瑪芬照片傳上去，但不管他按了什麼鍵，Facebook的貼文欄位卻跑出一大串謎樣文字：「ああなあにあぬあねあねやはあねやはたあねやはたああねやはたあかあねやはたあかやあねやはたあかやはあねや」。

這到底是怎麼一回事，難道這也是因為受到吉良神社的影響嗎？我真的不知道。

靈異怪談活動順利結束了，中途沒有發生任何插曲，真是可惜。參加完慶功宴之後，我騎著租賃腳踏車，在深夜兩點左右前往當地人跟我說的靈異地點——東山殯儀館。

抵達現場時，已經超過深夜四點了。我在可以自由進出的走廊上隨意走動，來到外面之後，我停在「骨灰等候室」前的吸菸區抽菸。眼前的垃圾桶裡有一張紙，我下意識地將紙拿起來看，結果看到上面寫著「〇〇家〇〇點〇〇分；△△家△△點△△分」，看來像是流程表。我想這張紙應該是記錄了燒骨灰的時間吧。雖然是理所當然的事情，不過想想真的每天都有人被送來火化。

就在我胡思亂想時，背後傳來咚咚聲，有人在敲骨灰等候室的門！深夜四點，根本不可能會有人在，所以我反射性地拔腿向外狂奔逃離現場。

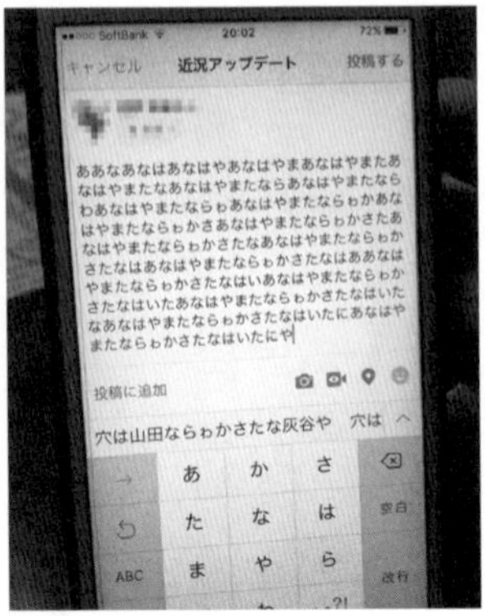

不管按什麼鍵，畫面上都是一
連串謎樣的文字……

瑪芬的照片不知道為什麼全都呈現一片綠。

東山殯儀館的骨灰等候室裡，傳來某人的
敲門聲。

東山靈園（岡山）十二月十日

我逃離發出詭異聲響的東山殯儀館之後，來到一片墓園。因為我是在深夜騎著腳踏車過來的，所以沒有注意到，其實東山殯儀館周圍全都是墳墓。感覺就像是「儘管逃出了惡魔之城，卻進入了惡魔之島」。

不過，跟城比起來，還是島比較好一些。因為在殯儀館直接受到敲門聲攻擊，所以來到相對平靜的墓園，我感覺到安心許多，所以暫時讓自己隱身在墳墓之間。十二月的凌晨五點還是一片漆黑，就算在墓園裡也沒發生什麼事，所以我就隨意在裡頭走走看看，這座東山靈園也是有不少靈異傳說。

首先第一個故事就是「用手肘走路的老婆婆」，據說有個沒有下半身的老婆婆幽靈，會用手肘朝著人爬近。這個老婆婆活生生被送進了火葬場，好不容易從棺材中爬了出來，但是下半身卻被燒光了。儘管如此，她依舊一路爬到馬路的坡道上，最後才氣絕身亡。從那之後，只要在夜裡來到東山靈園，就會看到老婆婆在園區內的步道上，用手肘匍匐前進，飛快地朝人逼近。可惜我並沒有遇到這位老婆婆。

還有一個傳說是靈園的內側步道有一座電話亭，只要在深夜兩點到電話亭打電話，而

且對方接起來的話，那麼打電話的人就會不幸。不過我倒是沒有找到傳說中的電話亭。另外還有一個傳說是跟「東山飯店」這間廢棄的旅館有關，聽說只要走進東山飯店，就會把幽靈帶回家。遺憾的是，廢棄旅館已經完全拆毀了。

岡山縣護國神社（岡山）十二月十日

因為在地人跟我說在東山靈園的北側還有另一個靈異地點，所以我決定凌晨五點去看看。東山這個地名是由操山而來（因為操山在岡山城的東邊，所以才會命名為東山），在操山的山腳處，岡山縣護國神社的正門附近，有一間拉麵店的廢墟，店長還是自殺身亡。再者，這座護國神社也很詭異，在這裡拍照一定會拍到一些有的沒的。也就是說，想拍靈異照片的來這裡準沒錯。

在東山靈園這段長長的下坡路段，沿路都感覺好像有人坐在我的腳踏車後座，我死命握緊煞車，慢慢地、慢慢地往下滑，然後進入清晨的東山住宅區，一路朝北挺進。

雖然說是清晨時分了，但天空依舊一片漆黑，此時突然來到岡山電車軌道（簡稱岡電）的終點站，眼前一台停在「東山・岡電美術館車站停車場」的輕軌電車色彩繽紛非常可愛，讓我又驚又喜，帶著雀躍的心情我進入森林，繼續前往護國神社。森林中的林道更加昏暗，我在腳踏車的籃子裡放著手電筒照著前面的路，但還是伸手不見五指。

「嗚哇！」

眼前突然出現一個早起散步的大叔，害我叫了出來。

途中，有一座看起來像火箭的高塔聳立，我心想「那是什麼啊？」湊近一看才知道是紀念殉職警官的忠魂碑。再往前走一點，緊接著出現的是消防人員的忠魂碑。說得也是，護國神社主要就是祭拜為了國家而殉難的人啊，所以不只是軍人，舉凡警察、消防人員、自衛隊等等因公殉職的人，都供奉在此。

當我抵達神社的本殿時，天色漸漸亮了起來，不過四周還是相當昏暗。從鳥居到本殿的距離相當長而且很廣闊，腹地周圍森林環繞，真有說不出來的濃濃寂靜。踩出去的每一步，都會傳來一股沉重的感覺，這讓我完全忘記附近還有個拉麵廢墟。

被濃濃的寂靜感所包圍。

屯鶴峰（奈良）十二月三十一日

每週六我會固定參與演出的網路節目「OTUNE LIVE！」（おちゅーんLIVE！），在跨年特別節目上，我們到奈良縣的靈異地點「屯鶴峰」，準備在這裡進行跨年倒數。屯鶴峰是二上山噴發時的噴出物凝固之後所形成的凝灰岩，由於堆積起來的形狀就像鶴一樣，所以便以此為名。這個奇岩群是奈良縣的自然紀念物。

在屯鶴峰的地底下有戰時用人力挖掘出來的巨大防空洞，據說裡頭有穿著工作服的男人出沒，他會從牆壁內穿出，然後消失在牆壁中。另外還有傳言說夜晚來到這裡，會頻繁地聽到槍聲響起。北野誠先生之前也曾經來屯鶴峰這裡進行查證，那時候一踏上通往入口的階梯，他就聽到像是太鼓的聲音，也像有人在調廣播頻道的聲音。

我們在晚上十點，距離跨年僅剩兩小時前抵達現場。節目的工作人員下山先生，從後方一邊扛著強力的攝影用照明設備，一邊爬上階梯。很亮，喔不！是太亮了，一點都不可怕。對於已經習慣獨自在深夜走訪靈異地點的我來說，感覺就是差了點氛圍啊。

爬上階梯，在強光的照射下，我看到腳邊的岩石全都變成一片白。這景象到底是在搞什麼啊！不光是眼前的能見度相當良好，就連地面也是非常明亮。因為還有點時間，所以

我加快腳步往前走，結果發現白色岩石的前方是一片漆黑。地面是白色的，黑夜是黑色的，所以那一片漆黑是懸崖。啊！倘若我就這樣踏出去的話，現在就變成死屍了。

我立刻放緩腳步，同時不禁心想，有這道強光真是太好了。白色的岩石平台其實是凝灰岩所構成，看起來像鶴聚集在一起。過了這個風景絕佳的地方，後面接著就是綿延不絕的山路。

我們要前往的目的地，是傳言會有穿著工作服的男人在牆壁間穿梭的防空洞。如果可以在防空洞內跨年倒數的話，那節目就精采絕倫了。但是在抵達防空洞前，我們反而先成了迷途羔羊。

在山路旁的樹上，都有之前走過的人所綁的紅色塑膠帶，藉以當作路標，但是順著路線一直前進，卻碰到了生鏽的鐵塔、謎樣的鐵門，以及感覺上不要走過去比較好的橋，這跟我們事前調查防空洞的路線有很大的出入。最慘的是手機收不到訊號，所以沒辦法確認位置。

糟糕了，來不及倒數了！我跟下山先生決定把命運交給上天，轉身朝著來時路往回走。途中，山徑的兩旁傳來「嘎沙嘎沙」的聲音。

「嗚哇!!」

雖然大聲喊叫了，卻沒在第一時間看清楚，一定是動物吧。無論如何，現在的首要之務是在時間內找到防空洞，否則……我們就這樣氣喘吁吁地回到了凝灰岩的懸崖邊。

累死人了。好啦，回到這裡就有信號了，我重新用手機把路線查清楚。我知道了啦，原來那些紅色塑膠帶裡頭也有綁錯的！先前走過的人真可惡啊！好不容易找到前往防空洞的標誌時，距離跨年倒數只剩三十分鐘了。

來得及嗎？趕快、趕快，還有二十分鐘、還有十分鐘……找到了！防空洞！這個陰森森的狀態，讓人覺得宛如魔界的入口一般，真不愧是防空洞啊。

平常前來的話，應該會先覺得這個防空洞太可怕了，但是我現在對願意現身眼前的防空洞充滿了感謝！

下山先生立刻跟攝影棚進行直播的連線準備，趁著這個空檔，我觀察了一下內部的情況。看起來裡面好像已經被水淹沒了，沒辦法太深入，雖然有點可惜，但也沒辦法。

不過最重要的是，坐鎮在入口中央的紅色球體，究竟是什麼？啊！是達斯．魔（Darth Maul）！那是在電影《星際大戰外傳1》中登場的最大反派達斯．魔的頭！怎麼會在這？

「田螺先生，還有五分鐘。直播連線完成了。」

在各種情緒混雜交織的情況下，總算趕上跨年直播了。

「我現在在屯鶴峰的防空洞前方……」

……

……

……

……信號連線失敗。

就這樣，我的二〇一六年落幕了。

為了跨年直播而前往屯鶴峰。

放在防空洞入口中央的達斯·魔模型。

赫赫有名的靈異地點——屯鶴峰防空洞。

2017年春

安井金比羅宮（京都）一月三日

二〇一七年的靈異禁地巡禮，就從新年假期的一月三日開始，第一站就來到京都。這一天我在京都府城陽市有個商演，比較稀奇的是這並非靈異相關的節目，而且是在白天進行。晚上我又回到京都市，並決定徹夜進行靈異直播到早上。

首先造訪的是京都最強的斷絕惡緣神社——安井金比羅宮，從京阪祇園四條站走路過去大約十分鐘。這間神社斬斷孽緣的效果非常強大，並且可以讓人實現願望，所以人氣始終居高不墜。鳥居上寫著「斷絕惡緣、締結良緣的祈願所」，所以這裡不光是斬孽緣，而且還是能夠結善緣的能量場域。

神社裡祭拜的主神是日本知名的三大怨靈之一——崇德天皇。因為保元之亂而流亡至讚岐的崇德天皇，躲到了讚岐的金刀比羅宮，並且切斷了所有欲望，因此後來這裡就被當成了想要絕緣時的祈願所。

在安井金比羅宮之中最重要的就是「斷惡緣結良緣碑」。聽說原本的碑是以繪馬（五角形木板）的形式呈現，由於上面貼滿了寫著願望的祈願紙人❸，看起來就像身上的毛宛如拖把的大狗（匈牙利牧羊犬）。

祈願的流程首先是到本殿參拜，然後從碑的內側鑽到外側，藉以斷絕惡緣，接著從另一邊再鑽回來，象徵締結良緣，最後將寫著願望的祈願紙條貼上去，這是正式的方法。

由於還在新年假期期間，所以早上九點就已經有很多前來參拜的香客進出。我看準沒人的時機，挑戰一下這個儀式。只是對我來說，如果斷絕惡緣（附身在人身上的靈），那麼我住凶宅的意義就沒了，因此我改成「幫所有正在看直播的觀眾斷絕一切惡緣」，用代替他人斬孽緣的方式在祈願紙條上寫下心願，並在洞裡穿來穿去之後將紙條貼上。最後，我跑到本殿看繪馬。真不愧是最強的斷絕惡緣神社，繪馬上的內容都非常激烈。

〈希望那個個性非常糟糕的女人〇〇〇受到上天的懲罰！〉

〈〇〇〇去死吧！〇〇〇的工作人員也全都去死！然後〇〇〇倒閉吧！別再牽連我了！特別是〇〇、〇〇跟〇〇，都去死！〉

〈去死吧！〇〇〇去死吧！趕快把孩子還回來！〉

寫著「去死」的繪馬真的太多了，簡直徹底遵循去死去死團的宗旨。不過，其中也有希望能得到幫助的繪馬。

---

❸祈願紙人：日文為形代，意為代替自身的紙條。

〈期待沒辦法自立自主的我能夠斬斷孽緣。〉
〈希望趕快擺脫低薪，加薪幅度可以讓我享受最愛的旅行、購物和美食。〉
〈希望可以跟動不動就發火的自己說再見。〉
〈希望媽媽可以擺脫外公的控制，變得更愛自己，並且過著幸福快樂的日子。〉
〈希望 SMAP 的成員們都可以過得很幸福。〉

大略掃過一遍之後，我發現人們真的在繪馬上寫下了各式各樣的願望和想法。眼前的這一切，讓我想起大阪某間斷絕惡緣的神社，裡頭的宮司❹曾說過：「說是斬斷惡緣，其實真正需要斬斷的是你想要斷絕緣分這個想法。」

我自己的解釋是，要斬斷的是會影響自己的負面想法或是惡緣，這樣才能真正擁有心情平穩。所以我們真的需要斷絕緣分這個儀式嗎？真的應該重新思考一下。

走出神社之後，馬上就有一間賓館。這是為了讓順利斬斷孽緣的人們可以快速完事，所以才開在這裡吧。

鳥居上頭大大地寫著「斷絕惡緣、締結良緣的祈願所」。

●伏見稻荷大社（京都）一月四日

原本在拜訪過安井金比羅宮之後，我是打算去貴船神社一趟的。貴船神社是全日本屈指可數的能量場域之一，得利於和泉式部所象徵的戀愛成就、締結良緣，所以神社的人氣遠近馳名。這裡同時也是用釘草人詛咒他人的「丑時參拜」的發源地。

從最強的斷絕惡緣神社，出發前往丑時參拜的貴船神社。一開始我是將這一趟視為最適合當作二〇一七年新年首發的最恐怖靈異禁地巡禮之旅，可惜最終未能成行，原因就在於我嚇壞了。

離開安井金比羅宮時已經過了晚上十點，若是要搭最後一班電車前往貴船神社的話，就得十一點從京阪祇園四條出發，並在出町柳車站換叡山電鐵，最後會在十一點三十九分抵達最接近貴船神社的貴船口車站。下車後應該是沒有計程車，等於到了之後就沒辦法再回來了。

❹官司：神社的神職人員。

此時，我稍微想像了一下最糟糕的情況。如果遇到丑時參拜的話，正在釘草人的人應該會把我殺了吧。因為如果在進行丑時參拜儀式被他人看見，據說詛咒就會反彈到施咒者身上，為了防止這樣的事情發生，就必須將目擊者殺掉。萬一我不幸讓施咒者追殺，沒有交通工具的我也逃不掉，到天亮之前只能自己一個人在這片京都土地逃竄了。簡直就是一個難度很高的大逃殺遊戲，不管我怎麼想都沒有順利逃掉的自信。

從安井金比羅宮前往京阪祇園四條站的路上，我不停地煩惱著……不過這些煩惱觀眾都看不到，因為我把網路直播停了，所以誰也看不到我在做什麼。儘管如此，我還是自己一個人煩惱著要去貴船神社呢？還是其他的靈異地點呢？

其實在我遲遲無法決定的當下，前往貴船神社的交通手段已經全都沒了。這種太晚決定的狀況，簡直就像約會中的女性錯過最後一班電車的劇情一樣，沒錯！我就是錯過前往貴船神社的最後一班電車了。假裝煩惱這一連串的事情到底是要演給誰看呢？百分之百是要演給自己看的。

在我有意無意地讓前往貴船神社變成不可能的選項之後，我閒晃到了五條大橋，接著準備前往替代方案的靈異地點，也就是連宜保愛子（日本知名的通靈人）都卻步的隧道——花山洞。實際到了現場，除了入口處的照明不曉得為什麼時明時暗，有點令人費解之外，並沒有發生其他狀況。接著我就出發前往伏見稻荷大社了。

位在京都深草站的伏見稻荷大社，是全國大約三萬間稻荷神社的總社。社內的壓箱寶「千本鳥居」風景絕倫，人氣之高常吸引世界各地的觀光客前來，是相當知名的能量場域。不過，這裡也被認為是靈異禁地的入口，因而帶來許多奇奇怪怪的現象，好比說戴著狐狸面具的女人一向神隱著，但會在此時不時現身。

從花山洞搭計程車抵達伏見稻荷大社時，已經跨日了。我穿過入口處的大鳥居，一邊斜眼看著已經打烊的新年攤販，一邊走在參拜路上。第一站我來到守護神社腹地入口的樓門，高度十五公尺，被燈光照得亮晃晃的，這種強烈的存在感讓人為之震懾。穿過樓門，繼續往前殿及本殿邁進，再走進去就是所謂的千本鳥居。通過緊密排列到幾乎沒有縫隙的鳥居隧道，我來到奧社奉拜所，再繼續往前走，路還很漫長。

伏見稻荷大社位在稻荷山這座靈山之中，整座山都是神的領域，來到伏見稻荷大社也只不過是翻開序章罷了。從這裡開始，才是自己跟這片廣闊的稻荷山真正的對戰。

前方的鳥居隧道一路連綿到山上，走了一會兒來到熊鷹神社，狐仙前方的蠟燭經常保持點燃狀態。晚上看到這幅景象，真的完全就是靈異禁地。順帶一提，在熊鷹神社旁有個新池，家裡若是有人離家出走或是失蹤的話，就來到池子邊拍一下手，然後往回聲傳來的方向去找，就可以得到線索。經過熊鷹神社之後，緊接著來到三岔口，然後繼續往上，朝著四岔口前進，這是一段既長且陡的路程。對於鳥居的感動，已經開始慢慢消散了。

走出鳥居隧道之後，眼前會突然出現一個可以看夜景的地方。眼前的景象彷彿是把星象儀倒過來放一樣，真是美不勝收。再稍微往上爬一點，就抵達四岔口了，在四岔口有設置長椅，感覺就好像是最後一個補血站一樣。總之我先坐下來，並且從包包裡拿出上山前在便利商店買的豆皮壽司。有一個都市傳說提到「帶著豆皮壽司來爬稻荷山，豆皮壽司會消失不見」，不過我的還在。只不過已經冷掉了，實在是讓人提不起食慾。

稍事休息之後這時已經深夜三點，我繼續朝著稻荷山的頂峰一之峰前進。用角色扮演遊戲來舉例的話，接下來這段路感覺就像是要進入最後大魔王所在的地牢裡頭。走出景色重複、連綿不斷的鳥居隧道之後不到幾分鐘，就看到幾公尺前有個穿著藍色衣服的男人在散步。我才剛因為除了自己之外也有人來稻荷山參拜，多少感到有些安心，沒想到這個男人卻在我眼前咻的一聲鑽入鳥居與鳥居之間的縫隙。

咦？難道那個縫隙是有路可走的？我走到那個男人消失的位置一瞧，結果只看到石燈籠。當下我心想：「啊，說不定是幽靈！」不過除了石燈籠，其他什麼都沒有。直播訊號剛好在那一瞬間突然斷線了，因此我也只好就這樣繼續前進了。

在參拜路上走著走著，我突然發現到路旁出現了許多被稱之為「御塚」的小神社及小鳥居，數量大約有一萬座。

這種「御塚信仰」，就是稻荷山的獨特之處。在稻荷山上，有許多神聖的地方被譽為是「神蹟」，其中有個說法是，在遠古時代，只要是神明降臨的地方，就要蓋一座祠堂或神社，這就是御塚信仰的由來。然而，自從應仁之亂將此處燒毀之後，就沒有再重建了，遺跡也被當成神蹟留了下來。如今，現存的神蹟周圍已被數量龐大的御塚所包圍。

人們在石頭上刻下自己信仰的稻荷神明大名，並供奉在稻荷山上，當作守護神，這些群聚的石塚就是所謂的御塚。石塚上頭刻有白狐大神、玉姬大神、眼力大神、腦天大神或運動大神等等各式各樣的神明。其中還有「豆大神」、「金玉大神」之類的神明存在。

在抵達一之峰之前，我先到了七神蹟之一的「長者社」。這座長者社的神體（用以象徵神明來膜拜）是「御劍石」，又名雷石，據說是一位奇怪的僧侶用靈力將雷綁住。奇怪的僧侶，超酷的。

我在擁擠的御塚之間穿梭，走到大約三公尺高的雷石旁，接著一把將手掌心放上去接受能量。在那個瞬間，信號恢復了，直播也暫時重啟。真的是因為雷石的能量嗎？真是不可思議。

在接收到奇怪僧侶的能量後，我在深夜四點抵達了稻荷山頂的一之峰，所需時間大約是兩個小時。伏見稻荷的能力還真是深不可測啊。

奇怪的僧侶用靈力將雷綁縛在御劍石上。

滿池谷墓園（兵庫）一月十日

在關西無人不知無人不曉的「十日戎」祭典，在每年的一月十日前後一連舉辦三天，藉著祭拜惠比壽神，祈求商業繁盛、家戶平安。大家會用「惠比桑」來稱呼這個慶典，感覺非常親切。

特別是在大阪的今宮戎神社，有所謂的「寶惠駕籠遊行」，人們會一邊喊著「寶惠駕籠~寶惠寶惠~」一邊抬著載有藝人、演員或藝妓的駕籠轎子，一路遊行到神社。另外，福竹也很有名，「來買保佑生意興隆的福竹喔」，福娘的叫賣聲響徹神社。

還有一個很有名的活動，就是由惠比壽神社的總社——「西宮神社」所舉辦的「搶頭香福男選拔」。每年一月十日清晨六點，大約會有兩百位抽中籤的男性，在正門打開的同時衝向距離三十公尺外的本殿，最快抵達的前三名，就是當年度的福男。

二〇一七年，我打算參加挑戰福男選拔，當然一方面也是為了要取材。我在前一天搭乘最後一班電車前往西宮神社，晚上十二點開始抽籤決定參加者。我抵達抽籤會場時已經晚上十一點五十五分了，本來以為自己剛好趕上了，沒想到晚上十點就開始接受報名了，而能參加抽籤的是先到的一千五百名，總之報名已經截止了！

也就是說，要完成報名的人才能抽籤，這真是一個令人扼腕的失誤。往後想要參加福男挑戰的人，請一定要銘記在心啊！福男的報名受理是在前一天的晚上十點開始喔！希望大家不要跟我犯同樣的錯誤。

結果那一天變得無事可做的我，只能在西宮等待第一班電車。不過，仔細想想參加福男選拔的人們，這個時間點都在做些什麼呢？遠道而來的參加者會在附近訂飯店嗎？這座神社周遭可是什麼都沒有呢。在一月的寒風中，我實在是沒地方可去了。所以，我下意識地開始搜尋「西宮 靈異地點」。

結果我找到「滿池谷墓園」，在這座墓園裡，有一個右手高舉、左手捧著一顆球，並且留著妹妹頭的少女雕像，被稱為「揮手的地藏王菩薩」，或是「Mari 將雕像」（まりちゃんの像）、「節子雕像」等等。

會被稱為揮手的地藏王菩薩，據說是因為這座少女雕像會在深夜揮手，如果是左右揮動，看起來像在說再見一樣，那就平安無事；如果是做出過來過來的招手手勢，那麼看到的人在回家的路上就會發生意外。

「Mari 將雕像」的 Mari 其實是通稱，因為有位女孩為了追球而發生交通意外，雙親為了撫慰少女的靈魂，所以製作了一個雕像送給市政府。據說少女是在雨天玩拍球遊戲（まりつき，其中まり就念作 mari），所以 mari 這個名字恐怕就是這樣衍生而來的吧。

至於會被叫做節子雕像，主要是因為《螢火蟲之墓》這部動畫電影裡的女孩節子，雕像的故事就是以她為範本。電影裡，節子和哥哥清太一起離開了寄居的阿姨家，最後兩人住的防空洞「Niteko 池」（ニテコ池），就在這座墓園旁。因為我很喜歡《螢火蟲之墓》，所以想去看看，就當作是去探訪節子的雕像。節子，等著我吧！

從西宮神社往北直行約三十分鐘就能抵達滿池谷墓園，福男選拔的抽籤大會實況，我大致見識過了之後，就在深夜裡從住宅區一個勁兒地往墓園走去。

深夜兩點，我走到墓園入口，這個墓園說真的一點都不可怕。裡頭有好幾盞明亮的路燈，所以並非完全一片漆黑，這讓我從容自在不少。我帶著手電筒（對我來說已經是常備物品了），穩步向前邁進。

首先映入眼簾的是標示著納骨塔的金字塔型墓碑，頂點有兩座石雕佛像並排著。右邊的佛像似乎就是原始版的揮手的地藏王菩薩。說得也是，節子的雕像是少女姿態的青銅器雕刻品，所以跟地藏王菩薩的形象真的有落差。所以關於手的揮舞動作背後所蘊含的故事，應該是把這座雕像與節子的雕像搞混了。繼續往深處走，我進入了一個墓碑比人還高的區域。這一片是軍人的墓園，的確很詭異。

我持續深入，來到墓園的圓環處。原本我以為節子的雕像應該在這裡，沒想到現場只剩下雕像的底座，卻沒有我心心念念的節子。節子啊，妳到哪裡去了呀？

再查一次才知道，節子雕像已經在阪神大地震時倒塌損毀了，所以移到別的地方重新建造了。原來是這樣啊！節子，等著我吧，我很快就會到妳身邊了。

這一天剛好是滿月，雖然我身在墓園，但四周環境非常明亮，比園區內的幾盞路燈還要亮，亮晃晃的月光成了黑夜中最大的光害。剛察覺到這一點時，我突然發現有個巨大人影像是要抓住月亮。這個影子是什麼啊？然後我想到好像曾在哪裡見過這個外型。

對了，是七龍珠！氣從手掌冒出來，變成巨大的元氣彈，看來就好像要發射了一般。再接近一點看個仔細……結果是，節、節子！

沒錯，作勢要擊出元氣彈的，就是節子雕像。從我的角度看過去，剛好就是節子舉起的右手手掌與滿月緊密重疊，感覺就好像元氣彈要從節子手中發射出來的瞬間。

那個晚上我就和節子一起度過，直到天明。

看起來就好像要發出元氣彈的節子雕像。

電視新聞報導清晨的福男選拔畫面，剛好拍到我。

白高大神（奈良）一月二十日

白高大神原本是祭拜弁財天的地方，被稱作「瀧寺」或是「御瀧」。後來有段時間這裡曾經成為以神社為主的宗教團體聚集地，不過此一宗教的活動也終止了，因此這裡就成了廢墟。現在，此處已是關西赫赫有名的靈異地點，就連日本恐怖藝術大師稻川淳二先生都曾介紹過這裡。因此，我和華井及西根，三人一起前往造訪。

從大阪開車過去大約一小時，我們抵達時剛好過晚上十二點，四周一片漆黑。循著稻田旁的小路往前走，我們來到一座鳥居下方，再往前就是神社了。因為我事先沒有做功課，所以在穿過鳥居之前，我要求西根在網路上找一下資料。

「咦，這裡原本好像是新興宗教使用的活動場所。」

西根立刻就用手機開始搜尋，並將看到的資料念出來。穿過鳥居之後，道路變得坑坑疤疤，若是沒有手電筒照明的話很危險，畢竟一旁就是池子了。

「西根，別看手機了，好好照一下腳邊，要不然很危險。」

我們在西根說話聲陪伴下繼續前進，結果發現另一個鳥居，以及廢棄的神社辦公室。

「嗚哇！廢墟出現了。」

我跟華井面面相覷，然而西根卻繼續流暢地說道：

「教祖中井shigeno（中井シゲノ）就是在這裡接受信徒們的煩惱諮詢，因為每件事情她都說中了，所以似乎得到了神社方面的信任與支持。」

「西根，為什麼你連這種事都知道啊？」

因為西根並不是看著手機念出來，所以我一邊覺得詭異，一邊持續往前走。經過一座殘破不堪的橋之後，抵達了防空洞。在防空洞裡面，有用鐵棒拼成的「鎮魂」字樣，這個應該就是信徒膜拜的神體吧。

據說，有個十六歲的少女在進到防空洞之後，被幽靈附身，變成一個老婆婆，然後就下落不明。我們拍了幾張照片後便準備返回，由於路很狹窄，所以換成西根走在前面，回到那座破破爛爛的橋。我們就這樣一路跟著西根走，結果不知不覺就走進深山裡。

「咦？是走這條路嗎？」

我問了西根，但他完全沒有任何反應。

「西根，是走這條路沒錯嗎？」

即使再問一次，西根還是信步向前走去。

「絕對走錯了啦……」

就在我這麼跟華井說了之後，華井立刻說他聽到女人的叫聲。

「我剛剛真的聽到一聲哎呀！」

在看線上直播的網友們也紛紛傳來「聽到了」、「是女人的聲音」之類的留言，好像除了我之外大家都聽到了。不過在下一個瞬間……

「噓噓！」

是吹口哨的聲音，我這次確實聽到吹口哨的聲音了。

「西根有聽到嗎？」

我邊說邊望向西根，沒想到他正在吹口哨。為什麼？

「我也不知道怎麼會這樣。」

西根的狀態明顯有異。因為事情是發生在聽到女人的尖叫聲之後，所以耳朵應該變得更敏感才對。在這個時間點吹口哨，真教人毛骨悚然。

「再這樣下去不行！你不能在前面帶路了。」

我們讓西根走在中間，變成由我走在最前面，一步步走上回程的路。

接下來大約有一個小時，我們徘徊在漆黑的山路裡，盡力想找到來時路，好不容易終於回到一開始看到的鳥居。

深夜三點半左右，在這座鳥居出現的瞬間，眼前昏暗到不行的田邊小路，突然間像是黎明降臨般亮了起來。難道是因為眼睛已經習慣黑暗了嗎？不，即使如此還是亮過頭了。

華井也說：「我也覺得真的好亮喔。原本如果沒有用手電筒照的話，根本看不清楚溝渠之類的，但現在卻看得好清楚……好清楚……」

不過，鏡頭內的直播畫面依舊一片漆黑，正在看直播的網友也留了「一點都沒有變亮啊」之類的回應。看來似乎只有我跟華井所看到的世界變亮了，走在我身後的西根立刻說：「就是那個啦。中井 shigeno 教祖因為被自家孩子的腳傷到了眼睛導致失明，所以跑來這裡修行，結果反而比以前看到更多東西，看來這個效果是真的存在的不是嗎？」

深夜五點，當我們回到大阪時，天都還沒亮。之後雖然西根又再次變回原本的封閉少年，平常依舊沉默寡言，但每次只要聊到白高大神的話題，他就又會開始變得多話。

過了晚上十二點，我們在昏暗的神社腹地內前進。

揭示著「鎮魂」兩個字的神體。

積雪的樹海（山梨）一月二十二日

這次我是在白天勇闖冬天的樹海。萬里無雲的晴天，積雪依舊的樹海平添了與平時截然不同的神祕景色。一同前往的成員跟上回樹海之旅一樣，有村田 ramu 先生、搞笑團體 Honey Trap 的梅木先生以及橋山 meiden，擔綱導遊的樹海迷 H 先生也一起加入，一行總共五個人。

集合地點跟之前一樣，也就是位在休閒步道入口處的富岳風穴停車場，上次來的時候就停在角落的大阪車牌廂型車，如今已埋在雪裡。算來已經是從幾個月前就一直停在這裡了，我想司機恐怕是不在人世了吧。

樹海內依舊寸步難行，由於是火山熔岩凝固了之後樹木便開始繁茂生長，所以幾乎沒有平整的地面，只有盤根錯節、起伏不定的蜿蜒樹根。之前真的沒想太多，穿著帆布鞋就出發了，結果一天下來鞋就變得破破爛爛了。有了上次的經驗後，再把冬天這個因素考慮進去，我就在亞馬遜上買了長筒靴，要搖身一變成為靈異探險勝利組。

不管走在積雪多深的雪地裡，長筒靴依舊能夠俐落前行，而且雪也不會跑進靴子裡。今天的我狀況極佳，所以走得很順利，由於其他成員穿的都是一般的鞋子，所以很難走

動，探險之旅還曾因此中斷。村田先生說：「我們去看攀爬架吧。」於是樹海迷H先生便帶著我們前往。

攀爬架非常巨大，比我想像的大了好幾倍。在樹海的一角突然聳立眼前的巨大攀爬架，最高的地方甚至比樹海的林木還要高。究竟為了什麼而造，原因不明，不過或許是為了用來作為觀察時的立足點吧。

在走回休閒步道的路上，沒有看到橋山跟梅木先生。沒想到過了一會兒，梅木先生從後方大喊大叫地朝著我們衝過來，像是在逃命似的，感覺是有什麼東西在追著他。

「大家趕快逃啊！橋山拿著大便後擦屁股的紙追過來了！」

就在梅木先生後面數公尺，可以看到橋山手裡握著某種紙，正在追趕梅木先生。我完全無法理解到底發生什麼事，就在橋山越來越靠近的過程中，我聽到他在喊著：「這個紙到底要丟在哪裡比較好啊？」

他的右手抓著幾張隱約沾了些黃褐色的衛生紙，絕對不會錯，那是擦過屁股的。這傢伙應該是在某個地方就地大便了，他在搞什麼啊！危機迫在眉睫，我也本能地開始跑了起來。村田先生也想逃，無奈在雪地上打滑了一下；H先生也是如此，但因為完全不曉得情況，所以顯得很慌張。

現在回想這一段記憶已經有些模糊了，但依稀記得我是第一個成功逃離橋山的人。多虧有了這雙長筒靴，我才能成為逃跑勝利組。至於橋山到底發生了什麼事？原來他在回程的路上突然便意襲來，雖然知道不能就地解放，但實在是忍不住了，所以就在稍微遠離休閒步道的地方當場解決，幸虧他身邊剛好帶了些衛生紙，但因為他覺得不能汙染自然環境（因為糞便是回歸自然所以沒關係），於是就拿著擦過的衛生紙，追著我們問垃圾桶在哪裡，他單純只是想要把衛生紙丟進垃圾桶。

最後，他把衛生紙丟在富岳風穴入口處的垃圾桶裡。這片樹海啊，還真是一場惡夢，不過即使是這樣的日子，富士山也仍舊美麗。

不管什麼時候來都停在這裡的廂型車。

搭建原因不明的巨大攀爬架。

味園大樓（大阪）一月二十六日

味園大樓就位在大阪難波千日前，這棟大樓的二樓有許多充滿個性的酒吧，其中有一間「Live shutter 難波白鯨」，就是由松竹藝能養成所同期的同學 kashiwakg（ぶっちょカシワギ）所經營的，開店初期我很常到店裡去表演節目；另外像是先前我曾經打工過的「Digital Cafe」（デジタルカフェ），或是對關西次文化有興趣的人們經常聚集的「深夜喫茶守財奴」（深夜喫茶銭ゲバ）等等，都是我常會去的店。

味園大樓的幽靈傳說從來沒少過。比方說，深夜二樓的走廊會出現一個倒退走的女鬼；後門的樓梯上一直坐著一個臉色蒼白的男性冤魂；三樓的飯店裡其中有一個靠內側的房間曾發生過殺人事件，所以就此封鎖了，然而要是住進隔壁房，就會在上廁所時聽到敲門聲，明明房裡沒有其他房客……

這一天，我在味園大樓二樓的「難波紅鶴」舉辦靈異地點探險報告的活動，結束後就直接在味園大樓開直播，作為此活動的延伸。

深夜一點我爬到三樓，準備前往傳聞中已經封鎖的那個房間。味園大樓二樓的走廊是一個「口」字形，所以可以一直繞圈圈，但三樓則是在左側通路的兩端設置柵欄封鎖了去

路，因此變成是「ㄈ」字形。越往裡面走，樓層的燈光就越來越昏暗，在盡頭碰到一扇「不能打開的門」之後轉彎，就真的陷入一片漆黑了。

黑暗中靠著手機微弱的光線向前行，到了更內側的轉角處正想彎過去的時候，發現眼前有一道非常嚴實的柵欄，所以沒辦法繼續前行。發生事件的房間，是不是就在更裡面的地方呢……？柵欄的另一邊，只有火災警報器寂寥的紅光不停地閃爍。

這時候，我突然感覺到背後傳來一陣冰冷的空氣，轉頭一看，發現一間沒有開燈的廁所，應該沒有在使用了。布滿灰塵的洗手台、開了洞的天花板，以及沒有放衛生紙的廁所隔間。我像被什麼看不到的力量吸引一樣走進隔間，並且將門關上，一邊將直播的鏡頭轉來轉去，一邊等看看會不會發生什麼事。

結果才沒多久，就有事情發生了。

「咚咚咚、咚咚咚、咚咚咚……」

是敲門聲、還是水滴聲？

不，感覺都不像。然而，這個聲音完全沒有要停下來的跡象。

「咚咚咚、咚咚咚……」

不知道時間過了多久，總之我實在忍不住了，就從隔間走出來。結果，聲音就停了。

到最後我還是不知道聲音來自何方，那到底是什麼？

走出廁所，回到走廊的明亮處，沒想到那一扇「不能打開的門」竟然開了。然後，有一個穿著侍女服裝的老婆婆靜悄悄地從裡面走出來。我嚇了一大跳，心想，穿著侍女服裝的老婆婆，應該是工作人員吧。

不能打開的門，竟然開了呀……

明明沒有人，卻發出敲門聲的廁所。

用柵欄擋住去路的走廊。

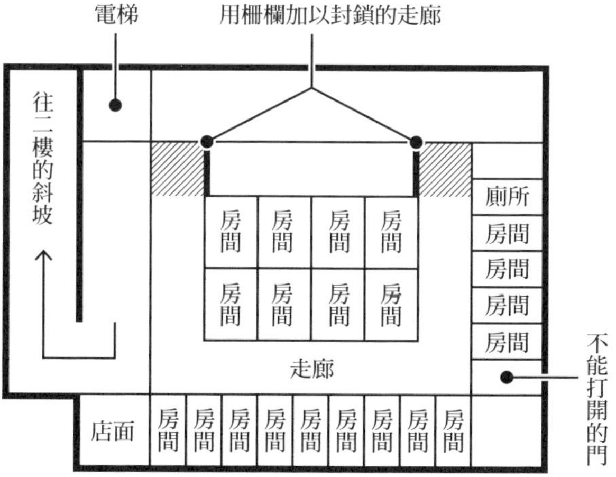

塩屋車站附近的國道（兵庫）二月一日

沿線會經過我老家的ＪＲ神戶線，一直以來發生過許多傷亡意外，幾年前由鐵路公司提交給國土交通省的數據，也真實反映了這個現象。偶然間有人發現，神戶線的沿途各站為「明石站（あかし）、朝霧站（あさぎり）、舞子站（まいこ）、垂水站（たるみ）、塩屋站（しおや）、須磨站（すま）」，將各站的第一個日文字母串連起來，就是「あ・あ・ま・た・し・す」，意思就是「啊啊，又死人了」。

這一天，我完成三之宮的表演節目之後，並沒有回到大阪，反而搭上最後一班電車然後在塩屋站下車。

二〇一六年，在塩屋站附近的國道二號上發生一起交通事故，有個男人因為騎摩托車違規超速所以被騎著白色警用重機的警察追趕，結果那個男人失速衝到對向車道，與另一台摩托車發生對撞。當時，男人被彈飛出去，碰巧撞上支撐電線桿的鋼索上，結果上下半身一分為二，當場死亡。被切斷的上半身掉落在國道旁的山陽電鐵軌道上，電車因此停駛了一小時二十分鐘。

我從塩屋站走路前往事發地點，打算看看經過半年後的事發現場。在國道二號沿線的人行步道上走了十分鐘左右，看到有根電線桿下方供奉著花束。看來沒錯，就是支撐這根電線桿的鋼索切斷了那個男人的身體。四周遺留了疑似血跡的斑點，而圈出事發現場的粉筆筆跡，也淡淡地殘留著。

為了慎重起見，我覺得應該記錄一下事故現場，所以便將手機鏡頭移往花束前方，就在這時候，有個戴著耳機看來像大學生的男生從我身後走過來。最後一班電車已然離去的深夜國道上，只有我獨自一人，而且還在疑似事故現場的地方，拿出相機喀嚓喀嚓地拍著照片，有任何人經過的話，看到我的舉動除了認為我是可疑分子之外，恐怕也不會有其他想法了。

我想如果我這時候突然放下手機，感覺會更詭異，動作也顯得多餘，所以我就用大拇指在螢幕上滑啊滑，假裝自己在玩「Pokemon GO」。說實話，我當下也真的很像是眼前出現寶可夢，正在用精靈球捕捉一樣。

就客觀的角度來看，和在深夜拍攝事故現場的人相比，三更半夜還在抓寶可夢應該看起來比較自然吧。然而這個大學生完全沒有看我一眼，就這樣從假裝在玩寶可夢的我面前經過。

太好了！看來安全過關，沒有被當成是怪咖。然而就在兩秒鐘後，那位大學生突然間手刀衝刺跑離現場。「咦？」我才剛覺得奇怪，他就已經全力跑得老遠。原來如此，果然還是會讓人感到害怕呀……

深夜時分，從塩屋車站走路回家的大學生，想必是在地人。在這裡發生的事故有多麼悽慘，想當然他也知道。所以不管是在事故現場拍照，或者是假裝玩「Pokemon GO」，肯定都會被當成是可疑的傢伙。我認知到自己確實被當成是怪咖後，依舊還是沿著國道二號的人行步道往須磨的方向走去。

電線桿下方供奉著花束。

馬路上留有粉筆畫過的痕跡。

須磨平交道（兵庫）二月一日

走過須磨海岸邊，來到須磨車站，時間是深夜三點多。須磨車站直接連結須磨海水浴場，從車站走出來之後立刻就是一大片沙灘。每到夏天，這裡總是擠滿遊客非常熱鬧，更是遠近馳名的搭訕勝地。

一九二八年，須磨地區不曉得為什麼成為自殺熱點，一年之內就有六十七人自殺，而自殺未遂者也有一百二十七人（神戶市須磨區公所官網「須磨區歷史」中的數據）。一九二六年，村嶋歸之在大阪每日新聞所寫的報導，也提到一之谷町的鐵橋、醫院、濱海的海水浴場（現今的須磨浦公園），以及天神濱海岸等自殺事件發生較多的地方，都被設置了防止自殺的告示牌。

從須磨車站到下一站的須磨海濱公園站之間，有幾個平交道，深夜裡平交道在藍色燈光的照耀下，顯得十分詭異。據說這是因為藍色照明可以讓人的心情平穩下來，進而產生預防自殺的效果。不過這也證實這個平交道真的發生過不少跳軌自殺事件。初次來到這個平交道時，我看到藍色的燈光下站著警衛，因為附近並沒有在進行任何工程，所以或許就是為了防止有人自殺吧。

另外一個平交道位在住宅區前的小路，右邊是獨棟民宅，左邊則有一尊地藏王菩薩，這個地方的確可以在沒有任何人阻擋的情況下闖進電車軌道內，理所當然地這裡也設有藍色照明設備。在電車軌道內有好幾處黑色的斑點，看起來跟塩屋的那個事故現場所看到的非常相近。

我通過平交道走到對面，直接往須磨海岸走去。深夜的海浪聲相當平靜，和夏季熱鬧非凡的須磨海岸相比，現在則是像飄渺的宇宙般空無一物。我望向漆黑的海面，心裡想著該不會下一秒飛碟就現身了吧。

「噹噹、噹噹、噹噹、噹噹、噹噹……」

這時，平交道發出警報聲響。深夜四點，載貨列車開了過來。這是一個好機會，那些想自殺的人，在人生最後的瞬間從這個地方看到的光景，我也想瞧一瞧。

我加快速度衝到平交道前方，藍光和紅光同時照在軌道上，黃色的柵欄也隨之降下，這樣的配色真是太美了，感覺一恍神就會被吸進去。不過，我並沒有受到影響，因為我並不想死，即使被冤魂拉著手，或是對我不斷召喚，我依然會好好地站在這裡。

「噹噹、噹噹、噹噹、噹噹、噹噹……」

載貨的列車從我的眼前駛過。好近啊，從這邊的確是很容易跨出那一步。另外我還領會到一點，那就是——我絕對不想死。

三天後就在我停在平交道前眺望海洋的那個地點，發現了一具屍體。據說是他殺，死者被人亂刀砍死，屍體則卡在須磨海岸海帶養殖場的漁網上，被發現時已經是死後一週了。也就是說，當我眺望著那片漆黑的海面時，被殺害的那個人，其實就在那片黑暗之中。雖然死亡總是近在眼前，但我想人不是那麼容易死的，除非是自己想死、生病過世，或是遭人殺害……

設置了藍色照明設備的須磨平交道。

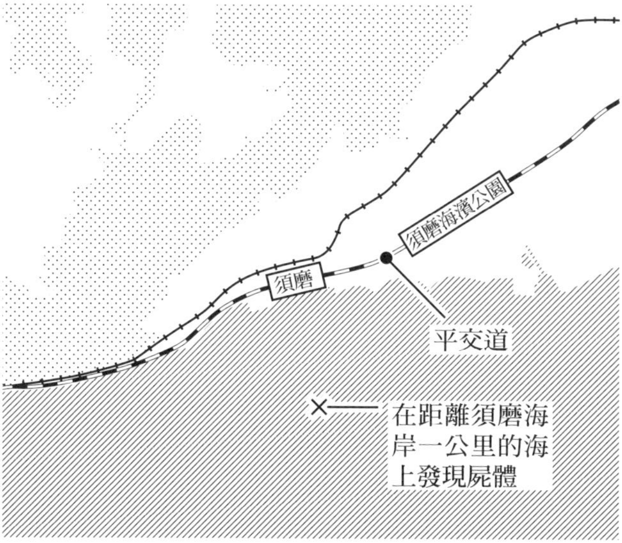

●東谷山（愛知）二月八日

每個禮拜三我都會到名古屋的ＣＢＣ電台參加廣播節目，由於交通費由電台支付，所以我總覺得如果只是去一下電台就回大阪有點浪費。自從去了高知的星神社之後，我開始可以自己一個人前往靈異地點，因此心裡浮現某種奇妙的義務感，覺得自己都因為工作來名古屋了，就應該在愛知縣的靈異地點過個夜才對。

這天我打算去東谷山，這是一個可以欣賞名古屋城市夜景的約會勝地，因而廣為人知。除此之外，東谷山也是一個知名的靈異地點，原因就在於山頂的神社裡有好幾根木柱上被釘了丑時參拜的五寸釘。

其他還有像是被一個白色而且看起來模糊不清的幽靈襲擊，以及有好幾個沒有頭的人體垂掛在樹林之間的目擊情報。另外還有一個只有上半身的大叔幽靈，被稱之為「無害大叔」，總是會從參拜道路上的石燈籠悄悄現身，然後一直緊緊跟著人，嘴裡不停叨叨念著「我不會害你的、我不會害你的」。總之，這座東谷山有著各式各樣的傳說。

從地下鐵的新榮町站搭上最後一班電車，到千種站轉乘ＪＲ線，最後到高藏寺站下

車。出站後走三十分鐘，我來到登山口時已經是深夜一點。山路上理所當然地沒有絲毫照明，完全是一片昏暗，感覺就好像是一個永遠走不出去的黑洞隧道。深夜自己一個人來爬山真的是第一次，說實話我的雙腳就像被凍結在原地一般。比起面對幽靈或孤獨感，對這座山的恐懼才真的是排山倒海而來。

不過，都來到這裡了，沒道理打退堂鼓。或者應該說，即使想要轉身離開，也沒有地方可以去了，基本上會搭乘最後一班電車過來，就是抱著一種破釜沉舟的心情。所以，只能向前走了！我的腦海中，不斷重複一句話：

「只能向前走了吧！河原崎辰也！」

河原崎辰也先生是CBC電台《河原崎辰也 只能向前走了吧！》這個節目的製作人兼樂手，播出時間是每個禮拜天的下午。他喊出的「只能向前走了吧！河原崎辰也！」這句順口溜，在名古屋當地很常聽到。

我實際把這句話喊出來，結果就像齊藤和義在〈Ageha〉這首歌的MV裡所呈現的畫面，歌詞都變成實際看得到的文字，而我在這個當下也覺得「只能向前走了吧」這句話，跟河原崎辰也這個名字，都化成文字被吸入黑暗之中。就這樣，眼前的大自然以及內心的恐懼，都變得柔和許多。

好厲害啊！將這句魔法話語說出口之後，真的能夠感受到不管自己有多害怕，還是會勇敢往前走。真是不可思議，我甚至開始樂在其中了，一邊持續說著「只能向前走了吧」，一邊爬山。

經過四十分鐘，我終於來到山頂，那是尾張戶神社的內部。看來我走到了通往後門的路了，因為這條路線的另一邊，有一道看來像是參拜道路的石階。

神社裡當然一個人也沒有，我花了點時間在裡頭尋找被釘了五寸釘的木柱，結果在神社辦公室的牆壁上發現了謎樣的手印。觸摸後我發現手印是用泥巴糊上去的，而且還沒乾。也就是說，這個手印才剛做好沒多久，這表示附近有人在吧？深夜兩點，這個時間點最適合做丑時參拜了。

太可怕了、太可怕了，我快速從參拜道路的石階走下去。

「啪嘰啪嘰！」

石階的右前方傳來聲音，我全身寒毛直豎。

「啪嘰啪嘰啪嘰……」

聲音再度響起。是丑時參拜嗎？還是動物？或者是那位無害大叔？

「喂！是誰！」

聲音停止了。

「是無害大叔嗎？」

我對著黑暗處說話。

「啪嘰啪嘰啪嘰！」

糟糕，越來越近了！那不是無害大叔。因為他只有上半身，應該不會發出啪嘰啪嘰這樣的聲音來！那麼，是動物嗎？喔不，如果是動物，才不會朝著人衝過來，一定早就跑走了。所以是人嗎？果然是丑時參拜嗎？

我嘴裡依舊喊著「只能向前走了吧……」下一秒又出現了！

「啪嘰啪嘰啪嘰啪嘰！」

不！不行了！我完全做不到！在這樣的情況下，只能逃走了吧！我往神社方向逃去。進到神社後，我在前殿的照明下轉過身，並隨手拿起拖把，光是在腦中模擬著要怎麼跟丑時參拜的人對打，就花了我二十分鐘。在進行丑時參拜時，如果被其他人看到，那麼詛咒就會回到自己身上，所以必須要將目擊者殺掉。我一點都不想被殺啊。

但是，我也不可能就這樣一直待在這裡，要走原路回去嗎？

不！那就真的是逃之夭夭了。不可以逃走、不可以逃走……

從前在歷史上擁有「鬼島津」美譽的猛將島津義弘，在關原之戰時因為同陣營的西軍確定潰敗之後，便率兵從敵隊的東軍正中央切入，以捨身就義的方式強行撤退，勇敢的舉動造就了震古鑠今的「島津大撤退」。島津就這樣活下來了。

沒錯，除了正面突破之外別無他法。此時此刻，我依舊喊著：「只能向前走了吧！河原崎辰也！」我一心不亂地跑下石階，過程中處於一種失憶的狀態。

回過神來的時候，鳥居已經出現在眼前，對面就是登山口了，我終於回到起點了。花了四十分鐘才爬上山頂，結果不到十分鐘就下山了。總之，我活下來了。

石階的左手邊感覺有人……

神社辦公室的牆壁上，有還沒乾的泥巴手印。

清瀧隧道（京都）二月十一日

這一天，京都積雪了。我帶著華井和西根，在深夜時分前往清瀧隧道。因為華井的車子裝的是一般輪胎，所以在抵達目的地之前的路程真讓人膽顫心驚。清瀧隧道是京都，喔不，應該是關西地區人盡皆知的靈異地點，榮登第一名都不為過。相關的靈異傳說太多太多了，多到讓人記不住的程度。

①抵達隧道時，如果燈號是綠色，就表示幽靈正在召喚，千萬不能進去。要先等到燈號轉紅，然後再次變成綠燈時，才可以進入。

②隧道迴轉處的坡道有個映照著正下方的反光鏡，看著那面鏡子，據說會看到自己死亡時的模樣，但如果什麼都看不見的話，就表示自己死期將至。

③去程跟回程的隧道長度不同。

④開車行經隧道，會有一個穿著白色衣服的女人掉落在引擎蓋上。

⑤把車停在隧道中，關掉車燈然後按下喇叭，就會發生怪事。

⑥會聽見女人的哭聲或念經聲。

⑦汽車的引擎蓋或車窗上會出現手印。

其他還有像是被老婆婆追，或是出現工人的幽靈，還喊著「快回去！不回去就殺了你！」一鬼怪傳言可說是五花八門，總之我們想先就前面七點進行驗證。

首先第一點，由於我們本來就是要去找幽靈的，所以反而是要接受召喚才行。因此我們一路小心留意，要讓車子剛好在綠燈時開進隧道裡。我們原本打算如果到了隧道前是紅燈的話就迴轉再來過，不過這天剛好是綠燈，所以我們就直接開進去了。

這條隧道總長約五百公尺，寬度只能容納一台車經過。隧道內的紅色照明燈相當昏暗，的確相當詭異。過了隧道正中央之後有個彎道，轉過去不久之後就能看到出口了。我們就這樣平安無事地駛離隧道，出口旁有個寬敞的空間，我們暫時將車停在該處。

接著驗證第二點，隧道旁有個斜坡通往隧道頂端，我們打算去找那個會映照出斜坡正下方的反光鏡。然而，因為積雪的關係，要把車子開上這個斜坡實在太危險，所以我們決定下車，用走的過去。

在紛飛的大雪中，我們一步步小心翼翼地走著，注意不要滑倒。這時我發現西根不見了，回頭一看才知道原來他正在後面非常緩慢地前進，因為他的鞋底太滑了，在雪地上根本寸步難行。他說他的那雙鞋才花六百日圓買的，這種鞋子到底哪裡有賣呢？最後，我們決定放棄爬上頂端這件事。

繼續驗證第三點，這次我們要三個人一起用走的通過隧道，並實測會花多長時間。當然，我們期待過程中會發生一些靈異現象，因此要在綠燈的情況下進入隧道，結果我們在隧道入口前來來回回走了好幾次，直到亮綠燈的瞬間才走了進去。過程中沒有發生什麼特別的事情，倒是知道從入口走到出口需要七分鐘。

接下來，就是重頭戲了，我們要同時驗證第四點和第五點。驗證的方式是我們一次一個人往回走，每個人在走到隧道中間時，就發出些聲響藉以替代汽車喇叭。華井用自己擅長的口哨來代替；西根則打算用他經常表演的「額頭口風琴」（用額頭彈奏口風琴的一項技藝，他的拿手曲目是〈男人真命苦〉和〈昂首向前走〉）；至於我，因為我家老爸是淨土真宗的僧侶，所以我要做的事是念經。

做這些事情如果真的能讓那個女人從上面掉下來，那就太幸運了，只要能夠引來任何靈異現象都ＯＫ。若是聽到女人的哭聲，或是聽到念經聲，就能夠驗證第六點的真實性了。而且我們會在發出聲音之後直接走出隧道，再次測試每個人走完隧道所需的時間，如此一來就能判定第三點的真偽，真是個一石五鳥的計畫。

第一棒是華井，因為隧道內接收不到訊號，所以我在入口處錄影並直播。四分鐘後，當華井走到隧道正中央時，應該就能聽到他的口哨聲。然而……完全沒有聽到任何聲音，口哨聲傳不到這裡。

緊接著，換西根走進隧道。大約四分鐘過後，口風琴演奏的〈昂首向前走〉旋律，迴盪在隧道內。

「哈哈哈哈哈哈……」

演奏結束之後，在隧道入口待命的我，突然聽到類似笑聲的聲音。應該是西根和已經先行過去的華井在聊天吧？

最後，換我走進了隧道。走到正中央後我開始念起南無阿彌陀佛，邊念邊走向出口。從走進去到抵達出口，總共花了八分鐘，看來隧道的長度並沒有改變。華井跟西根在出口處等我，不過西根的臉整個垮下來。

「在我彈完口風琴之後，我聽到隧道裡傳來孩子們的笑聲。」

西根因為太害怕，所以是用衝的跑出隧道。所以說，那一陣「哈哈哈」的笑聲是靈異現象吧？不過，倒是沒有人見到從天而降的女鬼。

最後要確認的是第七點，我們回到停在路邊的車子旁時，並沒有看到車上有任何手印。至於第五點，我們決定用車子再好好地測試一次。不過，只是單純的測試有點無聊，所以我擬定了一個計畫。

首先，我打算讓華井與西根把車開到隧道正中央，然後關掉車燈。接著我再走進隧道裡（當然是選在亮綠燈的時機），立刻停下來開口念經，而西根則是在聽到我的念經聲後，就在隧道中央吹口風琴。當我聽到口風琴的聲音時，才繼續往前走到隧道正中央，搭上車子跟他們會合。最後，我們會按一下喇叭，然後在原地等待靈異現象發生。

計畫開始，華井與西根開車，趁著綠燈亮起的時機點開進隧道。看到他們把車開進去後，我也在燈號轉綠時靠近隧道。

「啪、啪、啪、啪、啪、啪、啪……啪啪、啪、啪、啪……」

咦？我怎麼聽到西根在演奏〈昂首向前走〉了。好奇怪！剛剛講好的順序應該是我在入口處念經之後，才開始演奏口風琴啊。

這時候，隧道右前方用來防止翻落懸崖的繩索，竟然跟著口風琴的旋律猛烈地搖晃起來。當下根本沒有風，而且隧道與繩索之間也沒有直接連結在一起。即使如此，繩索還是明顯地以飛快的速度咻咻咻搖晃著。

「啪啪、啪啪、啪、啪、啪、啪啪……」

口風琴的聲音停下來之後，繩索也停了下來。

我走進隧道，問西根為什麼吹奏口風琴。

「唔，因為我聽到念經的聲音了，所以照著說好的吹口風琴而已啊。」

我並沒有念經啊，所以他們到底聽見什麼了？

最後，我們按了喇叭，並在確認沒有任何事情發生之後，離開了隧道。驗證的結果顯示，我們真的體驗到靈異現象了。

據說在抵達隧道時，如果是綠燈就是幽靈正在召喚，會發生不可思議的現象。

在隧道正中央聽見詭異的聲音。

深泥池（京都）二月十一日

深夜兩點半我從化野出發，打算前往深泥池。跟深泥池有關的就是計程車怪談，其中最知名的是，有一台計程車在池子旁載了客人，沒想到客人竟然消失了，而且座位還被水浸濕。相反地，也有從京都市內出發前往深泥池，卻在抵達時發現客人不見了的案例。

這些靈異故事傳遍日本各地，甚至還衍生出各式各樣的計程車怪談，深泥池簡直就是計程車怪談的發祥地。另外，就像這個地名一樣，深泥池的池底堆積了厚厚的淤泥，據說只要掉入池中就很難脫身，所以來這裡跳池自盡的人會絡繹不絕。

深夜三點，抵達深泥池。西根不曉得是在清瀧隧道被附身了，還是只是太睏了，總之他沒有醒來。因此我跟華井兩人下了車，在積雪的休閒步道上散步。不過，我們很快就後悔了，因為深泥池周邊沒有柵欄，而且積雪讓腳底變得好滑。一步步緩慢前進的過程中，我感覺雙腳正被池子吸過去。

左邊是深泥池，右邊是山，我們在前進時，盡量緊貼山的這一邊。我們走著走著，踏上了分不清哪裡是山、哪裡是池的一條路，雪讓分界點消失了，所以我們決定撤退。

往回走幾分鐘之後，池子的方向傳來某種動物的叫聲，不知道是鳥，還是青蛙。

「咻、咻……」

在那個當下，腳被吸住的感覺瞬間襲來。

「嗞啵！」

原來是我的腳踩到水溝裡了。太好了，不是踏進池子裡真是太好了。

回到車上後，我們的臉色像雪一般慘白。後來上網確認後才知道，原來我們折返的地點再往前一點，就是禁止通行的區域，如果再繼續往前走，恐怕就會跌入池子之中。

話說回來，途中我們聽到的叫聲到底是什麼呢？深泥池已有十幾萬年的歷史，不少珍貴的動植物生活在裡頭，包含從冰河時期遺留下來的物種，因此「深泥池生物聚落」被指定為國家級的自然紀念物。

據說裡頭曾發現過虎鶫，虎鶫的身長大約三十公分，而且會在夜晚啼叫，由於牠們的叫聲非常寂寥，所以又被稱為「幽靈鳥」或「地獄鳥」。另外，獨特的叫聲也讓虎鶫被認為是古代傳說中的怪物——鵺（記載於《平家物語》的一種神祕怪物，叫聲被視為不祥的預兆）。我所聽到的鳴叫聲，會不會就是來自於虎鶫呢？

如果再往前走，恐怕就會掉進池中。

木乃伊山（東京）二月十四日

結束了高圓寺的靈異怪談活動後，我在The Band Apart的原昌和先生帶領下，前往木乃伊山（ミイラ山）。原先生和好友們一起爬木乃伊山時，全部的人都曾聽到「喔喔……」之類的詭異聲音。另外，山頂上有一個宗教團體所建造的設施，原先生的某位朋友還在裡頭看到怪物。木乃伊山位在青梅丘陵的登山路線途中，山頂有一座佛舍利塔。

「有一個非常巨大的大便啊。」

原先生說當時那個佛舍利塔看來就像是一坨巨型大便。這座佛舍利塔是由「太陽整髮教團」所建造的，稱為「太陽整髮塔」。原本這個地方所祭拜的是石頭希遷（無際大師）的肉身佛木乃伊，無際大師是唐代非常有名望的禪宗高僧，後世尊其為曹洞宗始祖。為什麼中國禪宗如此有成就的肉身佛，會落腳在青梅的山裡呢？原因就是辛亥革命時，位於湖南省的南寺遭到燒毀，於是肉身佛便運到了日本，並於一九三〇年安置在這個地方。

從那時候開始，此處就被當作祭拜石頭和尚的修道場，當時有不少修行者聚集。不過由於二戰時本殿被部隊挪來當作結核病患者的隔離病房，所以戰後就遭到廢寺了。

之後，肉身佛由專人保管，直到一九六一年日本木乃伊研究團體接手，並在一九七五

年移到位於鶴見的曹洞宗大本山總持寺。就是因為有這段歷程，所以這座山才會被稱為「木乃伊山」吧。

深夜一點我們在青梅站下車後徒步前往現場，抵達登山口大約花了二十分鐘。接下來就要進入登山步道了，先前原先生他們一行人過來時，就是在登山步道旁聽到「喔喔……」的怪聲不斷傳來。爬了十五分鐘左右，佛舍利塔隱隱約約地在黑暗中現身。

我小心地湊上去，發現佛舍利塔的中央有金色光芒，那是一尊黃金觀音神像。

「我們之前來的時候並沒有這個……」

原先生表示以前並沒有這座觀音神像，而且還架設了鐵柵欄。當時鐵柵欄後面放了一個功德箱，再更深處則有一道門。總而言之，觀音神像就是在這幾年間新設置上去的。難道，教團現在還存在嗎？

原先生當時在功德箱放了一些零錢，然後在鐵柵欄這一頭拍手祈福，拍手的聲音「啪啪啪」地在佛舍利塔裡頭迴盪。接著，他朝著深處的門喊了一聲「喂……」沒想到回音一直從佛舍利塔中綿延不絕地傳來，而且音調還越來越低沉，最後甚至還發出「喔喔……」的轟然巨響。那個聲音，跟爬山途中聽到的詭異聲音非常像。

佛舍利塔中間應該是中空的，所以聲音才會在內部撞擊迴盪並傳出回音。聽了這段故事之後，我也從觀音神像旁，試著對門叫了一聲。

「喂……」

的確有回音，不過並沒有持續不斷地傳來。接著我再把聲音稍微拉長一點試試看。

「喂…………」

回音消失了，那原先生到底聽到什麼？

佛舍利塔正前方有一塊石碑。

中國傑出的聖僧無際大師

遠渡而來落腳於勝地——木乃伊山

另外還有一塊上面鑲崁了太陽整髮教團教祖夫婦的青銅雕像。

「我朋友們所看到的，就是四肢著地在塔的周圍爬來爬去的怪物，而怪物的臉，就是兩位教祖的臉。」

原先生的木乃伊山體驗談，真是太可怕了，所以也講給讀者們聽。

寫著木乃伊山由來的石碑。

傳出詭異回音的佛舍利塔。

凶宅散策（大阪）二月十八日

我曾經做了十年的飯糰配送打工工作。每次工作結束後，我會在深夜兩點一邊看著凶宅網站「Oshimaland」，一邊在大阪南區一帶的凶宅密集區走走，一邊網路直播。

「Oshimaland」是投稿型的網站，由網友繪製出凶宅地圖，被列舉出來的地方，就會在地圖上標注鬼火圖示。人口密集處的都市，死亡率自然比較高，因此鬼火數比郊區多。即使如此，還是有些地方會讓人覺得為什麼會這麼集中呢？實際走去看過之後，我才真正感受到在這麼近的地方竟有這麼多與我毫無關聯的人死去。

我探訪的第一棟公寓大樓，跟南區市中心稍微有點距離。在「Oshimaland」網站上，只有這棟大樓有兩個鬼火圖示，也就是兩個燈。根據「Oshimaland」的創辦人大島teru先生的說法，「鬼火的計數單位是『燈』（テル），這個數值並不代表死者人數，而是凶宅間數。不管死亡人數有多少，若是在同一間凶宅內，那就是算一個燈。」

起火點發生在一樓，媽媽當時在做服務生的工作所以順利逃生，反而是年幼的一對姐妹身亡。

●二十歲左右的男性，在公寓五樓的某間房內的壁櫥中上吊自殺。

●五樓的同一間房裡有位二十歲左右的女性上吊自殺，跟上述提到的自殺事件並無因果關聯。

在這棟公寓裡，一樓死了兩人、五樓死了兩人，總計四人死亡。我想除了這四位應該還有其他人過世，但是「Oshimaland」上只記錄四位。因為發生事件的房屋件數是兩間，所以算兩個燈。順帶一提，二〇〇五年之前的資料，「Oshimaland」是會刪除的。

接下來要前往的是再往南走大約兩分鐘的另一棟公寓，此處的一樓已經變成小商店了，不過「Oshimaland」上所顯示的資訊是：

●一樓發生強迫一起自殺的事件。

稍微調查了過去的新聞報導，原本住在公寓一樓的媽媽，左右手抱著六歲的長男與四歲的長女，被發現時三人倒在血泊中。長男當場死亡，媽媽及長女則送醫救治，後續發展就不得而知了。看來是媽媽帶著孩子一起自殺。

繼續前往下一間凶宅，先往東走到第一個轉角處轉彎往南，一樣走兩分鐘。接下來的狀況是好幾間凶宅緊密相連，讓人嚇到掉下巴的程度。首先是附近的商務旅館。

外國女性跳樓自殺。

不知道事件發生在幾樓，由於是跳樓自殺，所以有可能是從屋頂往下跳吧。這棟旅館旁的大樓也有鬼火圖示。

二樓發生殺人事件。

詳細情況並不清楚，然後還有另一個鬼火。

上吊自殺。

不知道在幾樓，但是這棟大樓有兩個燈。接著我往隔壁的公寓大樓走去。

◆吸入硫化氫自殺。

這三棟並排的建築物，發生了四種不同的死法，包含跳樓、殺人、上吊和毒氣。硫化氫自殺事件的大樓對面有一塊空地，兩者之間隔著一條狹窄的巷子。不過，在「Oshimaland」網站上，空地也有標示鬼火。

◆火災傷亡。

因為火災的關係，所以建築物被拆掉了。空地北邊有一棟三層樓的透天厝，案件的具體內容是：

◆殺人後在浴室分屍。

這裡根本就是惡魔之路嘛，光是道路兩旁的五棟建築物，總計就有六個燈。這個區域到底是怎麼了啊？

從這個區域繼續往前走一小段，我又先後看了兩間凶宅，包含「在入住之前就有人死亡的房間」，因為死者並非住戶，只是佯裝要看房子，然後就從窗戶跳樓自殺了；還有一間在「Oshimaland」上僅寫了「刺殺」二字的公寓，那是一位二十幾歲的新聞女主播所發生的亂刀殺人事件。最後，我來到一間小小的腳踏車店前。

●男店長因為對未來感到悲觀，所以上吊自殺。

我在「Oshimaland」看到這個內容時，不禁懷疑起自己的眼睛。我很常在打工結束後，到這家腳踏車店請店長幫我的腳踏車輪胎打氣。叼著菸的大叔，面無表情地打完氣之後，還會幫忙把車上老舊的零件換掉。

這幾年因為我不再騎腳踏車了，所以沒有特別注意，今天到久違的腳踏車店一看，才發現鐵捲門的確關著，而且看起來就不像是有在營業。最近這個區域有大型連鎖腳踏車店進駐，所以或許生意真的下滑了吧。除了幫腳踏車輪胎打氣之外，我跟店長在人生中只有幾次的相逢也沒有其他交集，沒想到他已經不在人世的訊息，我竟是從「Oshimaland」網站上得知的。

我常去的腳踏車店。

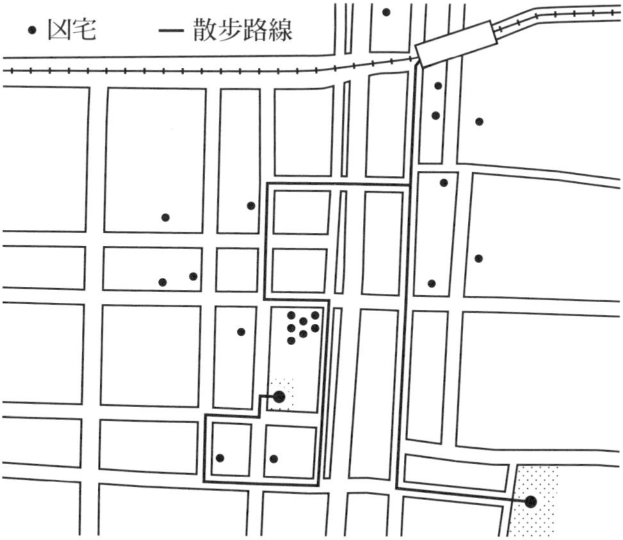

有雜貨店的大樓（大阪）二月十八日

大阪南區一帶的凶宅散步之旅，最後來到一件殘忍事件的現場。一九九四年，一個男女共十人的青少年團體，在大阪、愛知和岐阜等地動用私刑造成四人死亡。

這起短短十一天之間發生的連續殺人事件，讓三名主嫌被判死刑。這群少年結夥對路上擦肩而過的陌生人找碴，然後把對方帶到自己熟悉的區域，或者是堤防邊，集體以暴行殺害了三個人，甚至還殺了集團中的一名夥伴。

雖然這是一起非常駭人聽聞的事件，但是當時並沒有大篇幅的相關報導，或許與犯人是一群未成年的少年有關。

我有一陣子曾在酒吧打工，該酒吧就位在大阪千日前的味園大樓裡。那時有位客人跟我說：「田螺先生，不是有間雜貨店叫○○嗎？雜貨店的樓上是非常可怕的凶宅喔。」

我經常去購物的這家雜貨店位在大阪市中央區，該棟大樓二樓的房間，就是私刑殺人事件一開始的案發現場。

「那時候我跟這起事件的犯人還是朋友呢，年輕的時候我經常會去俱樂部或迪斯可舞

廳玩，所以常會跟他們打到照面。不過我有點怕他們，因此始終跟這個集團保持距離。當時裡頭有人說『我曾經殺過人』，所以事件曝光之後我真是嚇了一大跳。」

告訴我這件事的女客人，那時曾被這個犯罪集團邀請入夥。法官證實，這群少年曾經計畫要殺害同夥的兩個少女，因為她們反對犯案。所以如果這位女客人跟那群少年走太近的話，說不定現在也沒辦法來味園大樓喝一杯了。

有非常多事件我都希望可以直接接觸到案發現場或者是當事者，藉由親身感受的方式了解事件的全貌。

案發現場下方的雜貨店，我常去買短劇所需的小道具。

上吊廢墟（大阪）二月十八日

結束凶宅散步之旅後，時間差不多是凌晨五點，我直接繼續往南走，目標是新世界。通天閣是大阪浪速區新世界的象徵性地標，這一帶是知名的炸串激戰區。從通天閣往南直走，會看到「世界大溫泉 spa world」。世界大溫泉的左前方，也就是大阪國技館遺跡的圍牆裡頭，有個被燒毀的建築物，稱為「上吊廢墟」。

在這個地方曾發現過三具白骨，據說第一具白骨被找到時，是呈現上吊姿態，所以才有「上吊廢墟」的名號。

以前我曾經在夏季的黎明時嘗試接近，當時上吊廢墟的圍牆前，設置了禁止進入的路障，然而在路障內卻有位老婆婆正拿著飼料在餵貓。在老婆婆身旁有一大群貓，少說有幾十隻。既然老婆婆能夠進去，代表進到路障內側應該是沒問題的吧，因此我往前靠近，想跟老婆婆聊聊。

「小兄弟這麼早起真是辛苦了，從哪裡來的呀？最近啊，外國人變多了呢。」

在我給出回應之前，她就開啟下一個話題。

「我每天都必須要來餵這些小貓咪，很辛苦呢。」

真拿老婆婆沒辦法啊，她的嘴宛如機關槍一般，完全找不到突破口。我一邊適時以「這樣啊」來回應話題，一邊作勢要跨過路障，沒想到突然傳來一聲斥喝。

「不可以跨過來！」

在新日本職業摔角的舞台上，大仁田厚曾要求長州力一起在爆破電流的擂台上進行比賽，老婆婆的這句話，讓我想起當時長州力所回應的那句名言。真沒想到我會被一個正在餵貓的老婆婆所震懾。

「貓咪們，衝啊！」

老婆婆一聲令下，幾十隻貓就朝我衝了過來，同時有幾十隻不知道從哪裡來的鴿子翩然降落。

「喵喵喵喵喵喵喵……」

「啪嗒啪嗒啪嗒啪嗒……」

我實在太害怕了，只能趕快逃走。「馴貓師老婆婆，趕走了想活命的田螺」，在現實生活中發生這種事真的沒問題嗎？

從那之後，我就下定決心不要再靠近這個地方。不過這一天，我無論如何都想要見到老婆婆，所以才會舊地重遊。那天親眼看到的奇蹟，我到現在都無法忘懷。

上吊廢墟還是一樣位在圍牆裡頭，但是原本較低的路障已經換成更高的虎紋柵欄。當然，也看不到馴貓師老婆婆的身影了。遠眺著深夜裡的上吊廢墟，我不由得想起馴貓師老婆婆。結果，有隻貓從柵欄的縫隙間現身，朝著通天閣的方向消失了。

柵欄縫隙間鑽出一隻貓。

從商店街的小路望向上吊廢墟。

前田公園（愛知）二月二十二日

每個禮拜三我都要去名古屋參加電台演出，所以我想盡可能順便造訪更多當地的靈異禁地，因為兩週前我才去過東谷山，這次就選了一個新地點。

這次的目的地是豐田市的前田公園，據說是一位在地的金主前田先生蓋的公園。這座公園裡，以紀念前田先生的建築物「R堂」為中心，擺放了石燈籠、石佛和慰靈塔等設施。這座R堂有地下室，裡頭供奉了大量的香菸，據說來到此處卻沒有奉上香菸的話，就會被詛咒。

我跟之前一樣搭上最後一班電車，搭乘名古屋鐵路前往最接近前田公園的車站——平手橋站。出站後走了十五分鐘左右，就來到公園的入口。此處完全沒有路燈，公園內一片漆黑。

我一邊手機直播一邊往裡頭走去，眼前馬上出現兩條路，一條是又寬又長的石階，另一條則排列了許多石燈籠。我選了石燈籠那條路往前走，結果出現了另外一道石階。步上石階，R堂就突如其來地映入眼簾。我對著顏色相當特別的狛犬❺打了聲招呼，正想著要趕快進去的時候，R堂內部傳來聲音：

「咚。」

這到底是表示歡迎？還是拒絕呢？也只有去了才會知道吧。

打開門之後，我看到眼前的地上鋪了一塊鐵板，鐵板下方應該就是地下室吧。

左側掛了一幅類似畢卡索風格的作品，畫的是幾個癱軟的裸女疊在一起，另外一幅則是肖像畫，畫中的人物是戴著鴨舌帽的大叔。這應該是前田先生的作品吧，而那張肖像畫的主角應該就是他本人。在畫作前方擺了大約二十本的《原色日本美術》，對面的右手邊則是倒著幾本老舊的《土木工程學》。

在土木工程領域賺大錢的前田先生，興趣想必是繪畫吧。右側深處有插著花的花瓶，以及看來像牌位的東西。正面有三尊銅像，看來似乎是中國的偉人，每一尊前面都供奉著年糕。

對於那塊鐵板，我還是相當在意，動手抬了抬才發現挺重的，而且手好痛啊！我將包包放下，戴起手套，好不容易撬開了。果然如傳言所說，這裡有地下室，我踩在一點都不穩當的梯子緩緩下降走進地下室。

打開手電筒一看，室內全是白色的，室內的回音讓人很不舒服。兩邊各有一尊銅像，正面則有供養塔及放了大量香菸的祭壇。梯子的內側，有一張燒到一半的紙掉在地上，紙上寫了一些字：

「快回家吧，累了吧。」

看到那張紙之後，我的左手腕立刻痛了起來，雖然原因不明，但肯定是有什麼事發生了。我想還是先奉上香菸吧，不知道這樣的儀式是對還是錯，總之我就是帶著代替神明抽菸的心情，將自己的菸點了起來。結果，正在看網路直播的網友，留了以下回應：

「不要點火。」

「快點向神明請罪！」

「神靈生氣了。」

不過，現場狀況卻跟這些反對意見相反，當我抽起香菸之後，原本讓人感到詭異的空氣漸漸淨化了。當我抽完一根菸，然後將菸蒂以及沒抽過的菸奉到祭壇上時，左腕的痛楚就咻地消退了。

當我在網路上搜尋R堂的相關傳說時，發現有一個部落格專門在做「到靈異地點試著引來詛咒」的驗證企劃，裡頭就提到「將地下室的大量供養菸蒂全部清理乾淨，結果什麼事也沒發生」。不過，從這篇部落格文章刊出之後到現在已經經過兩年，現在的R堂地下

❺狛犬：日本神社前的一對神獸，造型似獅又似犬。

室又再次積滿大量的供養菸蒂，看來此處確實是用抽菸來當作祭拜儀式吧。我想前田先生應該就是位老菸槍。

我來這裡並不是為了要挑釁神靈，反而是帶著敬意，覺得自己來打擾對方的心情。幽靈若是因為如此而現身，我會感到非常開心，即使被詛咒，我也覺得無所謂。

實際到那些充滿流言蜚語的地方去看看，用自己的眼睛確認是否真的會發生什麼、是否真的有不可思議的現象，若不這麼做，我心裡就會覺得過意不去。但是，如果只是為了滿足自己的興趣，就去打擾先人或是任何思念著先人的人，那是不對的。帶著敬意去尋找真相，這個分寸就是我現在正在追求的。

走出R堂時大約是深夜兩點，公園的陰暗處有三個光源，並且聽得到有人說話的聲音。原來是有三個看起來是男大生的人跑來試膽了，這可不妙！他們應該會朝著R堂過來，像我這樣大半夜自己一個人站在R堂前，對他們來說肯定會覺得看到鬼了。我心想：「不能讓他們受到驚嚇。」於是便讓手電筒的光一閃一閃的，並且出聲打招呼。

「你們好！」

雖然這樣忽然出聲一定會嚇到他們，但不知道為什麼，他們好像完全沒有注意到我。

「好暗啊。」

「就是說啊！」

三個人興奮地高聲交談，並且越走越近。這一切太奇怪了！在毫無其他照明、四周安靜無比的前田公園裡，不可能沒有察覺到我的聲音及手電筒的燈光。接著他們在我眼前改變路線，好像什麼事都沒發生一般離開了。難道說，他們看不到我？

之後，我把這段經驗寫進書裡，結果收到某位讀者傳來的訊息。

「田螺先生在R堂所發生的故事，我饒有興致地看完了。事實上，我也曾有過類似的體驗，我的狀況是我看不到跟我一起去的朋友。奉上香菸、雙手合十祝禱完，身旁的朋友就不見蹤影了。我心想，是先出去了嗎？但我既沒有聽到腳步聲，也感覺不到任何動靜。我感到非常害怕，就連記憶都凍結了，不過隨後就又看得到同行的朋友了，他本人倒是沒有任何改變。原本我對於自己的體驗感到有些疑惑，但看了田螺先生的分享之後，就稍微安心了。」

也就是說，那時候我的身體的確是消失了吧？這種不可思議的現象，至少有兩個人曾經歷過，說不定還有更多也在R堂變隱形的人呢。

要說變成隱形人之後的我，在前田公園做些什麼，其實就是拚了命地在找廁所，可能是因為天氣太冷了，我實在是憋不住尿意。然而我在公園裡一直找不到廁所，反倒是發現了一個沒有頭的石像，比起這個石像帶給我的恐懼，快要尿褲子的驚慌感才更是強烈。

好不容易總算在公園角落找到廁所，當下全身都被難以言喻的感動包圍，只是排空了尿液也等於體內溫暖的水分被奪走，深夜的寒冷變得更加難以忍受，所以我最後回到R堂取暖並睡了一下，等待著首班車發車。在我休息的這段時間裡，室內一直不停傳來啪嗒啪嗒的謎樣聲響。

現在的R堂已經禁止進入了……

謎樣的紙條。

R 堂內通往地下室的梯子。

維納斯大橋（Venus bridge、兵庫）三月一日

這天結束了在三宮的靈異怪談表演後，我請華井開車來接我，在神戶長大的漫才表演團體「協奏曲（コンチェルト）」成員——池水，要帶我們到維納斯大橋去。

可以俯瞰神戶夜景的維納斯大橋，是關西赫赫有名的約會勝地，但同時也是當地無人不知的靈異地點。在環狀路線的某處有樹木突出到橋面，據說那裡常有人看到一位長髮女子站在樹下。另外，北野誠先生的靈異節目也曾到此處出外景，他們當時行駛在維納斯大橋附近的「再度山」車道上，結果聽到「砰砰砰」的聲音，接著擋風玻璃就出現了手印。

深夜十二點半，我們將車停在維納斯大橋旁的停車場，並走向瞭望台。才剛踏上階梯，廣播就大聲地響了起來。

「噔噔噔噔，停車場發生多次竊盜事件，請留意不要將貴重物品遺留在車內。噔噔噔噔。」

應該是觸動感應器就會開始播放的警報系統吧，但這個聲音大到讓我們在階梯上開始躊躇起來。結果我們決定咬牙直接往上跑，沒想到廣播的聲音還是再次傳來，之後雖然沒有其他人經過，但廣播仍舊持續播放，真是既可怕又吵雜。

抵達瞭望台後，夜景真是美到令人咋舌。另外，宣示愛情誓言的掛鎖也掛得滿滿的。話說回來，不知道為什麼情侶的約會勝地往往都是靈異地點。我想多多少少是因為忌妒的關係吧，「可惡的人生勝利組，我要把你們充滿回憶的地方變成靈異地點！」之類的。不過，相反的情況也是有的，某些地方因為已經成為靈異地點或自殺勝地，所以就反向操作全力包裝成情侶的約會勝地，企圖扭轉形象之類的。和歌山的三段壁就給人這樣的印象。

華井在瞭望台上拍的照片出現了綠色的光芒，那應該是所謂的鬼影（又稱光斑）吧。鬼影指的並不是幽靈，而是照相機在對著太陽之類的強力光源拍攝時，鏡頭會反射出圓形光點或是類似極光的光芒，用攝影專業用語來講，就是鬼影。特別是搭載廣角鏡頭的智慧型手機，更容易拍到此類照片。如果把這些照片全都當成靈異照片，那就沒完沒了了。

當我們走上橋面步道時，剛剛我們一直占據的瞭望台出現人影。該不會是鬼吧？雖然內心這麼想，但其實只是跟在我們後方的情侶罷了。這對情侶待了一下就離開了，真是有點不好意思。

在我的左手邊出現詭異的綠色光點。

七彎道（兵庫）三月一日

造訪過隧道頂端會浮現謎樣斑點的兵庫隧道後，我們一行人就轉往池水的家鄉——垂水。從第二神明道路的名谷交流道走到名谷町路口，目標是前往垂水墓園。這一段幾乎都是彎彎曲曲的上坡路，在地人稱為「七彎道」，是經常發生事故的危險路段。

七彎道是從名谷町路口開始，經過福田中學南側，直到下一個紅綠燈口的一段路，前後大約一公里的連續急彎。畢業於福田中學的池水說，此處也有靈異傳說。

「在我上福田中學的時候，聽說晚上走在七彎道上，會冒出一個黑色的心心追著人跑；還有就是在福田中學前方的懸崖，會有流亡武士出現。相關傳言從來沒停過。」

黑色的心心到底是什麼，有點讓人摸不著頭緒，可喜的是流亡武士還沒出現，我們的司機華井就已經輕輕鬆鬆地開過彎曲的連續彎道，感覺就像是個瀟灑的流亡武士，不愧是二十年之間只買過四次車票的男人啊。

順帶一提，這個區域的汽車駕訓班會到七彎道來做道路駕駛的訓練，看來垂水區的居民都會用七彎道來鍛鍊駕駛技術。

「這段七彎道，我怎麼數都只有轉彎六次。聽說不管是幾個彎，通通都會稱做『七彎

道』，即使不是七個彎也一樣。但是傳言提到如果真的轉了七個彎，就會發生壞事。」

過了池水的母校之後，就算是通過七彎道了。可惜我們並沒有轉七次彎，所以壞事也沒發生。

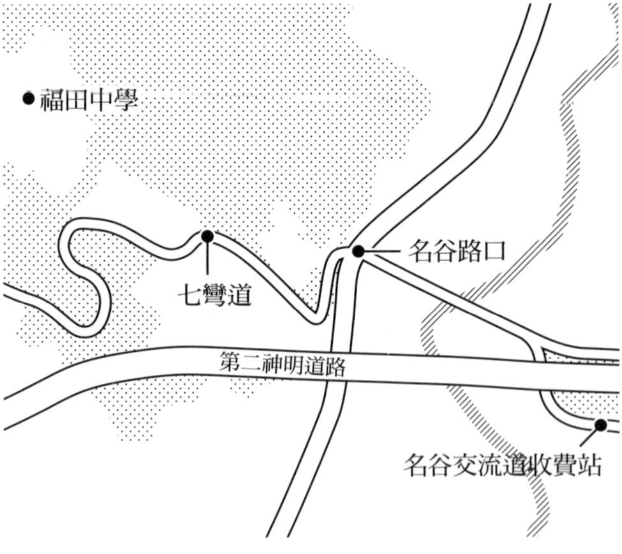

垂水墓園（兵庫）三月一日

這個晚上我們最後一個目的地就是，池水老家附近的垂水墓園。垂水墓園就在通往神戶國際大學附屬高中的一條又窄又暗的小路上，這條小路幾乎沒有路燈，真的非常昏暗，聽說經常有人在這裡看到鬼火。

深夜兩點整，我們抵達垂水墓園。

「啊，好可怕，這裡真的太可怕了。就算是白天也不會想經過啊。」

池水從小就會刻意避開這條路，所以這就是他的真實心聲。事實上我依稀記得小時候曾搭車經過這裡，當時爸媽就提到這裡很危險，除了有幽靈之外，還有色狼或怪人會出現。現在想想，敢在這種幽靈出沒的地點潛伏躲藏的怪人們，到底要有多大的膽量和勇氣啊。他們可能一點都不覺得幽靈很可怕吧。

小路的其中一側架設了金屬網線的柵欄，後方已經變成一座高爾夫球場。另外一側則是用交通路障擋著，路障後方就是墓園。路障中間有小小的階梯，我們順著階梯走下去就看到一大片廣大的墓園，比想像的還要大上許多。

我們在墓碑旁的階梯走了一陣子後，就回到小路上，眼前出現六地藏菩薩及墓碑的聚

集處。這些應該都是無主孤墳吧，這附近就是最常被目擊到鬼火的地方。這裡剛好是T字路口，往前走是死路，左轉則是通往神戶國際大學附屬高中，於是我們沿著小路折返。

途中，我們看到反光鏡上有光，是從我們來的方向開過來的車大燈反射的。這條小路的寬度只能容納一台車經過，於是我們走到反光鏡下方，靠在高爾夫球場這一側把路讓開。沒想到此時卻有一台警車從另一頭開了過來。

「咦！」

深夜兩點，在如此昏暗的墓園裡，三個大男人正在直播，真的不得不做點例行性盤問。我立刻將手機藏到口袋裡，盡可能地故作鎮定，希望不會被警察懷疑。結果，警車就這樣從我們面前經過，太好了，警察放過我們了，雖然我們本來就沒做什麼壞事啦。

「咦？」

等等！這麼說來，應該會有一台車從後方開過來才對啊。小路狹窄到只能容納一台車經過，所以從後方開過來的那台車，應該會和前方開過去的警車碰頭才對。然而，警車卻直接駛離，消失在黑暗中了。

所以，對向的那台車消失到哪裡去了？以反光鏡反射的燈光判斷，那台車應該是在我們後方二十公尺左右，我們立刻回頭追警車想看個究竟，但現場除了寂靜與黑暗之外，什麼都沒有了。

只能容納一台車經過的小路
上，對向來車竟然消失了！

時常目擊鬼火的 T 字路口。

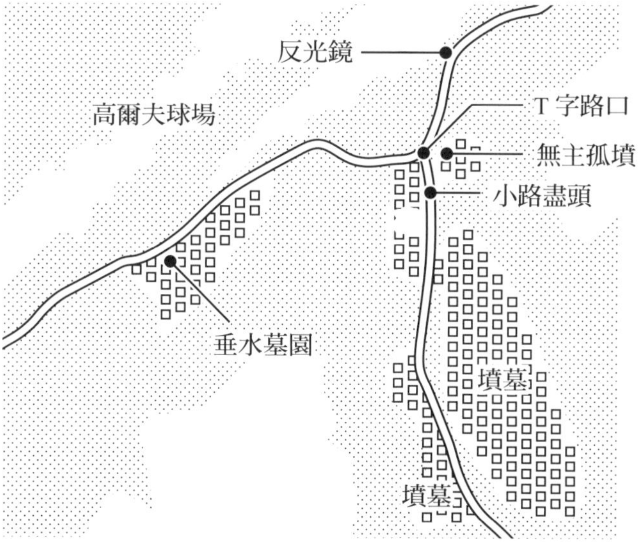

枚岡廢神社（大阪）三月六日

我曾在某年的聖誕節去過枚岡神社一次，神社所主辦的注連繩掛神事，又稱為「御笑神事」，是一個集合所有參拜者及神職人員全部一起「哇哈哈哈」持續大笑二十分鐘的奇妙祭典。近年都在十二月二十三日舉行。

這是當地非常大而且知名的神社，但是神社附近的平交道，還有神社旁的梅樹樹林，卻經常被目擊自殺事件。今晚的目的地是跟枚岡神社相比更偏僻的廢神社，通往廢神社的路上，有一座瑰麗多彩且具有神祕氛圍的德成寺，以前作家村田ramu先生也曾經前往拜訪取材，並且調查出這座寺廟是由韓國籍的住持用ＤＩＹ的方式建造起來的。

我想去廢神社，也想去德成寺，要去的話，當然就要選晚上嘍。深夜十二點，我在近鐵枚岡站下車後，一邊開啟直播，一邊前往跳軌自殺事件頻傳的平交道。據說在平交道前方的水泥牆上，會浮現疑似人臉的痕跡。告訴我這件事的人傳給我一張照片，裡頭的確看得出來是一張女人的臉。

更驚人的是，即使在同一個地點拍照，只要拍攝的時間不同，或是明暗度改變，呈現出來的女人臉也會產生變化，有時候看起來像年輕女孩，有時候則像老太婆，真的非常神

奇。實際到現場一看，牆上真的浮現令人不太舒服的痕跡，但怎麼看都不像人臉。為什麼拍照之後看起來那麼像呢？真是不可思議。

下一個要前往的地點是發生過上吊自殺事件的梅樹樹林。樹林的入口處有一口井，曾被用來洗過楠木正行的頭，樹林原本應該會在這口井的後方，但卻已經不復存在，經過採伐之後，現場變成是草坪及長椅的組合。我爬上原本應該是梅樹樹林的所在地，進入通往枚岡神社的內側山徑。

在黯淡無光的山徑走了一會兒之後，一座石造的鳥居突然出現在我眼前，而鳥居後頭有一道圍牆，上面有用粉色、綠色及橘色所寫的「法之光」字樣，還有綠色的「南無阿彌陀佛」，繽紛的色彩感覺就好像在辦校慶。

另外還有不知道為什麼聚集在一起的石佛群、塗著口紅的修行者，以及有人忘在此處的武士頭盔等等，全部都並排在一起。就連老舊的撥盤式電話也在供品之列，而且電話線還穿梭在石佛群之間，不知道究竟能連結到什麼，或許會有冥界所打來的電話吧。

走過一道由坑坑疤疤的鐵板所搭建的橋之後，就看到一間類似工寮的小屋，那就是德成寺。用手電筒一照，宛如派對風格的文字映入眼簾，寫著「俱會一處」、「南無阿彌陀佛」。顏色相當繽紛搶眼。

這個區域的手機訊號相當微弱，所以直播都是斷斷續續。雖然說寺裡看來沒有人煙，但卻有像百式（在《機動戰士Z鋼彈》中登場的戰士）一般金光閃閃的佛像，以及新世紀福音戰士初號機一樣紫綠相間的不動明王坐鎮在裡頭。

寺廟的外面有翡翠綠的佛像，還有像《天空之城》中所出現的機械兵一樣布滿苔蘚跟小灌木的佛像，這些石佛上都擺設了一些東西，像是貪吃栗子的松鼠之類的，總之全都是我想都想不到的風格。可惜訊號太弱了，沒辦法持續進行直播，所以就不久待了，繼續往前走。

從德成寺再往上走，山路漸漸變得越來越難走，不久後山路跟小河匯流，變成攀登溪谷了。當我才正在想好不容易來到一個開闊的地方時，耳邊就傳來聲響。

「嘎沙嘎沙嘎沙。」

某個體型龐大的物體正朝我的側邊移動。因為我太害怕了，所以忍不住發出悲鳴，結果呻吟膽怯的叫聲立刻迴盪溪谷。

「嗚嗚嗚嗚嗚嗚嗚啊啊啊啊啊！」

這不是幽靈，而是野生動物。這麼說來，在過來這裡的路上有看到這傢伙的告示牌。沒錯，是野豬！

我立刻轉身離開現場，試圖尋找安全地點避難，同時還得回頭注意背後。這時候，我突然想起一部我非常著迷的NHK大河劇《真田丸》，劇裡的主角真田信繁的父親真田昌幸，曾談起所謂的「背水一戰」。其實背水一戰指的並不是將士們來到河邊，因為已經退無可退，所以必須想出拚命殺敵的策略，而是背後有河川，代表敵人無法從後面包圍，只要集中面對前方的敵人就可以了。

我的眼前是一堆廢棄的物品所堆成的小山，用背水一戰來比喻的話，就變成了「廢材一戰」。此時野豬就躲在幾公尺外的樹叢裡，我就這樣跟牠對峙著。

「嗚嗚嗚嗚嗚……」

野豬VS.田螺，在這個當下，我真的有死亡的覺悟。只不過我還是忍不住，反正都要死了，至少讓我把這一幕直播出去吧。不知道是不是老天爺聽到了我的心願，開始接收到微弱的訊號，正在看直播的人都非常擔心，大家幫忙搜尋擊退野豬的方法，然後紛紛傳留言上來。其中有人寫到「大聲唱歌的話，野豬應該就會離開」，野豬跟田螺就這樣對峙了一個鐘頭後，我決定一邊唱歌一邊下山。

♪莿桐花開了，風也招來了暴風雨～

我也不知道自己為什麼要在深山峻嶺裡唱〈島唄〉（沖繩民謠），只是自然而然就脫口而出了。

♪在甘蔗田裡，我與你相遇。
在甘蔗田下，我與你永別。

唱到副歌的時候，我已經跑起來了，我的歌聲跟 THE BOOM 的宮澤和史有點像，歌聲隨著風揚起，在山中迴盪著。飛鳥鼓動翅膀啪嗒啪嗒啪嗒的聲音，彷彿在應和著歌曲，不過我不是在渡海，而是正在下山。小島的歌聲啊，乘風而起，請送我到山腳下吧，不是送我的眼淚，而是我的命啊……

我就這樣拚了命地往山下逃，這種緊張感是從二月的東谷山之旅以來所沒有過的。面對這樣的危機，我還是靠著一首〈島唄〉平安度過了。後來我才察覺到，當我在跟野豬對峙時，身後的那一堆廢棄的物品，就是我的目的地——枚岡廢神社。神社的本體已經傾倒，全都變成了廢材，所以那並不是「廢材一戰」，而是「廢神社一戰」。

不知道是誰遺留在這裡的武士頭盔。

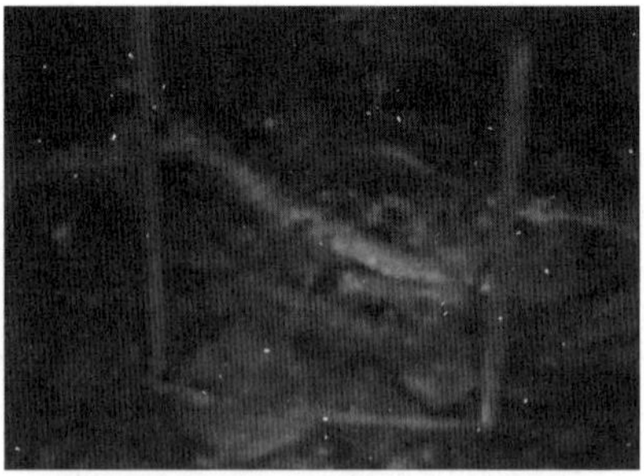

跟野豬對峙的地點就是廢神社的遺跡所在。

另外還有一點，在廢神社的深處，有嘩啦嘩啦水流的聲音傳來，那裡被稱為「鎮魂瀑布」，而廢神社則是「神津嶽鎮魂瀧八大龍王」神社崩毀之後的遺跡。或許真的是一種偶然吧，但〈島唄〉這首歌的確也有鎮魂的意味，所以說不定是那個地方讓我唱起了〈島唄〉。但也有可能，只是我想太多了。

內海隧道（愛知）三月十三日

這一天，我跟作家村田 ramu 在網路上被熱烈討論，因為我們兩個勇闖靈異地點的故事，被網路平台關注。當時我們決定要去愛知縣，因為跟關東及關西的靈異地點比起來，我們希望去一些比較不知名的地方。剛好這一天，我跟大島 teru 先生合作一個「名古屋凶宅巡禮」活動，所以結束後就跟村田先生會合，兩人一起從名古屋站搭乘名鐵線的最後一班電車前往目的地。

這次我們所選的知多半島位在愛知縣的西部，一個被伊勢灣及三河灣包圍的地方。根據村田先生的說法，如果把愛知縣看成一隻面朝左邊的貓，那麼愛知半島就是前腳，渥美半島就是後腳。在知多半島上，有好幾個知名的靈異地點，首先我們要去的地方就是已然廢棄的內海隧道。

我們抵達名鐵知多新線的終點站——內海站。在到站之前，我們都因為搖晃的車廂而覺得昏沉沉的，但抵達內海站時，身邊卻被五、六個年輕的女孩包圍。我身旁是一個看來像上班族的女性，村田先生隔壁則是氣質清秀的女大生，對面是哥德式蘿莉風的視覺系少女，還有一個陪酒女郎，以及運動系少女。

「這是什麼情況啊？」由於我還半夢半醒的，所以恍惚地想著「這裡應該是極樂天堂吧，我跟村田都搭上了人生的最後一班電車……」不過很快就清醒了。「啊！不對，得下車才行！」當我們起身離座準備下車時，女孩們已經全都不見了，走出收票口後，也是一個人都沒有。

但是村田先生也清楚記得我們被女孩包圍的情景，我們都不禁覺得剛剛到底是怎麼回事。順帶一提，從那之後到我們搭上首班車前的這段時間，完全沒有跟任何人擦肩而過。所以，或許我們很有可能是誤闖異世界了吧。

走出內海站後，我們一股腦兒地往西走，內海隧道在美濱町的小野浦山中。據說當初在搭建隧道時，發生了土石崩塌意外，許多工程人員被活埋，連遺體都沒辦法搬出來，至今還埋在底下，這個說法到底是真是假還沒有定論。

我們走了大約四十分鐘。

「啊，就是這裡了。」

村田先生突然停下腳步，眼前就是隧道，平常經過的話應該很容易會忽略這裡。隧道前方立著一塊小木板，上面寫著「內海隧道（私人土地）一九二八年 昭和三年 內海Kajiya山莊的前身 林喜助先生自費修建通往海岸的步道」，隧道口還架設金屬網，沒辦法進去。

村田先生拿出專業相機，喀嚓喀嚓地拍起隧道的照片。

「那我們去軍人的墓地吧。」

我們心裡都有一種感覺：這裡應該不會有幽靈出沒了。

圍著金屬網的內海隧道。

狸之寺（愛知）三月十三日

從內海隧道前往下個目的地軍人墓地，徒步需兩個小時。這是理所當然的，因為從內海站到內海隧道就要走四十分鐘，再從內海隧道到軍人墓地則需一個小時，然後軍人墓地跟內海隧道完全反方向，所以加起來差不多就是兩小時。不過，我們兩人太小看這個單純的計算結果了，而且我們還特地選了靠山的路線，早知道就不要這麼傻了。深夜裡的登山之旅，真是走個沒完沒了啊。

走到一半時，我們在山裡發現了一艘船。船？這艘船的名字是「角健丸」，可能是角田健一先生的船吧。但無論如何，這種深山峻嶺之處居然有船，到底是怎麼把角健丸運上來的呢？

繼續往前走，我們發現鐵製的管子以及組合屋的屋頂，剛好變成類似像祕密基地一樣的地方。在祕密基地下方放置了大鐵桶，「到底是什麼呢？」當我好奇想要一探究竟時，不知道從哪裡架設起來的鋼琴細線就這樣出現在我的脖子前方。好危險啊！如果我趁勢低頭窺看，腦袋可能就被拉緊的鋼琴細線切斷了。為什麼要做這樣的陷阱啊？

從山上走到山下時，已經深夜兩點半，接著我們又花了一小時才回到平地，時間已經

來到深夜三點半，終於，我們抵達目的地了。我們要去的地方，是擺滿超過一百尊軍人雕像的軍人墓地，那些雕像都栩栩如生、相當寫實。

軍人墓地就位在中之院寺的裡面，這座寺廟就是在地人口中的「狸之寺」，會有這個稱號，是因為寺廟入口處有許多狐狸的擺飾品。進到裡面後，的確有許多狐狸在迎接我們。經過大門，進入小小的庭園，果然也是有許多狐狸散置在各處。接著，眼前的光景讓我和村田先生感受到今天最大的感動。

「喔哇哇！」

壓軸的軍人雕像登場，在燈光的照射下，大約有一百尊軍人，宛如一群幽靈大軍。這情景太詭異了，除了感動沒有其他形容。

看了看軍人雕像旁的告示牌說明，了解到這些是一九三七年時在上海進行登陸作戰不幸戰死的士兵們。這些士兵的家人個別委託水泥雕塑家淺野祥雲製作雕像，原本軍人雕像群放在名古屋市千種區的月之丘，直到一九九五年才轉移到此處。

每尊雕像的五官各不相同，但都是一張張有苦難言的表情，讓身體疲憊的我們大受影響。看來的確是以照片為基礎進行製作的吧。有幾個雕像只有上半身，其他部分則埋進地底，這些應該是根據半身照所製成的吧。我第一次看到如此精緻的水泥雕像，也是因為這樣，才能理所當然地感受到這些軍人都各有自己的人生、自己的家人。

深夜四點，地獄般的行軍之旅開始了。從狸之寺走到內海站大約需要一個半小時。喔不！因為我們步行的速度變慢了，所以總共花了兩個半小時，在日出照耀下的知多半島，我與村田先生蹣跚地走著。因為一停下來就會冷到受不了，所以只能一直走下去。我們持續走著，腦袋裡只有繼續走下去這件事。

狸之寺的入口。

不知為何出現在深山中的船——「角健丸」。

大約有上百尊軍人雕像的擁擠墓地。

● 道了堂遺跡（東京）三月十六日

搭上ＪＲ中央線高尾方向的最後一班電車，在八王子站下車。這一天我要和許久未見的後輩腰果（本名加集剛）碰面，他是搞笑團體YUMBO DUMP的成員，我住在第二間凶宅時，就是和他一起分租房間的。另外，在樹海共度一夜的Honey Trap梅木，以及橋山meiden也跟我們會合，四個人一起前往東京最大的靈異地點之一——道了堂遺跡。

目前為止已經有許多電視節目到此處製作過靈異特輯，而且也有無數的藝人或素人前來探險過，所以其實我們沒必要自己走一遭。但是，實際到現場會有什麼感覺？會發生什麼事？對此我們倒是興致盎然。所以這次由梅木先生擔任靈異地點的說書人，在入口處說明細節。

「從前從前，一個看守道了堂的老婆婆被強盜殺害了，另外還有一個大學老師和女學生發生不倫戀，結果慘遭殺害並被棄屍在附近，其他類似的故事還有很多。說到這裡就已經相當令人害怕了，但還沒結束，進去之後會看到一排地藏王菩薩，根據稻川淳二先生的詭異傳說所述，只要摸了其中一個無頭地藏王，那個人就會死，實際摸過的ＡＤ就真的發生意外。」

真不愧是靈異地點的專業說書人，我們想要的資訊全都蒐集到了。要到道了堂遺跡有很多條路線可走，我們那天選擇走山路。途中，我們經過了一間像別墅一般的透天厝，橋山說：「感覺真詭異。」

自稱重金屬藝人的橋山，打從行程一開始就一直「呼哈呼哈」、「重金～～屬」地嘰嘰喳喳，但突然間卻安靜下來。常跟他一起行動的梅木先生，也顯得有些焦慮。

「橋山之前從來不曾講過這樣的話。」

的確，雖然我跟橋山往來的時間尚短，但是他總是給人精神飽滿的印象。就在橋山悶悶不樂時，我們來到地藏王菩薩面前，裡面沒有無頭的地藏王，不過看來應該是在的，只是被安裝了新的頭，成為有頭的地藏王。因為那尊地藏王只有脖子以上是新的，感覺非常不協調。

我們在原本無頭的那尊地藏王前面攤開睡袋，從樹海之旅以來，已經很久沒有嘗試夜宿了。由於我們所有人全都沒有睡意，所以就打開網路直播，並且舉辦靈異怪談之夜。當梅木先生說完自己家族成員離奇死亡的故事後，遠方傳來尖銳的悲鳴聲。

「呀……」

這時候，橋山接著說：

「我也看過四個離奇死亡的人。」

在車站前跳樓自殺的人、在車站月台跳軌自殺的人、蜘蛛網膜下腔出血而亡的室友，同時也是跟他同期的藝人，以及上吊自殺的父親。這樣的話題實在太沉重了，先前那不可思議的悲鳴聲都被蓋過去了。可能是自己說的故事引來相當不錯的反應吧，橋山在那之後就變回精神奕奕的狀態了。

岩崎御嶽山（愛知）三月二十二日

「田螺先生，岩崎御嶽山挺有趣的喔。」

在名古屋CBC電台一同演出的佐藤實繪子小姐，因為有參加東海地區的有線電視台節目，所以遊歷了各個江戶時代的知名景點，當她發現新鮮有趣的地方，就會告訴我。

岩崎御嶽山山頂有座御嶽神社，所以是一座具有信仰色彩的山。另外還有一大特點，就是淺野祥雲老師所創作的各式各樣水泥雕塑，散置在這座山的各個角落。祥雲老師的作品除了有十天前我和村田先生所拜訪的軍人墓地裡頭的軍人雕像，還可在關原之戰的古戰場、桃太郎神社、五色園等地看到，如此獨特的水泥雕像廣受粉絲們的熱情支持。

這次我決定搭深夜的高速巴士前往目的地，這是我第一次做這樣的嘗試。從位在綠洲21（オアシス21）購物中心裡的名鐵巴士榮站上車，搭乘名古屋出發前往高針的巴士，並在岩崎御嶽登山口站下車。抵達時間是深夜一點，從這裡開始，我就要獨自一人進入御嶽山。

從結論來說，我把一切看得太簡單了。總之一句話，好大的神社啊，簡直是無邊無際，佛像跟石碑也多不可數。不知道該看些什麼、不知道現場的東西有什麼含意、不知道

該要有什麼感想。神明、佛像、弘法大師、狐狸、天狗、不動明王、老公公老婆婆、嬰靈、猿田彥（日本傳說中大鼻子紅臉的天神）、多聞天王（毘沙門天）……所有的一切全都散落各處，資訊量太大了。

我的思緒太過混亂了，因此躲進了不動明王穴中。這是一個白色的小洞窟，外頭插著寫有「助運不動明王穴」字樣的旗幟，進去之後感覺好溫暖。就像上個月我躲進了前田公園的R堂一樣，現在也是來到岩崎御嶽山的不動明王穴避寒。

這裡對我來說似乎等級太高了，但我的確受到冒險魂的驅使。我在眾多佛像裡頭，找到一個最讓我有感覺的，那就是一層層盤踞在小丘上的地藏王佛像群，最頂端也聳立著一尊地藏王菩薩，但是歪歪斜斜的，看起來就很不穩定，我稱為「地藏王斜塔」。

凌晨五點的下山途中，天已經慢慢亮了，春天就要到了。

地藏王斜塔。

讓我能夠短暫避寒的助運不動明王穴。

野間隧道（大阪）三月二十三日

搭上華井的車，我們兩人在深夜時分前往野間隧道。不知道為什麼，計程車司機都很排斥行經這個隧道，據說是因為會出現一個身穿白衣的女鬼。

深夜一點，我們在野間隧道前下車，電子告示板上顯示當時的氣溫只有一度，看來和煦的春天根本還沒來。不過，由於隧道內並不是那麼昏暗，而且距離相當短，所以整體氛圍倒不是那麼恐怖。

然而，在隧道前方的小山坡上，有一台廢棄車引起我的注意。為什麼車子會被遺棄在此呢？而且還在這麼高的地方。這時候，為了橫越樹海而買的長靴就派上用場了。我今天可是穿著長靴來的，所以便毫不畏懼地一步步爬上斜坡，想查看一下廢棄車的狀況。車內不僅有泥土入侵，甚至還長出雜草，想必是已經放置了一段時日了。

就在這時候，一群年輕人來到野間隧道試膽，他們在深夜裡看到正從懸崖般的斜坡上走下來的我，不由得尖叫起來。

「嗚哇!!」

不好意思讓你們受驚了。

能勢妙見山（大阪）三月二十三日

經過野間隧道後，接著我們繼續尋找刑場遺跡。所謂的刑場，就是戰國時代施行死刑的地方，同時也是知名的靈異地點。

不過，我們找得不是很順利，相關線索包含「被柵欄擋起來的地方」、「黃色封鎖線」，但實在是找不到，所以最後只好折返，並且直接轉往日蓮宗知名的靈氣場域——能勢妙見山的方向前進。往這個方向的話，就離刑場越來越遠了。

這個晚上我同樣開啟了線上直播，有網友傳了留言上來。

「曾有人看見能勢妙見山正前方的停車場，有蒙著臉的幽靈參拜團體出現。」

因此我與華井兩人輪流在停車場前的電話亭拍照，雖然我們沒有碰到蒙臉團體，但是卻拍到非常奇妙的靈異照片，照片中站在電話亭外的我，影子被玻璃反射，巧妙地跟電話亭裡頭的華井重疊在一起。這到底是在搞什麼啊？

野間隧道。

我查看了隧道前方山坡上的廢棄車輛。

拍攝華井時，因為玻璃反射所以變得很像靈異照片。

迷路過後抵達了能勢妙見山。

●妙見山刑場（大阪）三月二十三日

深夜三點，我們為了找尋刑場而回到了野間隧道。返回隧道是沒有什麼問題啦，但已經是第幾次經過此處都快記不得了。結果我們來來回回共經過隧道三、四次，不是搞錯被柵欄擋起來的地方，以為那是前往刑場的標記，結果發現只是到了一個普通的懸崖；要不就是跑到一棟透天厝前面，卻連房子是不是廢墟都搞不清楚。直到第四次，我們終於找到刑場了。

我們的目的地——刑場，據說是戰國時代用來施行死刑的地方，基本上就是一間沒法遮風避雨的簡陋小屋，寫著「刑場遺跡」字樣的木板倒在地上，最裡面則有一個供養塔。

若要說有什麼奇怪的地方，那就是氣氛很凝重，而且相當寒冷，華井說隱約能聽到女子的哭泣聲，而我則是有類似胸口刺痛的感覺。另外，我們在此處拍的照片，不曉得為什麼我的臉看起來特別妖豔，在照片裡我根本就是個女生。

回程的路上，我們再次回到那間不知道是不是廢墟的透天厝去看看，結果我們聽到屋子裡傳來演歌的聲音，那時是深夜四點。

「喀咚！」

回程路上，完全鬆懈下來地坐在車內時，傳出石頭丟進來的聲音，但車窗明明都是緊閉的。這些事情或許都是微不足道的小事，但我想確實是發生了些詭異的現象了。

終於抵達刑場遺跡。

照片裡的我看來特別像女生。

深夜四點傳出演歌聲的謎樣廢墟。

東片端的樟樹（愛知）三月二十九日

這一天的白天也是在名古屋的電台有活動，所以我打算結束後進行愛知縣的恐怖靈異地點巡禮，等待最後一班電車時，我走進漫畫咖啡廳休息，沒想到就這麼睡過了頭，醒來時已經深夜一點半。這下子沒辦法搭電車了，只好變更成比較輕鬆的行程，從名古屋的榮站徒步可以走到的靈異地點。

首先我從榮站走了二十分鐘，抵達東片端十字路口後再往北走一點，就可以看到四十一號國道上的一棵樟樹。這棵樟樹名為「東片端的樟樹」，車子在行經時都得繞過它。

大阪也有像這樣的大樹。在我開始住凶宅之前，原本住的一般公寓附近，也就是谷町七丁目的十字路口往東，就有一棵大樟樹聳立在路中間。這株神木名為「楠木大神」，樹幹根部有鳥居及祠堂，裡頭祭拜的是蛇。據說這裡原本是在地寺廟的腹地，但是因為戰時道路拓寬的關係，變成如今的狀況。順帶一提，據說這裡還有「修剪枝幹的工作人員突然猝死」之類的傳聞。

名古屋東片端的樟樹也是如此，傳說「為了拓寬道路而進行砍伐的工程人員，全都相繼離世了」，不過事實上這棵樟樹之所以會被當成神木來崇拜，是因為在戰爭時它沒有被燒毀，依舊安然挺立，所以當地居民們就努力讓它能免於被砍伐的命運，說起來似乎並非一棵怨靈作祟的大樹。

靠近樹木一看，可以看到樹幹上圍繞著祈福用的注連繩，另外還供奉了美酒。

被祭拜的東片端樟樹。

尼坂（愛知）三月二十九日

從東片端的樟樹出發走二十分鐘後，我來到尼坂公園，時間是深夜三點半。在公園入口迎接我的是宛如《動物戰隊獸王者》裡合體機器人的護衛石犬，以及活像武者鋼彈的屋梁瓦片。穿過尼坂公園後再往東走一小段，就會來到名鐵瀨戶線的尼坂車站入口，從車站正前方延伸過去，就是有靈異傳說的尼坂坡道。

尼坂坡道看起來就是一般的平整道路，還有人行步道橫跨其上，街燈照得整條路亮晃晃的。只不過，若是知道這段坡道的歷史，多少就能感覺到那股陰鬱氛圍。

「尼坂」這個名字，來自一位悲慘女孩的故事。有個住在坡道附近的女孩，愛上一位青年武士，最後女孩懷了身孕。但是由於兩人身分懸殊，所以被迫分開。女孩削髮為尼，跟孩子相依為命，但始終對青年無法忘情，最後失去理智，在這個坡道上的杉木上吊自殺身亡。

另外，相傳在江戶時代末期，有很多人在這裡因為武士試刀的關係而成為刀下冤魂。當時的坡道上滿是杉木，所以顯得相當昏暗，所以若是有人突然衝出來偷襲，應該非常駭人吧。

更可怕的是，那位自殺尼姑生下的孩子，雖然被附近的人家接去照顧，卻為了找媽媽時常在此處徘徊，最後在尼坂東北方的另一個小坡道去世了。那個坡道如今也還在，被稱之為「坊坂」（坊的日文原意是小孩子的意思）。

真是一個讓人胸口感覺空了一大塊的悲傷故事，好難受啊。

坊坂（愛知）三月二十九日

為了尋找因為身分懸殊而被阻斷戀情的母親，小男孩就這麼死在坡道上，那條坡道就被稱為「坊坂」。從母親自殺身亡的尼坂出發，往東一直走就能抵達坊坂，中間還有一座片山神社。

深夜四點前往坊坂一看，發現這個地方跟尼坂實在沒得比，不僅比尼坂小得多而且非常昏暗，氣氛相當詭異，感覺變態跟幽靈會同時出現一般。在坡道入口處直播，不曉得為什麼會中斷好幾次，真是不可思議。爬上坡道往下看，就會發現坡道相當短，要是再長一點的話，一定會有什麼詭異的事情發生的……我心裡帶著一點遺憾的情緒。

從坊坂出發，經過片山神社後回到尼坂公園，接著進入位在西側的地藏院，設立這個地藏院就是為了祭祀因為試刀而死在尼坂的犧牲者們。

狹窄且寂寥的坊坂。

不論是深夜或黎明，都可以進入地藏院，裡頭的電燈也都亮著，而且相當溫暖。雖然春天的腳步近了，但這個時期的黎明還是相當寒冷，幸虧能待在裡面，讓我的體力稍微恢復了一些。

津守殯儀館（大阪）四月一日

我是在二十一歲那天成為藝人出道，一個人住在大阪住之江區北加賀屋。從北加賀屋的十字路口往北走，就會進入津守這個區域，不過不知道為什麼，每當進入津守時，我都會覺得天空好像變暗了。

從那之後經過十幾年，我才知道以前聳立著煙囪的津守殯儀館，是民營的老舊火葬場，就位在「眼鏡橋」下方的住宅區之中。飯糰配送的打工結束後，時間已經超過深夜兩點，雖然天空下著雨，但我仍想到那個老舊的火葬場看看。跟我想的一樣，這是一個相當有質感的火葬場，給人的感覺還不錯。

火葬場周遭有幾棟高樓層的公寓，這些公寓的高度都比煙囪還要高。雖然不知道現在對於煙囪所排放的煙有什麼因應策略，但是似乎解開我十幾年前不解的謎團。我眼中的津守天空，說不定就是布滿了津守殯儀館煙囪排放出來的煙。

相當有質感的殯儀館。

眼鏡橋（大阪）四月一日

眼鏡橋真正的名稱是千本松大橋，這座大橋橫跨在木津川上，串連大正區及西成區的南津守，外觀看起來就像眼睛一般。

我在二十一歲時，在這裡有過一段相當難忘的回憶。當時我騎著電動腳踏車經過眼鏡橋，進到大正區的工業區，結果不小心迷路了，甚至還被一大群野狗團團包圍，就在生死交關的危急時刻，一位帶著大禮帽的大叔出現幫了我，他用拐杖趕走野狗，整個過程宛如漫畫情節一般。

其實這座眼鏡橋是相當知名的自殺熱點，更是傳聞中發生許多幽靈目擊事件的地方。在看過津守殯儀館之後，我來到這座闊別十多年的大橋，想走過去看看。

我順著宛如眼鏡的通道一圈一圈地往上走，抵達大橋後發現到有個掛鎖就鎖在金屬網上，我當年並沒有發現這個鎖

闊別多年的眼鏡橋。

永遠。

的存在，掛鎖上寫著「永遠」。這是為了宣示永恆的愛呢？還是表明這輩子要一直在一起呢？我也戴上自己的眼鏡，在眼鏡橋上拍下紀念照片。

幾天後，有位朋友告訴我：「幾天前又有人從眼鏡橋上跳下去自殺了呢。」

● Nyanome 之塔（三重）四月五日

結束名古屋的電台工作後，我搭上近鐵電車前往三重縣的宇治山田站。深夜十二點，在盛開的夜櫻以及半個月亮所散發的絢爛光芒陪伴下，我走向 Nyanome 之塔。

這座 Nyanome 之塔其實是明治聖代戰役紀念碑，位於虎尾山的山頂上。不知道是誰在碑上寫了 Nyanome（ニャロメ），從此就被稱為「Nyanome 之塔」。

幾年前這裡曾發生一起高中生結夥教唆殺人的事件，不過這裡從以前開始就是傳說中的靈異地點。

發生這起殺人事件時，案發現場正好是知名輕小說《仰望半月的夜空》的背景舞台，因此有幾家媒體競相報導了事件與作品之間的關聯性。死亡的學生不知道是不是這部作品的粉絲，但是無論是對當事人、當地居民，或者是這部作品的廣大粉絲們來說，都是一起讓人難過的事件。

想進入虎尾山得要從密集的住宅區進入，所以要找到入口並不是一件容易的事。這座山並不大，只不過通往 Nyanome 之塔的道路非常狹窄，而且還相當險峻難行。幸好途中有好幾個電燈垂掛著，只要順著走就能抵達山頂。

走到稍微高一點的地方之後，景色就變得相當漂亮，再繼續往前走一會兒，Nyanome之塔就猛然佇立在眼前，黑暗中看起來相當有壓迫感。我走到塔的後方一看就發現供品，這些裝著衣服和書本的盒子，不曉得是死者的朋友放的，還是輕小說的粉絲放的，總之有很多跟《仰望半月的夜空》相關的周邊商品。

離開虎尾山，我走到御蔭橫丁。凌晨五點，我親眼見證了赤福本店開門營業的瞬間，我吃了當天新鮮現做的赤福後便踏上歸途。

聳立在黑暗之中的Nyanome之塔。

凌晨五點開店後吃到了新鮮又美味的赤福。

大泉綠地（大阪）四月八日

這一天我跟西根難得兩人結伴前往大泉綠地，由於華井沒有同行，所以沒有車可以坐，我們選擇搭乘地下鐵的末班電車，前往新金岡站。

關於大泉綠地有以下這些傳說：

- 牽著狗的大叔幽靈會出現在池邊。
- 運動場上會出現一個穿著西裝的上班族。
- 靠近噴水池的樹林裡，會看到疑似有人上吊自殺的黑影。

我和西根首先前往離入口處不遠的噴水廣場。深夜十二點半，我們在噴水池前開始直播，噴水池的另一端有人影似乎一直往我們這邊看。那個人影一動也不動，難道是上吊自殺的黑影？或者是那個上班族？

在我們搞清楚那個人影是什麼之前，竟然有個上班族很理所當然地走過去。咦？他沒看見嗎？那個動也不動的人影究竟是？鏡頭確實捕捉到那個黑影，我們鼓起勇氣朝黑影靠

近，結果是一個戴著棒球帽、身穿背心的大猩猩銅像。可惡！這個以假亂真的臭猩猩。

接下來我們往池子走去。牽著狗的大叔幽靈會在那裡嗎？眼前倒是有一個活生生的大叔牽著狗在散步。咦？等等，會不會是這個活生生的大叔被當成了幽靈，所以才傳出牽著狗的大叔幽靈這樣的鬼故事呢？應該要在白天將附近有養寵物的人家都聚集起來才對。

就在這時候，竟然下起雨來了。我們為了躲雨跑到涼亭暫時休息一下，結果有個聲音從遠方傳來，感覺好像是在笑，又好像在哭……這個該不會也是靈異現象吧？

由於雨勢變得小了，所以我們朝著聲音傳來的方向靠近看看，沒想到是另外一座涼亭，裡頭有好幾個人圍成一圈，正在進行某種儀式。怯生生地靠近之後發現……原來是在饒舌對決，也就是幾個人輪流表演即興饒舌創作。看來，大泉綠地也是這群未來的嘻哈歌手們，深夜聚集起來玩即興創作的好地方啊。

結果，我們並沒有遇到幽靈。喔不，稍等一下。一開始不是有一個行經過大猩猩銅像的上班族，會特意選在已經沒有末班車的深夜走進公園，而且還是往運動場的方向走去。說不定那個上班族，就是幽靈呢。

本來以為是上班族幽靈，結果……

●真田山陸軍墓園（大阪）四月十五日

結束飯糰宅配的打工後，我在深夜兩點半從大阪南區的宗右衛門町徒步前往谷町。位於谷町七丁目的楠木大神，據說修剪枝幹的人突然猝死了，我經過楠木大神後，看了近松門左衛門的墳墓，接著來到用鐮刀插在樹上祈求斷絕惡緣的鎌八幡，再往前一點就是真田山公園了。在三光神社看了真田幸村雕像以及真田祕道後，繼續順著石階向上走，隨即出現在眼前的就是我的目的地——真田山陸軍墓園。

此處是陸軍墓園之中最古老，而且幽靈傳聞最多的地方。第二次世界大戰為止，就有五千個墓碑並列在此，還有一座收藏了大約八千兩百具遺骨的納骨塔，規模大得驚人。

這裡的墓碑是細長的四方柱體，最特別的是，所有的墓碑全都整齊地排列著，宛如部隊一般。一個又一個的墓碑，刻畫著歲月的風化痕跡，讓人更能感受到悠久的歷史。

位於墓園一角的三光神社旁，有一尊空堀地藏王菩薩，這裡是墓園腹地內唯一有屋頂的小屋。一旁橫立著刻有「早起地藏尊」（朝おき地蔵尊）的石碑，往裡頭一看，有一尊相當氣派的地藏王菩薩坐鎮當中……嗚哇！是屍體！

喔不，原來是一個挨著地藏王菩薩睡覺的遊民，嚇死我了。

大阪城（大阪）四月十六日

對於近在咫尺的知名景點，在地人反而不是很熟悉，像這樣的例子還真不少，其中最廣為人知的大阪城，就有許多我還不清楚的地方。

首先，大阪城是靈異地點這件事，讓我覺得很意外。比方說，傳聞淀殿（本名淺井茶茶）的幽靈會出現在城內。淀殿是豐臣秀吉的側室，她直到最後一刻，都待在大阪城內等候援軍並持續作戰，當城池被攻破的那一刻，她也跟著自殺身亡。不過，據說沒有人發現她的遺體。現在城裡頭每一個角落都曾被目擊有位穿著和服的女性疑似就是淀殿。

此外，大阪城也是自殺勝地。大阪城公園裡的樹木，事實上每年都有許多上吊自殺的人吊著晃來晃去，因此很多人都說夜裡到這裡來玩會看到上吊者的亡靈。還有，據說有人看到一個謎樣的黑色三角形物體，在大阪城公園裡到處移動，也有人說他看到這個三角形穿過水溝蓋被吸進下水道。

諸如此類我們不知道的大阪城祕辛還有很多，由於上吊自殺的幽靈算是到處都有的類型，所以我決定夜訪大阪城尋找淀殿及黑色三角形物體。

深夜三點，因為我完全沒有關於黑色三角形的線索，所以我一邊期待可以偶然撞見，

一邊先行尋找淀殿可能出現的場所，也就是「豐臣秀賴・淀殿自殺之地」紀念碑。

這是我第一次在大半夜造訪大阪城。深夜三點既沒有慢跑的跑者，也沒有遇到任何人，就好像包下整座大阪城一樣。眼前的景象，跟白天很不同，應該說沉重許多。

淀殿自殺的地點在天守閣的北方，是塊非常不顯眼的地方。不過讓人感到更寂寥的是，我在尋找自殺之地石碑時所發現的無主亡魂迴向供養塔。在昏暗的天守閣北側一角，蠟燭的火光有一搭沒一搭地延續著，看來就像是穿越了寂寞來到另一個世界。不過換個角度來看，火光始終沒有熄滅，就表示有人會持續來這裡點燃燭火。黎明將至，天空漸漸地亮了起來，但唯獨無主亡魂迴向供養塔仍是一片昏暗，而寂寞之光也依舊閃爍著。

回程的路上，儘管天已經亮了，還是聽得到鏗鏗鏗捶打釘子的聲音。難道，有人在大阪城做丑時參拜？

啊！原來是啄木鳥啊。話說回來這也是我生平第一次看到啄木鳥呢。

燭火持續燃燒整晚的供養塔。

根香寺（香川）四月二十七日

到高松及高知參加靈異怪談巡迴演出的前一天，我搭著華井的車到高松彩排。我、華井以及西根三人，連袂前往香川縣最駭人聽聞的根香寺。

根香寺曾在靈異大師——恐怖新聞健太郎先生的靈異故事中登場。這裡原本就是相當知名的靈異地點，近幾年發生了兩起重大車禍，都是來此處試膽的年輕人發生的。兩起車禍的當事人都聲稱「有東西在追我們」，而且還留下了痕跡。

我們在即將跨日的前一刻從大阪出發，抵達根香寺時是深夜三點。將車停在停車場，我們三人先是像守門人一般，在根香寺大門前與擋住去路的牛鬼對峙。

牛鬼是性格勇猛、口吐毒液，而且喜歡吃人的妖怪。據說牛鬼的外型是牛頭鬼身，但根香寺的牛鬼卻有著鼯鼠的身體，而且眼睛就跟辛普森家庭的主角們一樣，被描繪得像乒乓球一樣大。

我們和牛鬼拍了紀念合照，接著再和入口處的巨大草鞋合影。進入寺內後，走在昏暗的參拜道路上前往本殿，沿途我們看到了巨大的鐘、巨大的神木，接著看到本殿。回程路上我們沒有被牛鬼追殺，甚至還一大早就在「烏龍傻瓜一代」吃了乾拌奶油烏龍

麵，然後華井就驅車返回大阪了。他就是單純為了開車送我們到高松才跑這一趟，這個比我年長的後輩，真是個好人啊。

根香寺的巨大神木。

口吐毒液、以人為食的牛鬼。

一大早在烏龍傻瓜一代享用了美味的乾拌奶油烏龍麵。

春野的吉良神社（高知）四月二十八日

結束第一天的高松及高知的靈異怪談巡迴演出後，一同參與的藝人們、工作人員，以及現場的來賓，全都來幫我慶生，真的非常感謝。這一天我也受到了來自某個團體的生日祝福，那就是幽靈七人組。

去年十二月，我曾前往幽靈七人組的發源地——吉良神社拜訪。可惜我當時去的吉良神社，跟我真正想去的地方不一樣。但也是拜這個錯誤所賜，我才會知道另一間吉良神社的存在。總而言之，吉良神社總共有三間。

三十五歲生日這一天，我要把三間吉良神社全都走遍，而且我發誓一定要挖掘出幽靈七人組的由來。一旦看見幽靈七人組就會被奪走魂魄，為了這個目的我決定賭上這條命。

我和西根，加上一起參與靈異怪談巡迴演出的田中俊行先生，以及負責開車的加賀先生與I先生，我們五人要完成參訪三間吉良神社的任務，計畫就是我、西根及田中先生，各自選一間吉良神社在那裡單獨過夜，確認到早上會發生些什麼事。

因為我們不曉得幽靈七人組會出現在哪一間吉良神社，為了不放過任何可能性，只好

犧牲西根和田中先生了。

出發之前，我到高松的一家蛋糕店為自己買了一個生日蛋糕，並請店家在心型的巧克力蛋糕上寫下「Happy Birthday 田螺先生 來自幽靈七人組的祝福」等內容。這個蛋糕預訂要放在第一間吉良神社（春野）的幽靈七人組墓塚前。

具體行程是，我們會先搭著I先生的車到第一間吉良神社（春野），全員一起下車在幽靈七人組的墓塚前吃蛋糕，然後將西根留在現場，其餘四人搭車返回；接著前往第二間吉良神社（蓮池），四人一起下車，但只留我下來過夜；最後第三間吉良神社（山之端）則是田中先生留下。天亮後，再由I先生及加賀先生開車依序從第一間吉良神社開始接回西根和我，最後全員在田中先生過夜的第三間吉良神社集合。這麼一來就所有人都能走過三間吉良神社，而我、西根及田中先生，則可以各自在吉良神社過夜直到早上。

深夜兩點，我們抵達第一間位於春野的吉良神社，不知道為什麼當下神社前方出現了非常多螃蟹。而且走到本殿一看，注連繩也不曉得為什麼被破壞扯下、軟趴趴垂落下來。

我和田中先生清楚聽到本殿內有人在說話，以及物品碰撞聲，不過裡頭感覺並沒有其他人，可能是幽靈七人組已經來過了吧。帶著期待與不安，我們將七個派對用的三角帽排列在幽靈七人組的墓塚前，對蛋糕表達感謝、唱了生日快樂歌，接著在吹滅蠟燭後，大家一起享用蛋糕。吃完後我們將西根留在現場，其他人往下一間吉良神社前進。

蓮池的吉良神社（高知）四月二十八日

這是我第二次造訪蓮池的吉良神社。這是一間遠離住宅區範圍的寂寥神社，我同樣在本殿前排好為了幽靈七人組所準備的三角帽，其他人則出發前往下一間吉良神社。

接下來的時間，我將要一個人度過。深夜三點半在黎明破曉前，我只需要在本殿前方等待即將到來的人。究竟會是大家在天亮的同時來接我呢？抑或是在此之前幽靈七人組先出現，把剛過三十五歲生日的我，帶往另一個世界呢？

一個人獨處時，感覺時間長到令人難以置信。我聽到好幾次疑似有人踩在草地上的聲音，希望與失望的感覺同時湧現，結果黎明比幽靈七人組早一步到來。

不久後I先生及加賀先生，載著西根來接我了，太好了。喔不，是太遺憾了。我上了車，一同朝著田中先生所在的山之端方向前進。

山之端的吉良神社（高知）四月二十八日

早上六點，當我們抵達山之端的吉良神社時，太陽已經完全升起，這已經不是黎明而是清晨了。田中先生坐在神社前方的石階上，開著筆電忙著明天必須得要完成的插畫工作，田中先生的本職好像是平面設計師吧。

所有人全都平安無事迎接早晨的到來，於是我們就這樣各自回到該去的地方，在沒有碰到幽靈七人組的情況下……

隔天，為了施行「直到早晨為止的幽靈七人組計畫」而設的五人line群組，大家個別上傳自己的結果報告。

I先生及加賀先生兩人都感冒了，雙雙向公司請假；我回到家之後，鏡框無預警地斷了；西根則是停在大阪停車場的腳踏車彎曲成く字形；最後的田中先生傳了「我家門前被人灑糞」的訊息，還附上照片，他還強調「那些糞便加起來應該有七人份」。

我想，或許幽靈七人組真的有出現，並且還各自給了我們不一樣的詛咒。幽靈七人組，真是太可怕了……

幽靈七人組送我的生日蛋糕。

把三角帽排列在蓮池的吉良神社前面。

回家後我的鏡框就竟然斷了！

田中先生發現家門前有七人份的糞便落滿地。

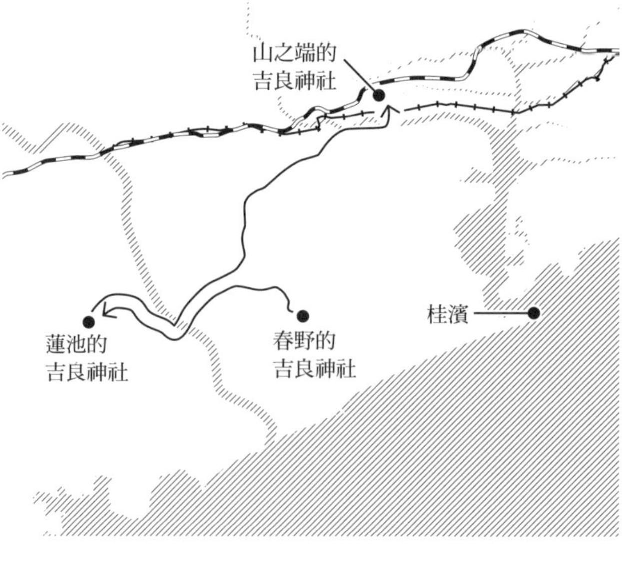

黃金週的樹海（山梨）五月四日

黃金週時，我和村田 ramu 先生搭著電車又再度前往了樹海，通往河口湖站的特急列車上擠滿了觀光客，真是糟透了。

我幾乎每天都過著休假般的生活，所以實在無法想像黃金週會讓車廂擁擠成這樣。從富士急行線的大月站到河口湖站，大約需要一個小時，我在進出的車門前完全無法動彈，好難受啊！

抵達河口湖站之後，我進入被人稱為「樹海自殺者死前最後去的便利商店」買了飲料跟午餐。從建築外觀來看，為了不要破壞自然景觀，所以採取了比較單調的設計，結果反而加深了「最後的便利商店」的印象。

接著我們搭上巴士準備前往富岳風穴，但是路上大塞車，巴士一直走走停停，喔不，是根本沒有在前進，因此我們只好中途下車。這條路將樹海一分為二，我們在人行步道走了三十分鐘，終於在中午抵達富岳風穴，此刻的我已經是筋疲力竭了。不過，進入樹海之後，空氣十分清新，而且在樹蔭下也很涼爽，反而讓我的體力回復不少。

這次發現了整束的線香，以及施工現場所使用的黃色警戒線。另外，還有一條黏著毛

髮的繩子。村田先生說：「因為毛髮不容易腐爛，所以才會殘留在繩上。」

在日落之前，我們就離開樹海了。像往常一樣，我們在回程時前往山梨的在地美食餐廳「小作」用餐。逛完樹海後來一碗餺飥❻，真是美味無比。

❻餺飥：山梨縣的道地料理，類似烏龍麵，只是麵體較寬。

久良波大王墓（沖繩）五月十七日

這一天我決定前往沖繩住一晚，來一趟靈異快閃之旅。這個時期搭乘廉價航空，大阪到沖繩來回只要九千三百日圓，這是我是第一次到沖繩，同時也是人生第二次搭飛機。此行成員有華井及西根，從關西國際機場飛往那霸機場，中途在過海關安檢時，我被金屬探測器攔下三次，這也是初體驗。

抵達沖繩後，我們前往租車公司，來自北海道的服務人員幫我們準備好車子，由華井負責開車，我們先到Soki拉麵店跟前一天就先到沖繩的部長柏木會合。

第一個目的地，是久良波大王墓，這是柏木在沖繩的朋友提供的地點。我並不清楚久良波大王是一個怎麼樣的人物，不過他的墳墓位在一個類似鐘乳石洞的洞窟裡頭，據說這裡相當盛行風葬。這個地區的風葬，指的是將遺體放置在洞窟之中，任其風化成白骨的一種做法，相傳這個習俗從幾十年前就有了。

墓地現場看起來很像龍貓出沒的森林一般，我們撥開跟人一樣高的雜草，一步步走向洞窟，感覺很像任天堂紅白機（Family computer）的《地下冒險II》（スペランカーII）中會出現的場景。好不容易發現了一個寫著「久良波大王墓」的看板，接著再爬了一小段

類似像熱帶雨林的山徑後，我們終於抵達洞窟。

洞窟並沒有很大，也沒有很深，但還是有一定的空間感，中央處則設了一個祭壇。這裡正好是可以看見美麗夕陽的位置，根據角度的不同，紅色的陽光照耀在祭壇上，呈現出如夢似幻的光影。我想眼前的場景一定饒有深意，說不定是計算過太陽的移動路線，所以才決定將祭壇設置在此處的。

下山途中，華井及西根找到一些骨頭，那些骨頭裝在一個沒有蓋子的骨甕裡，我想應該是人骨吧。

因為夕陽的照射而發出神祕光芒的祭壇。

撥開長草，一步步走向洞窟。

●SSS（沖繩）五月十七日

首次的沖繩之旅第一天，終於到了夜晚。下一個目的地是SSS（スリーエス，3S），因為有三個連續的S形彎道，所以才有了SSS的稱號，這裡是沖繩女巫（祝女）的修行場域。

女巫是沖繩特有的祈祝師，會協助人們與神連結，給人們適當建議，以及驅除惡靈等等。想要成為女巫，首先必須獲得神的欽點，而且具備幾項條件的人，為了成為真正的女巫還要好好修行。

在沖繩有三個特別出名的修行場域，分別是森川公園、大山貝塚，以及SSS。無論是哪一個場域，都有非常多幽靈存在，因此對一般人來說都是非常知名的靈異地點。女巫的修行，就是將自己置身於幽靈聚集的地方，藉以增強自己對於幽靈的耐受性。

在來之前聽說SSS的入口處有豎立一塊牌子，紅底白字寫著「前方區域禁止進入」，不過我們到的時候並沒有看到。我們是從小小的樓梯爬上來的，入口處開始則變成往下的樓梯。接著我們來到一個稍微開闊一些，並且有小河流過的地方，據說這裡就是修行場域。

我們稍微靜靜地環顧了周遭的環境。

「啪鏘、啪鏘。」

什麼東西彈射出來的聲音傳來。

「啪鏘、啪鏘。」

正在思考著這到底是什麼聲音時，聲音就漸漸地越來越頻繁。

「啪鏘、啪鏘、啪鏘、啪鏘、啪鏘。」

最後，聲音結束在咚咚兩聲，感覺像是在說「滾開」，因此我們就打道回府了。這件事真的是不得了，沒想到我們會被看不見的東西如此明傕地拒絕啊。

通往修行場域的小路。

大山貝塚（沖繩）五月十八日

深夜十二點，我們準備前往另一個知名的女巫修行場域——大山貝塚。此處有祠堂，下方則有防空洞，那個防空洞就是修行場域所在地。由於女巫的修行場域都是幽靈聚集的地方，因此不管是防空洞還是貝塚，都跟死亡有很深的連結。說到深，這個防空洞的深度還真是驚人，感覺進去之後就很難再回到地面了，真是太厲害了。想像一下就能感受到修行真的具有相當的難度。

「這是什麼啊？」

我偶然發現地上有一塊破破爛爛的板子，翻過來一看。

「前方是幽靈出沒的場域，請勿在此逗留嬉戲。」

看板上的內容，讓我有些訝異。

這一天我們也是一邊直播一邊探險，剛好看到這段畫面的前輩——漫才團體OK的成員岡山先生，就打電話過來。

「田螺，我在錄《北野誠的你們不要去啊！》的時候有去沖繩，當時有人告訴我，要

是看到巨大的蝸牛，千萬不要碰啊，碰了就會死。」

就在電話打進來的當下，我的眼前就出現一隻非常大的蝸牛，目測約是一般蝸牛的三倍大。這是非洲大蝸牛，容易被「廣東住血線蟲」寄生，一旦這種線蟲進入人體內，就會破壞胃壁、入侵脊髓，並順著髓液直達大腦。儘管廣東住血線蟲會在大腦內死亡，但人體還是會將寄生蟲的遺骸當作是入侵的異物，導致免疫細胞產生過度反應，進而形成腦膜炎，引發劇烈頭痛、手腳麻痺及嘔吐不止等症狀。雖然可能不至於會死，但這些症狀還是非常危險，想到我有可能在不知情的情況下去觸摸，就不禁感到害怕。

掉在地上的破爛看板。

古老的祠堂。

祠堂下方的防空洞就是修行場域。

嘉數高台公園（沖繩）五月十八日

兩天一夜的沖繩快閃之旅，來到深夜一點。只有一天的靈異禁地巡迴之旅，究竟可以做到什麼程度呢？為了挑戰極限，我們繼續前往第四個地點。

嘉數高台公園是沖繩戰役的激戰區，現在還留有日軍所使用的水泥製陣地——碉堡，因此也被當成是學習戰爭相關知識的場所。這座公園的高台上，據說會有日本兵的幽靈出現。有一群年輕人來這裡試膽，一爬上高台的樓梯，就有一個黑色的影子靠過來，仔細一看才發現是臉部完全燒到焦黑的日本兵。

不過，對這座公園感到最害怕的是西根。

「沖繩的貓很危險！被那些傢伙咬住的話，可就沒辦法脫身了！」

在公園看到貓之後，西根立刻就變了一個人，口氣開始強硬起來。那時候我心想：「這傢伙到底在說什麼啊！」不過後來他的確是發生很嚴重的事。

碉堡遺跡還完整保留著。

●喜屋武岬（沖繩）五月十八日

喜屋武岬是沖繩最南端的半島，沖繩戰役時，被美軍追擊逃到此處的人們為了自殺紛紛縱身跳下，是一段相當悲慘的歷史。其他還有像是「沒有鼻子的女幽靈會在此出沒」之類的傳言。

「我的鼻子也……」

據說，對著大海這樣大叫的話，就會被拉進海裡。這個靈異傳聞源自一個悲傷的久米島女孩怨靈，她在嫁人之前，不小心發生了意外，導致鼻子被削斷了，因為過度悲傷她就在這裡自殺輕生。沒錯，這裡發生過許多跳崖自殺事件。

深夜三點半，將車停在停車場後，我走到半島的頂端看看。

「好可怕、好可怕、好可怕、好可怕。」

跑進公共廁所的西根大叫著衝出來。我心想，西根應該會直接返回車內吧，結果沒想到他嘴裡喊著「好可怕、好可怕、好可怕、好可怕」，卻沒有往車子的方向跑，也沒有向我跑來，反而是朝著半島頂端的另外一頭，也就是燭台的方向跑去。

華井大概也覺得事態不妙，只見他立刻從車內衝出來追西根，我也跟著往燭台方向追

了過去。

「好可怕、好可怕、好可怕、好可怕。」

西根一直嚷嚷著同一句話，一回過神才發現他已經來到了距離燭台非常近的地方。不過他並沒有踏上燭台，而是往燭台旁的草叢衝進去。

「等一下、等一下、等一下、等一下！」

我跟華井也隨之鑽入草叢內，將西根抓住。

「你這傢伙到底要去哪裡啊！」

「還不是因為進去廁所的時候看到一張貼在牆上的尋人啟事，而且為了不讓人打開隔間的門，甚至還用木板釘起來，讓我覺得很害怕啊。」

「話不是這麼說啊，我是不知道廁所到底有多可怕，但你為什麼要跑到草叢裡啊？」

「就是，因為太害怕了。」

「真是的，我完全聽不懂你在說什麼了。這片草叢到底有什麼啊？」

我一邊說一邊深入草叢，將草撥開一看，前方不遠處就是懸崖。如果西根沒有停下來的話，恐怕會摔落崖底吧。

天色漸亮，我們在停車場的這一頭觀察懸崖的位置，結果發現那一區感覺就好像是準備好要讓人跳崖用的，因為只有那邊寸草不生。為什麼西根會往那個地方跑呢？還有，怎麼會精準地知道通往那個地點的路徑呢？真是搞不懂。

西根撥開草叢衝過去的地方就是喜屋武岬的懸崖。

二條城（京都）五月二十九日

結束大阪新世界的靈異怪談演出之後，華井開車送我和紋樣創作者 Apsu Shusei，以及初次見面的「神祕魍魎會議」這個組織的成員之一——和田先生，一起來一場京都靈異禁地之旅。

深夜的車裡，我聽了關於二條城的傳說，這就是我們正準備前往的地方。二條城是在關原大戰後由德川家康所建。

和田先生的朋友曾親眼在二條城的護城河中，看到一個像是毛茸茸巨大人偶的東西。二條城附近有鵺大明神神社，以及鵺池，因此他們認為護城河裡的東西會不會就是鵺。鵺是中國及日本自古以來傳說中的怪鳥，頭像猴子、身體像狐狸、腳像老虎，尾巴則像蛇。

和田先生的母親也曾在二條城附近聽過一個不祥的傳說。和田先生的母親還小的時候，曾聽說有人每天晚上都會把貓的屍體丟進二條城的護城河裡，但是一直無法查明犯人是誰，因此就有傳言或許是鵺做的好事。

深夜十二點半，Apsu 先生和和田先生兩人先在京都下車，而我和華井則繼續前往二

條城一探究竟。會不會遇到那個毛茸茸的東西呢？而那東西，會不會就是鵺呢？可惜通往護城河的路已經用柵欄封閉了。

「鵺～鵺～」

我越過柵欄試著叫叫看，不過沒有任何反應。

在二條城附近的鵺大明神神社。

鵺大明神神社腹地內的鵺池石碑。

清瀧隧道（京都）五月二十九日

深夜一點半出發前往二月時已經去過的清瀧隧道，當時充滿冬季氛圍的純白雪景已然轉變，此時的隧道周邊是一片綠意盎然。深夜兩點，我跟華井兩人進入隧道。

我們趁著燈號轉綠時開車進入隧道，因為據說這麼做會發生可怕的事。出了隧道之後，我們將車停在出口旁的停車場，然後各自走進隧道看看會發生什麼事。

首先進去的是華井。走到隧道的正中央，吹完口哨之後再走回來，這就是我要求華井完成的任務，我則是在隧道前方等著華井返回。在看不到華井的身影之後，我開始讀秒，不過在聽到口哨聲前，就看到華井快步跑了回來。

「不行不行不行，太可怕了，我清楚聽到女人的聲音。」

我眼前的這個四十歲男人真的嚇壞了。

「一直嘎……嘎……這樣。」

這應該是我第一次看到華井如此驚慌失措，在他吹口哨之前，我還特地出聲詢問他的狀況，那時他的回應聽起來非常專注，沒有任何猶豫。於是我們就開始檢查華井的攝影機畫面。

「呼……呼……」

畫面中的確錄到謎樣的高音。華井表示他在現場聽到的聲音，跟錄到的畫面比起來，是更清晰而且大聲地迴盪在隧道裡。

接下來輪到我了。我走到隧道正中央時，聽到的是大叔的聲音。

「窸窣……窸窣……」

回到隧道出口，我向華井確認：「你剛剛站在這裡有說話嗎？」華井說他沒有開口說話，所以那個窸窸窣窣的聲音，果然是從隧道裡傳出來的。我只有感覺到像是大叔窸窣地碎嘴。

接著我們要驗證的是「隧道迴轉處的坡道有個映照著正下方的反光鏡，看著那面鏡子，據說會看到自己死亡時的模樣，但如果什麼都看不見的話，就表示自己死期將至」，二月來清瀧隧道時，因為西根的鞋子太滑了所以放棄。那個位在清瀧隧道頂端的地方，的確有一個朝向正下方的反光鏡。

田螺及華井，會出現在鏡子裡頭嗎？結果，因為四周實在太暗了，所以除了燈光之外，沒有反射出任何東西。雖然勉強可以用肉眼確認到自己在鏡子裡的樣子，但拍出來的照片或是直播畫面裡頭，全都沒有我們的蹤影。或許，我們離死期已經很近了吧。

驚慌失措的華井，從沒見過他如此害怕的樣子。

我跟華井的身影都沒有映照在鏡子裡。

靈異實錄寫真館

其他靈異禁地的探險紀錄

敦盛塚（兵庫）2017 年 2 月 1 日
供奉平敦盛的遺體。JR 神戶線「あ・あ・ま・た・し・す」（啊啊，又死人了）的都市傳說，這裡可能也跟以塩屋・須磨為舞台的一之谷戰役有關。

化野念佛寺（京都）2017 年 2 月 11 日
供養無主孤魂的寺廟，寺裡大約有八千尊石佛及石塔。我們在深夜兩點從清瀧隧道出發過去，轉來轉去找了好幾次才終於找到入口，可惜的是已經封閉了。

兵庫隧道（兵庫）2017 年 3 月 1 日
自從一對青年男女騎機車在隧道內發生死亡意外之後，隧道內的天花板上就出現了謎樣的痕跡。白色的裂痕在天花板上蜿蜒亂爬，看來就好像畫在地上的圖案一般。

舊生駒隧道（大阪）2017 年 3 月 6 日
據說這裡發生過非常多可怕的靈異事件。深夜三點左右抵達現場之後，發現滿是鐵絲網圍欄，簡直會讓人在圍欄的世界裡迷失方向。

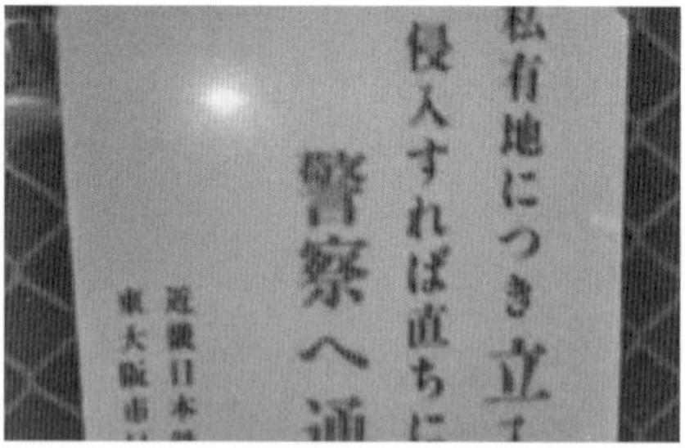

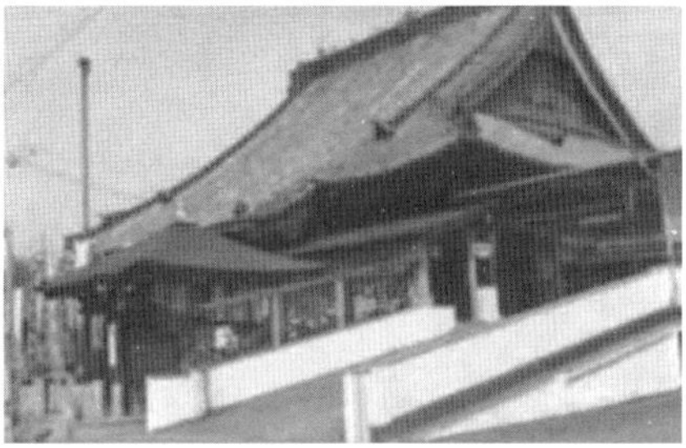

石切劍箭神社（大阪）2017 年 3 月 6 日
從舊生駒隧道踏上歸途後，在凌晨五點左右來到這裡。由於距離首班車還有些時間，所以特別為了還在觀看直播的觀眾做了百次參拜❼，每走一回就摺一根紙捲，直到早上七點才完成參拜。

笠寺觀音（愛知）2017 年 3 月 13 日
傳說有名女孩替被雨淋濕的觀音像戴上了斗笠，身為中將的藤原兼平看到這一幕就將女孩帶回並娶她為妻，因為這個傳說，所以這間寺廟對於祈求戀愛很有效。村田 ramu 先生的家就在附近。

阿部野墓園（大阪）2017 年 3 月 25 日
深夜時分，我帶著搞笑藝人科亞戈星人（コヤゴ星人）到阿部野墓園，進行恐怖類型的新笑點開發。結果催生了「對幽靈使出大外割招數是沒有用的，因為幽靈沒有腳，根本絆不到。」諸如此類的成果。

獸魂碑（大阪）2017 年 4 月 1 日
我在大正區看到相關訊息的海報後，最後終於在設有路障的小巷子裡找到了。由於附近的寵物靈園關閉了，所以寵物的遺骸就被帶來這邊埋葬。

❼ 百次參拜：日本的拜廟習俗，在神社內往返百次參拜祈福。

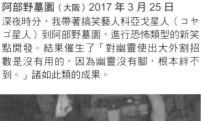

世界無名戰士之墓（埼玉）
2017 年 4 月 12 日
埋葬戰時失去生命且身分不明的人，據說站在慰靈碑前會有詭異的事情發生，不過我去的時候沒發生任何狀況。看到一旁的看板上寫著「熊的目擊情報」，所以就趕快離開了。

姬百合之塔（沖繩）2017 年 5 月 18 日
我還沒清楚看過幽靈，而且也沒有靈異體質，不過一進入這裡，就開始耳鳴。這個地方很明顯地帶給我身體上的變化。

小塚原刑場遺跡（東京）2017 年 5 月 25 日
我在這一天前往南千住迴向院及延命寺造訪刑場遺跡，總長約四公尺的區域，就是所謂的小塚原刑場遺跡。一般通稱「斬首地藏」，是為了供奉在刑場遭受刑罰的人們所建的。鼠小僧[8]的墳墓也在其中。

上宮天滿宮（大阪）2017 年 5 月 29 日
已有千年以上的歷史，曾被人縱火還發生住持被殺等事件。凌晨五點我跟華井經過第二個鳥居時，防盜警報器突然響起，這也讓我們知道當地的保全措施已經加強了。

❽ 鼠小僧：日本歷史上知名的盜賊。

大觀音寺（三重）2017 年 6 月 6 日
這一天我前往大觀音寺參拜金光閃閃的巨大觀音像。每次搭乘近鐵特急列車前往名古屋時，都能從車窗看到這座大觀音寺。附近還有羅浮宮雕刻美術館，收藏著巨大的米羅「維納斯」雕像，以及薩莫色雷斯的「勝利女神」雕像。

石切八社主神社（兵庫）2017 年 6 月 7 日
據說以前會用活人祭神，是一間充滿謎團的神社。現場貼了一張公告，上面寫著「上個月在此發現了熊的糞便」，真是太可怕了。

伊丹機場（大阪）2017 年 6 月 8 日
對航空迷來說是個可以近距離拍攝飛機機身的勝地，有不少人在這看到情侶幽靈出沒。

武士屋敷（兵庫）2017 年 6 月 7 日
目前是個廢棄的養豬場，但以前似乎是有人住的武士之家，據說沒有頭的女性幽靈會在此出沒。在入口處附近有塊牌子上面寫著「北國」，但這裡並非北國，而是播磨國。

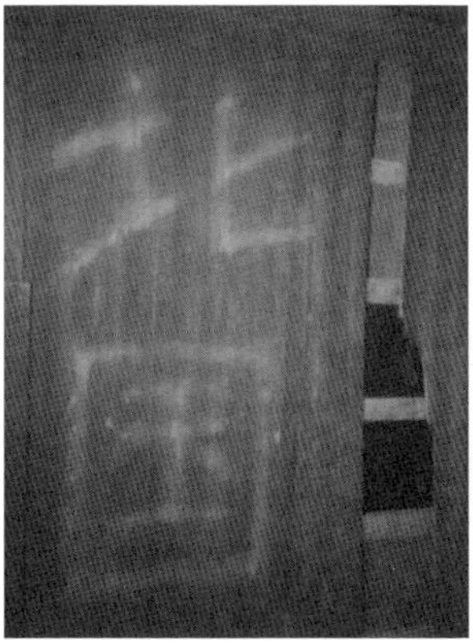

軍人醫院（京都）2017 年 6 月 24 日

聽說曾有位來這裡探險的年輕人，跑進軌道內，結果被電車撞上的事故。深夜四點半我到此一遊，途中看到把事故現場防護得非常嚴實的柵欄及帶刺鐵絲網，還張貼警告文。

將軍塚（京都）2017 年 7 月 3 日

這一天我、華井和喜歡扮女裝的 YouTuber yokoodayo，一起穿著女裝造訪將軍塚。傳聞有逃亡的武士幽靈會在此出沒，不過因為已經關閉了，所以沒辦法進到裡面去。

神咒寺（兵庫）2017 年 8 月 1 日

本來是「神之寺」，後來變成了「神咒寺」。所謂的「神咒」不是詛咒神明，而是神祕咒語或真言的意思。

有馬汪汪樂園（兵庫）2017 年 8 月 1 日

狗狗的主題樂園，不過已經在 2008 年結束營業了。已經廢棄超過十年，用趣味的手法所描繪的大型狗狗看板非常可愛，卻讓人有種淡淡的哀傷。

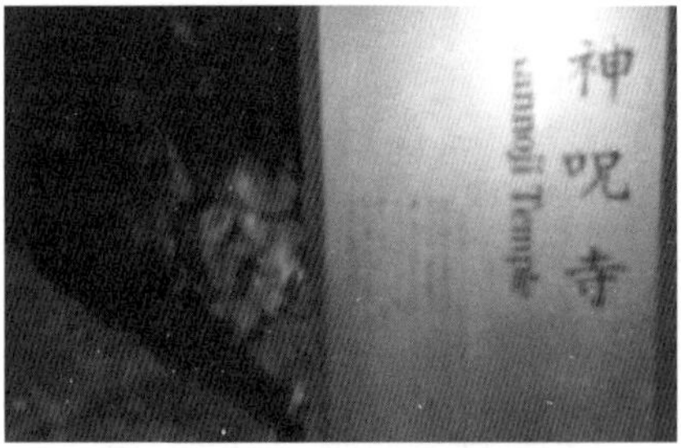

上吊神社（三重）2017 年 8 月 13 日
只有在地人才知道的靈異地點，據說在走過鳥居的瞬間，就會感覺到好像被誰勒著脖子一般。在這裡進行直播時，有個觀眾就留言說：「脖子好痛。」

宅部池（東京）2017 年 8 月 22 日
以在此溺斃的少年之名為這個池命名，意外發生時有兩個想要幫助溺斃少年的青年也同時溺斃了，據說直到現在還會看到有白色的手從池水中伸出來。對著池子叫一聲「宅部」，就會引來牛蛙鳴叫。

夢見崎動物公園（神奈川）
2017 年 8 月 22 日
24 小時免費開放的園區，裡頭還有一個慰靈塔，聯合祭拜川崎大空襲的受害者，以及西南戰爭的殉難者。拍攝過程中不斷出現鬼火，當我心想有鬼的時候，才發現原來是鹿的眼睛造成的反光。

愛鷹山水神社（靜岡）2017 年 9 月 15 日
這是富士山的能量聚集點，能量相當強，甚至被認為是龍的棲息地，神社裡頭的神明被稱為「水神先生」，感覺非常親切。現場有個青蛙雕塑一直看著上方的瀑布，似乎有什麼含意。

Amane 地下道（靜岡）2017 年 9 月 15 日
位於沼津站西側的立體人行穿越道。有人告訴我，這裡會出現只有上半身和只有下半身的女人。此外，這裡也能看到很多《Love Live! Sunshine!!》動畫裡頭會出現的女孩。

再訪妙見山刑場（大阪）2017 年 9 月 20 日
我請華井穿上等待處刑的犯人所穿的衣服假扮成罪犯，再用繩子將他五花大綁，讓他暫時留在現場。我從稍微有點距離的地方看著他，結果傳出「咚嗤」的鈍器聲。

弁天橋（千葉）2017 年 10 月 5 日
這裡據說是新宿迪斯可舞廳殺人事件的案發現場，有人曾在此目擊被殺的女孩幽靈（真正的事發地點是附近的自行車道上）。我到弁天橋附近的廁所驗證靈異事件，沒想到被昆蟲叮了一口，嚇壞我了。

台場公園（東京）2017 年 10 月 6 日
抬頭往上看，眼前全都是城市明亮的光，低頭往下瞧，則是深夜的昏暗。砲台遺跡是江戶時代的產物，並非戰爭所遺留下來的建物，讓人有種不知自己置身何處的感覺。

侍隧道（埼玉）2017 年 10 月 7 日
據說牆壁上會浮現武士的臉，不管清除多少次，都還是會出現。實際到現場一看，才發現原來只是一個小小的行人專用隧道，有點掃興。武士也沒出現。

上尾丸山公園（埼玉）2017 年 10 月 21 日
殺人事件、自殺、盪鞦韆的女孩幽靈……還真是什麼事都發生過了！這裡的恐怖傳說多不可數。深夜的雨中，我聽到「嗚……」的一聲慘叫，靠近一看才發現原來是貓。

最福寺（千葉）2017 年 11 月 17 日
曾經在寺廟的腹地內發生男性被燒死的事件，想起來真讓人害怕。不過寺廟整體相當整潔乾淨，拿著掃帚的小和尚石像頭上戴著熊本熊的帽子，看來非常可愛。

花松首地藏（兵庫）2017 年 11 月 19 日
田中俊行先生告訴我，「有一個只有一張大臉的地藏王菩薩」，就在神戶市東灘區的住宅區小巷子裡。真的是只有一張大臉的地藏王。

富岡八幡宮（東京）2017 年 12 月 16 日
造訪前的一個禮拜，此處才剛發生過殺人事件，跟我一同前往的大島 teru 先生將自己的手放在大関碑的手印上，並且饒有興致地說：「相撲選手的手還真是大啊。」

西川下平交道（兵庫）2018 年 2 月 1 日
現場有一塊看板寫著「危險！小學生不得由此平交道經過！」並且用藍光照著。遮斷桿並沒有升到最上面，是一個「半開放」的平交道。

五色園（愛知）2018 年 2 月 3 日
跟親鸞聖人相關的水泥雕像有百座以上，製作這些雕像的藝術家是淺野祥雲。據說有人在深夜裡看過親鸞聖人的雕像眼睛會動，還有巨大的影子出現等等的靈異現象。

高山寺（京都）2018 年 2 月 19 日
寺內有片西院河原，據說有非常多小孩子的遺體被丟棄在西院河原，因此空也上人便將這些孩子供養起來。我來過西院兩次，兩次都出現不自然的彩虹。

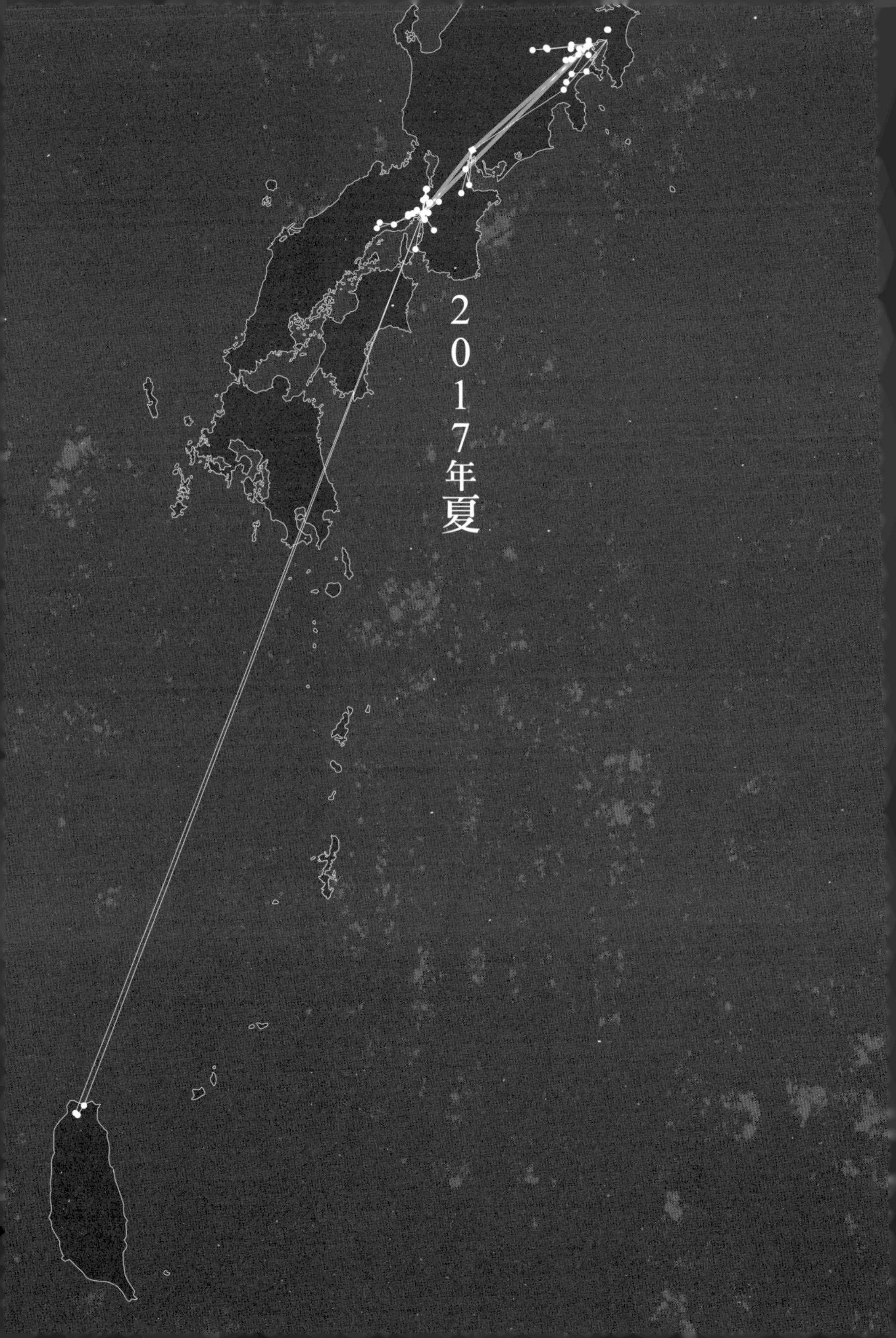
2017年夏

大象雕像神社（大阪）六月一日

聽說在大阪高槻市的某座神社裡有一尊「摸了就會死的大象雕像」，結束了在味園大樓酒吧的靈異地點分享活動之後，我搭著末班車前往ＪＲ高槻站。平常都是由華井開車載我，但這次他因為參加法會的關係所以沒辦法一起前往。從高槻站走了大約兩小時，終於抵達大象雕像神社，入口處的柵欄上掛了塊告示牌，上頭寫著：

「這座山屬於令人敬畏的神・七面大明神。七面大明神被供奉在這座山的山頂，至今已經有好幾個人因為觸怒這座山的神明，所以失去生命。倘若有人惹得神明不開心，不僅會遭逢不幸，還會發生很可怕的事情……」

光看告示牌上的內容，就已經夠教人膽寒的了。我一邊開直播，一邊走進神社裡頭，結果看到裡頭貼了一張紙，上面寫著「神像臨時放置處」，不過裡面只放了一些看來像打掃用具的東西，看來都不像是摸了就會死的大象雕像。其他還有做工相當隨便的鳥居，以及又窄又陡的階梯。

當天下著毛毛細雨，地面有些濕滑，因此階梯走起來格外危險。不過，除了階梯之外看來並沒有其他路可走。七面大明神應該就在上面，所以即使危險也要爬上去。

我沿著階梯一步一步往上走，前方似乎什麼都沒有，只有綿延不絕的階梯。腳踩的地方相當不穩，且階梯以外的範圍全都一片黑，什麼也看不見。種種因素讓我感到非常不安。儘管如此，我依舊拾級而上。最後，階梯來到了盡頭。

喂！什麼都沒有啊！

大象！七面大明神！到底在哪裡？

雖然沒有階梯可走了，但似乎還能繼續往上爬，那就爬吧！只要再爬一會兒就到了。腳好滑，超危險的，再一下、只要再爬一下。嗯……到了這裡應該沒法再往前了。這個角度根本不可能爬上去，而且地面還如此濕滑。死定了！我下不去了！

深夜三點半，我在深山裡遇難了。接下來的一個半小時，我接收著直播觀眾給我的勇氣，勉強地在黑暗中把時間熬過去，好不容易天終於亮了。在陽光的照射下我終於看清楚整座山的全貌，我完全呆住了……

我坐的斜坡根本就是懸崖！沒有再繼續輕舉妄動真是太好了。沒有繼續往上爬，也沒有勉強下山，真是太好了。要是貿然在黑暗中移動，肯定會摔下去的。

等到視線能完全看清楚之後，我才非常慎重地慢慢下山。回到「神像臨時放置處」的時候，心中只有一個感想，那就是能夠平安無事地返還真是太好了。

藉著陽光我往裡頭一看，發現在入口處有一個不知道用來放置什麼東西的檯子。或許大象的雕像原本就放在上面吧，不過到處都沒看到大象雕像的蹤跡，取而代之的是在那個檯子上，有一隻非常美的蝸牛揹著左螺旋的殼（一般蝸牛的殼都是右螺旋），我從沒見過這樣的蝸牛。只見牠把頭伸得長長的，感覺好像挺舒服的。

神社入口。

貼著「神像臨時放置處」紙條的地方。

揹著左螺旋殼的美麗蝸牛。

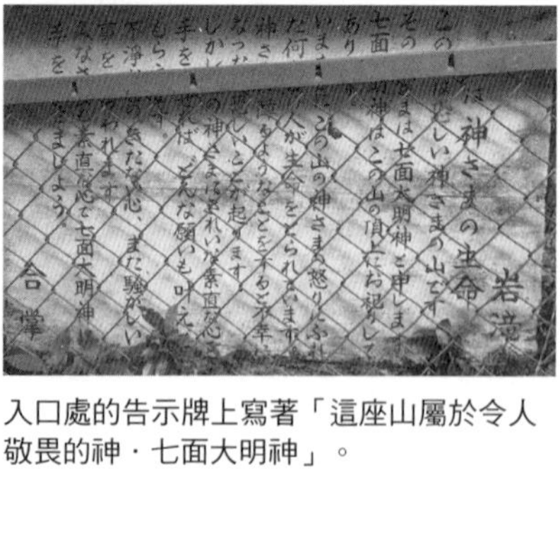

入口處的告示牌上寫著「這座山屬於令人敬畏的神・七面大明神」。

舊總谷隧道（三重）六月六日

每個禮拜我都會從大阪搭近鐵特急線列車前往名古屋參加電台錄音，當列車行經三重縣，我都會透過車窗看著外面金光閃閃的巨大觀音雕像，心想「那到底是什麼東西啊？」這一天結束電台演出之後，我從可以看到金色觀音雕像的榊原溫泉口站下車，準備前往一探究竟。我知道巨大的觀音雕像就在大觀音寺裡頭，而且寺廟境內還有羅浮宮雕刻美術館，館前還放著巨大的米羅「維納斯」雕像，以及薩莫色雷斯的「勝利女神」雕像，兩件都是複製品。

另外還有自由女神像，只是這尊倒沒那麼大。由於寺廟的大門關著，沒有辦法靠近巨大觀音雕像，這裡本來就不是夜間開放的博物館，不過三更半夜還能欣賞放置在戶外的巨大雕像作品，也算是很不錯了。

其實，這一天真正的目的地並不是這裡，而是舊總谷隧道。這個隧道在一九七一年曾發生重大事故，造成二十五人死亡，兩百二十七人受傷，最後在七五年時全面禁止通行。從那之後過了四十年，聽說隧道裡還是可以聽得到女人的聲音。

本來若從近鐵東青山站下車的話，馬上就能到隧道，但因為我想看看觀音雕像，所以在前一站榊原溫泉口站就先下車了，然後徒步移動一站的距離。

我在漆黑的鄉間道路，默默走了一個小時，孤單地和往來的通行車輛戰鬥著，對我來說那些車子相當危險。不過對駕駛們來說，三更半夜突然出現一個步行的人，恐怕也挺讓人害怕的吧。

抵達東青山站的時候，我看到車站前方有一個幅員廣闊的公園「四季鄉里」，在公園的角落有一條小路就是通往舊總谷隧道。

草坪上有車輪走過的痕跡，在黑暗中順著車輪痕跡走一小段，就出現了灌木叢，完全無法通行。沒辦法了，我只能回頭往車站的方向走。話說回來，在東青山站下方也有一個行人專用地下道，那裡感覺也是挺陰森的，所以我決定去看看。

「窸窸窣窣、窸窸窣窣……」

雖然跟列車事故沒有直接關係，但我一直聽到彷彿三姑六婆在閒聊的聲音。透過直播看到這個情況的網友，上傳留言寫道：

「不趕快逃走的話會有危險！」

「幽靈生氣了。」

因為我在現場並沒有任何的感覺，所以決定暫時留在現場觀察狀況。如果真的惹火幽靈，我倒希望會發生一些靈異現象，而且我要是真的感覺到有危險，即使沒有觀眾提醒我，我也會馬上逃走的。

基本上我選擇相信自己的感受，最重要的是我希望能親眼見證。可惜直到最後我還是不曉得那個「窸窸窣窣」的聲音究竟是什麼。

灌木叢將去路完全封鎖了。

走在車站的行人專用地下道，
聽到了不可思議的聲音。

●相坂隧道（兵庫）六月七日

每個月的第一個禮拜二，我都會到姬路的「七福座」進行現場演出，從二〇一〇年開始從不缺席。當天結束演出之後，我跟一同參與表演的科亞戈星人（コヤゴ星人），以及橫山雙人組（橫山ポンスケゆうすけ）一行四人出發前往姬路，要來一場靈異巡禮。

我們去了石切八社主神社、俗稱武士之家的廢棄牧場、伊丹機場等地，結果發生靈異現象的地方是在相坂隧道。相坂隧道是大正時期搭建的磚造隧道，裡頭非常狹窄，只能容納一台車通行，在裡頭曾發生過各式各樣的靈異現象。

「引擎在隧道內熄火」、「聞到焦臭味」、「會出現臉部燒毀的女鬼」、「明明沒有人卻迴盪著物品碰撞聲或喃喃細語聲」、「駛離隧道後，車窗玻璃會出現手印」、「在隧道拍照，會出現不知名的女人」、「隧道附近的池塘曾發生過棄屍事件，而且那裡是自殺勝地」……諸如此類。

因此我們四個人打算去現場進行驗證。首先由科亞戈星人獨自進入隧道內，他要在裡面表演自己寫的段子。「對幽靈使出大外割招數是沒有用的，因為幽靈沒有腳，根本絆不到」、「盡可能地在高處撒鹽」等等，新鮮的笑料一個接一個，甚至將身體拱成前方後圓，

用來模仿古墳的哏都使出來了。
他那詭異的動作所造成的腳步聲，再加上大喊「前方後圓的古墳、前方後圓的古墳」的聲音，確實在隧道內迴盪著，可惜的是裡面沒有人在，所以也不可能得到任何回應。
接著由漫才表演家橫山龍介（橫山雙人組之一）登場，他同時也是現役的網球教練。他穿著網球服而且帶著網球拍走進隧道內，不過走到一半時因為有其他車輛開進隧道內，結果他就全力狂奔出來。車裡的人想必也被穿著網球服、拿著網球拍的男人嚇到了吧，說不定日後會多加一個「網球選手幽靈在隧道內全力衝刺」的靈異傳言。
最後是我進到裡面念誦經文，不過除了回聲之外倒沒有什麼特別的現象。不過，負責攝影的橫山龐介（橫山雙人組之一）所拿的攝影機，在經文唱完的瞬間發生了故障。
「我才剛買沒多久耶……」
他是一個經常說謊的男人，不過那天似乎沒有說謊。因為他看著壞掉的攝影機，表情真的非常難過。很難過說不定是裝出來的，但攝影機確實是壞了。

發生了剛買沒多久的攝影機無故損壞的詭異現象。

●二岡神社（靜岡）六月十四日

結束名古屋的電台錄音後，我搭上《NIKONIKO現場直播》（にこにこ生放送）的木村導演所開的車，跟阿里亞多・阿彌（ありがとう・ぁみ）先生會合之後，三個人一同前往靜岡縣御殿場市的二岡神社。此地是北野武導演的電影作品《盲劍俠》，以及黑澤明導演的電影作品《七武士》的拍攝場景，同時也是靜岡縣最知名的靈異地點。特別是鳥居附近，發生過相當多靈異現象。

像是「穿著白衣的女鬼出沒」、「靈異光點四處飛舞」、「傳出令人不舒服的聲音」、「明明沒有風，但唯獨垂掛在鳥居上最右邊的紙垂會一圈圈地轉動」、「離奇失蹤」、「周邊的樹林發生上吊自殺事件」、「在神木下方用沙子堆成圓錐狀，然後將最上方弄平，不久後就會出現妖精的腳印」等等，就是一個傳說多到數不清的地方。

另外，相傳在戰爭爆發時，B-29轟炸機曾墜毀在附近，躲在神殿下方的美軍駕駛兵被逮捕後殺害，因此這裡也會出現外國人的幽靈。根據御殿場在地出身的藝人BB goro（BBゴロー）先生的說法，以前這裡是流氓混混集結的地方，比起幽靈來說，那些人還比較可怕呢。

我們在深夜一點前抵達現場，四周既昏暗又安靜，與其說是充滿不祥之氣，倒不如說是莊嚴的氛圍。傳說中會出狀況的鳥居，下方垂掛的紙垂只有最右邊的緩緩搖動著，但當下明明一點風都沒有。持續往裡頭走，出現一個寬敞的前殿，前殿的下方就是美國士兵躲藏的地方，空間真的非常寬敞，躲一個人綽綽有餘。我拿出手機想拍下地板下方的狀態。

「嘰哩咕嚕、嘰哩咕嚕……」

此時，地板上方也就是前殿裡頭，很清楚地聽到有人說話的聲音。然而，眼前是一片漆黑，完全沒有點燈，不可能有人留在前殿。我側耳傾聽，想聽聽看那個人是在說什麼，結果換成周遭的樹林傳出聲音來。

「窸窣、窸窸窣窣、窸窸窣窣……」

感覺我們好像被什麼東西給包圍了。

後來我們把當時拍的影片送到《NIKONIKO現場直播》確認，發現有人的臉出現在連接前殿跟正殿的穿堂窗戶上。

從前殿傳出詭異的聲音。

最右邊的紙垂一圈圈地轉動。

櫻木神社（埼玉）六月十五日

我跟The Band Apart的原昌和先生一起參加完下北澤的靈異怪談活動之後，在靈異地點狂熱者的nassyan（なっしゃん）介紹下，一起出發去所澤市的櫻木神社。

櫻木神社是埼玉縣內少數幾個知名的靈異地點，所以名氣廣為人知，社裡祭拜的主神是本居宣長及德川光圀。以前這個地方連燈都沒有，導致人跡罕至，所以發生不少上吊自殺事件，當地人稱為「上吊神社」，不過在二〇〇〇年左右已經搭建了新的祠堂。

「這是砍掉樹木後的痕跡，因為這裡常有人上吊自殺。」

「在正殿前跟朋友大聊靈異話題的話，就會被一群黑色的人團團包圍。」

nassyan說了好多傳聞故事。就在這時候，腳邊傳來一個聲音，原來是我踏進一個用紙垂圍出來的類似結界的地方，裡頭有一棵神木。

我真的很抱歉……

我不小心踏進去的神木區。

枚方寵物墓園（大阪）六月二十四日

四月時，大阪府枚方市的「寵物墓園靈骨塔」突然關閉，大量的遺骨在沒有通知主人的情況下就棄置荒野。事件的照片被社交網路揭露，在網路上被熱搜。

這天，我和西根在姫路浴衣節的露天舞台有演出，結束後回到大阪與華井會合。我們抵達時是深夜十二點半，網路流傳的照片裡，有著遺骨堆積如山的畫面，但現場看卻完全相反，不僅入口處相當簡潔整齊，甚至還請了SECOM保全公司。

咦？已然關閉的寵物墓園竟然還管理得如此嚴謹，太奇怪了。

結果，是我們搞錯了，這裡並不是「寵物墓園靈骨塔」，而是「枚方動物墓園」，真是太容易讓人搞混了吧。不過，這座寵物墓園事實上是在靈骨塔將寵物的遺骨丟棄在荒野時，把遺骨全都接回來埋葬的墓園。

這起事件經過媒體報導後，各地的寵物墓園都提出接引遺骨的服務，但是如果埋葬的地點太遠的話，主人要祭拜會很麻煩，所以最後由枚方動物墓園全數接收。

我們造訪時是六月，當時還在後續討論的處置，二〇一七年十月，直到新供養塔興建完成，靈骨塔的遺骨們改葬到枚方動物墓園。所以我們那一天應該是搞錯了。

源氏瀑布（大阪）六月二十四日

深夜一點，我、西根和華井在搞了烏龍跑到枚方動物墓園之後，接著決定前往距離近到讓人吃驚的交野市「源氏瀑布」。

源氏瀑布位於交野山山麓，是一道高十八公尺的瀑布。以前在這附近有一間開元寺，所以這道瀑布也被稱為「元寺瀑布」，相關的靈異傳說則有：每個晚上都會啜泣的「夜哭石」；從源氏瀑布上發生掉落事故而死亡的小孩幽靈會在此地出沒等等。特別是夜哭石，有個讓我非去不可的傳說故事。

美麗的源氏公主跟她的弟弟遭到山賊綁架，並且被帶到女首領的面前。當下，弟弟已經身亡了，女首領看到弟弟之後，不曉得為什麼哭了起來。源氏公主為了替弟弟報仇，拿起短刀刺殺了女首領，這時她才知道原來女首領是與她分開多年的母親。最後，公主追隨兩人的腳步，跳入瀑布下方的深潭中死了。在她掉落的地方有一顆石頭，每個晚上都發出哭泣聲，所以才被叫做「夜哭石」。

抵達交野山之後，要前往瀑布還必須下車走一小段坡道，然而西根的腳步卻非常沉重。因為他前一天才參加完公司的大前輩森脇健兒舉辦的馬拉松大賽，痠痛的肌肉令他不得不拖著腳步爬上坡道。

「別管我，你們先走吧。」

雖然西根說出宛如臨死前最後一句話的台詞，但是我們也不可能放著他不管，所以我們還是跟他一起慢慢地往上爬。

「喜歡綠色的壞傢伙。」（緑愛する悪いやつ。）

上坡途中，發現了一個寫著謎樣句子的告示牌。這到底是要傳達什麼訊息呢？

我們繼續往前走了約十分鐘左右，終於到了夜哭石所在的瀑布。不過，剛剛一直走在後面的西根此時卻不見人影，我跟華井緊張地四處尋找，發現西根竟然在我們前方賣力地攀爬交野山。

「咦？怎麼會？」

我跟華井內心這麼想著，並且趕緊追上西根，沒想到我們完全追不上他。那麼，他剛剛還痛苦地拖著腳步爬坡又是怎麼一回事？西根爬山的速度，簡直就像在競走。

「等等！西根！等一下啊！」

我和華井的喊叫聲好像全被吸入黑暗之中，壓根沒辦法讓西根轉過身來。剛剛西根到底消失了多久時間啊，我和華井一邊碎念一邊繼續爬山。然後，有個聲音從某處傳來。

「搞什麼！到底在搞什麼啊！」

是西根的聲音！

「為什麼人要做這種事，有沒有考慮過山的感受啊！」

西根站在半山腰的採石場，一個人忿忿不平地看著被刨挖的光禿山脈。我們抓住西根，然後一前一後擋著他，讓他別再到處亂跑，就這樣一路架著他下山。回程路上，再次看到那個內容成謎的告示牌。

「關注環保。」（緑愛する思いやり。）

咦？稍早看到的明明是「喜歡綠色的壞傢伙。」啊？（緑愛する悪いやつ），原來是「關注」（思いやり）啊。

下山時西根又開始拖著腳步緩步前行。太好了，終於變回原本的西根了。那時候的他，應該是被「山」附身了吧。

上頭有一尊不動明王坐鎮的巨石。

用不尋常的腿力攀爬交野山的西根。

中華料理店遺跡（大阪）六月二十八日

這天我騎著電動腳踏車單獨行動，目的地是某間城裡的中華料理店，這家店的天津飯聽說非常好吃。至於為什麼會想去那裡，是因為有個圍著長長圍巾的女孩會來這家店。女大生因為長長的圍巾被捲入車輪而意外身亡，她就住在這家店的附近。某年夏天，這個應該早就魂歸九天的女孩，卻依舊圍著長圍巾出現在這家店，如此不可思議的故事是我的朋友告訴我的。

我想要藉著造訪會有往生者出沒的地方，將不可思議的現象與日常生活連結起來。如果能將這個世界與那個世界連結在一起，那麼或許這個充滿不安與恐懼的生活環境，應該能變得更舒適、寬闊吧，我一直有這樣的期望。

深夜一點半，我抵達了中華料理店附近，但卻完全找不到那家店。雖然用了Google搜尋，可是那個地方什麼都沒有，只有拆毀建築後所遺留的空地……看來這個空地就是我在找的中華料理店了，似乎是搬遷了吧。

發現空地時，我透過直播將我在尋找店面的樣子傳送出去，結果收看直播的網友指出在我身後有個圍著長長圍巾的女人。我自己也確認了一下，真的有一張非常明顯的臉出現

在畫面中。

幾天後，我在「難波豪華花月」的靈異表演活動上，透過大螢幕將當時的畫面播出來，一個完全與事件無關的造型師站在舞台後方看，竟然哭了起來，明明沒有悲傷的理由，為什麼會哭個不停呢？

幾天後，我在上《北野誠的你們不要去啊！》時，再度前往那間中華料理店驗證，當西根在轉播車內用口風琴演奏時，靈異現象瞬間出現，謎樣的摩托車聲持續迴盪。轉播的時段是深夜，當時附近根本沒有摩托車經過。

結果那一天，摩托車聲就這麼跟著北野誠先生一路回到家，當然他沿途根本連一台摩托車都沒碰到。直到北野先生睡前刷牙時，聲音還是持續著。死去的女孩所騎乘的就是重型摩托車，說不定那個聲音就是女孩帶來的。

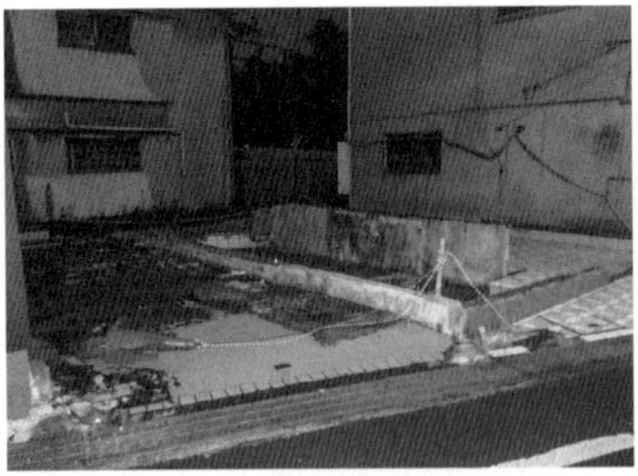

中華料理店的遺跡，現在這家店已經不存在了。

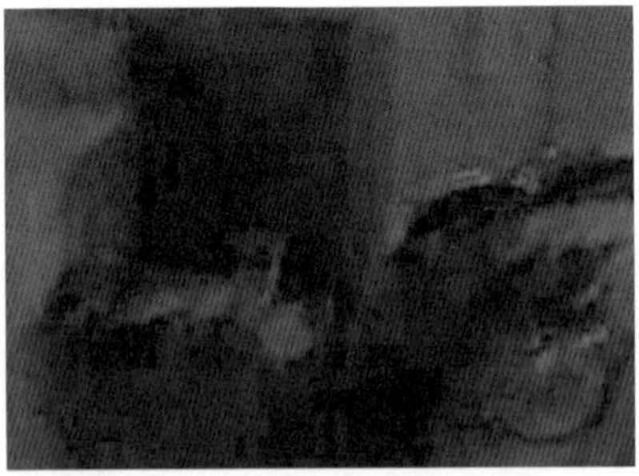

圍著長圍巾的女孩出現在直播畫面中。

川邊的小學（大阪）六月二十九日

深夜時分，我騎著電動腳踏車從中華料理店出發，前往我成為藝人後來到大阪所住的第一個地方，二十歲之後在那裡住了大約五年。那時候就是一直在便利商店打工、便利商店打工、便利商店打工……啊，還有在黑貓宅急便（雅瑪多運輸）打過工啦。讓我擁有滿滿滿……回憶（其實也沒那麼滿啦）的地方，那裡有一間小學有這樣的傳說。

幾十年前有位剛上任的女老師，在開學典禮當天站到升旗台上跟大家打招呼時，當時只有她沒有影子。結果當天晚上那位老師就去世了，死因不明。一年後，同樣是舉辦開學典禮的日子，也就是這位新任老師去世的忌日，有人看到她站在學校中庭的銅像旁。另外也有人說她一直看著自己原本要去當班導師的那個班級。

說起小學的恐怖傳說，我就想到在我的家鄉——神戶市舞子市町——跟我同年的小女孩Y所發生的故事。

Y常常會在放學回家路上遇到一位養倉鼠的大叔，這個大叔會讓Y看他手掌中的倉鼠，而且還讓她摸。當時Y還是低年級學生，身高並不高，所以她的臉就差不多是在大叔

下半身的位置。這位大叔就直挺挺地站著，雙手放在褲子拉鍊旁，啪地一聲將手掌打開，倉鼠就出現了。可惜的是年幼無知的Y完全沒有察覺到任何異狀。

有一天，Y將倉鼠大叔的事情告訴媽媽，結果媽媽非常生氣，要Y不可以再靠近那個大叔。在那之後，可能是因為Y的媽媽有跟學校聯繫吧，總之倉鼠大叔就沒再出現過了。

這個故事跟平山夢明先生所寫的「倉鼠大叔」非常相似，兩者所用的手法幾乎一模一樣。只是在平山先生的故事裡，倉鼠大叔是出現在都會區的電車中。心理變態的人會穿越時間與空間的屏障，呈現出相去不遠的變態行為。我覺得這跟分散在各個不同區域的靈異地點，不知道為什麼總會傳出相似的靈異現象相當類似。

深夜三點，我站在傳出新任老師悲傷故事的小學圍牆邊，一方面向裡頭眺望，一方面思考著剛剛的問題。

小學的圍牆。

R醫院遺跡（大阪）六月二十九日

在傳出靈異傳聞的小學附近繞了一圈之後，我在深夜三點半動身前往大阪知名度最高的靈異地點，R醫院遺跡。

這間醫院最著名的莫過於病歷資料的故事了。在化為廢墟的醫院裡頭，病歷四處散落，據說如果將病歷帶回家，半夜就會接到醫院打來的電話，電話那頭會有人說：「我現在過去拿。」如果有人硬是不把病歷還回去，最後就會下落不明了。除了病歷之外，拿走藥品也會發生同樣的狀況。

泉南市的「丸井醫院」也曾傳出病歷怪談，所以有可能是兩間醫院被搞混了。甚至有人說這類病歷怪談的源頭，是在四國的某間醫院，這類的靈異故事倒是挺常見的。

不過最讓人嘖嘖稱奇的是，當我實際到R醫院遺跡現場一看，才發現已經變成了某家業者的營業設施。我稍微查了一下這家業者的其他建案，才發現很有可能是原址改建。這只是我的猜想，應該是因為靈異地點的土地比較便宜的關係吧。另外，就營業戰略的觀點來看，選擇位於關鍵熱點上的土地，能夠擴大業務、打開知名度，也算是相當強悍的做法。說實在的，不在意的人就真的不會在意啦。

●井之頭公園（東京）七月一日

這時，我剛租了位在千葉的凶宅，這是我所住的第四間凶宅，當時所住的大阪凶宅則決定用來當作度假小屋。因為我在東京的工作量慢慢增加了，所以才想在關東地區也找一個據點，那間凶宅的租金只要兩萬七千日圓，非常便宜而且空間很大。

不過入住千葉凶宅的第一天，我就因為不舒服而失魂落魄，再加上附近的自動感應器吵得不得了，真是一刻不得安寧。最重要的是千葉距離東京還是太遠了，所以我後來幾乎都沒有回去千葉的凶宅。這一天我打算回千葉的家一趟，於是搭上末班車，準備先跟作家村田 ramu 先生會合。

我在吉祥寺等著村田先生，兩個大叔準備來一場深夜約會，喔不，是一邊取材一邊探索井之頭公園。

據說井之頭公園裡頭會有身穿白洋裝的無頭女鬼出沒，這個女鬼會從池中現身，一旦與她視線相交，她就會開始招手，等到對方靠近，就硬把人家拉到池子裡。之所以會有這個傳聞，聽說是因為一起未破案的事件所影響。然而，那起事件中的受害者是男性，所以我想應該沒有關聯性。

比起這個事件，我想女鬼的由來說不定跟井之頭公園的傳說還比較有關，傳說的內容是「情侶到井之頭池划船的話一定會分手」。其實日本各個地方都有「情侶一起搭船就會分手」的都市傳說，而井之頭公園就是這類傳說的發源地。另外有一個說法是，鎮守在池子西邊的弁財天大神，因為忌妒情侶，所以才會如此。

深夜的井之頭公園意外地很熱鬧，可能因為是禮拜五晚上的關係吧，幾組年輕人聚在一起喧鬧玩樂。我跟村田先生悄悄地往弁財天神的祠堂走去，盡可能地不要跟這些年輕人碰到面。

要前往井之頭的弁財天祠堂需要經過弁天橋，而這座橋的照明是從下方往上照的，感覺好酷啊，看起來就像是走在一條通往異次元的長廊上。過橋之後，弁財天的紅色祠堂立刻映入眼簾，在燈光的照耀下，真有一種無法形容的美。我想，這裡肯定是能量場域，應該吧。

回程時，我跟村田先生熱烈地討論起飼養在井之頭自然文化園區的亞洲象「花子」。花子是日本目前歷史上最長壽的大象，二〇一六年結束了六十九年的一生，二〇一七年五月，花子在吉祥寺的雕像才剛完成。

聽說凶宅網站「Oshimaland」原本不是要做成搜尋凶宅資訊的網站，而是搜尋「有大象的動物園」，原因是網站負責人大島 teru 喜歡大象。

可能是心理作用吧，我覺得這一天我跟村田先生的感情特別好，或許是因為我們在前往弁財天大神的祠堂時沒有搭船吧。說不定好好誠心參拜弁財天大神，不僅不會分手，還有締結良緣的效果呢。

通往弁財天祠堂的弁天橋。

廚子奧隧道（京都）七月二日

松竹藝能的後輩 yokoodayo 是男扮女裝的 YouTuber，這一天我跟他一起扮女裝準備在京都來一場靈異之旅，擔任駕駛的華井當然也是穿女裝。

首先我們前往的是京都市山科區的廚子奧隧道。這條隧道入口處的牆壁上，有人畫了觀音菩薩的塗鴉，結果那個人罹患了原因不明的精神疾病，而且身體變得很差。不過被亂畫的觀音畫像是哪一幅就不得而知了。

我們在隧道入口處拍照時，明明手機畫面裡沒人，但華井的手機螢幕卻出現人臉辨識的指標。當他把出現臉部辨識的畫面給我們看時，手機竟然當機了，完全沒反應。

「真糟糕……」

華井不禁驚嘆。過了一會兒之後手機又恢復正常了。

隧道裡頭有非常多用油漆畫出來的手印，不知道是惡作劇還是靈異現象。如果是惡作劇的話，要把手洗乾淨應該會很麻煩，從中也可以看出為了惡作劇所做的各種努力呢。

隧道的另一頭如今已是一大片墳墓，聚集了許多無主的孤墳。

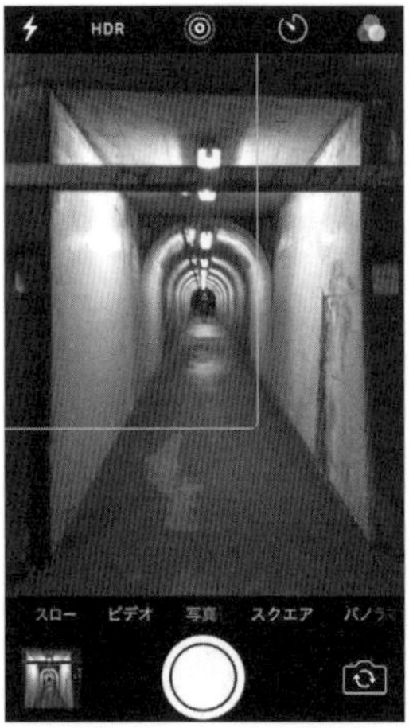

華井的手機在拍照時出現了人臉辨識的指標，但明明沒有人。

詭異的手印。

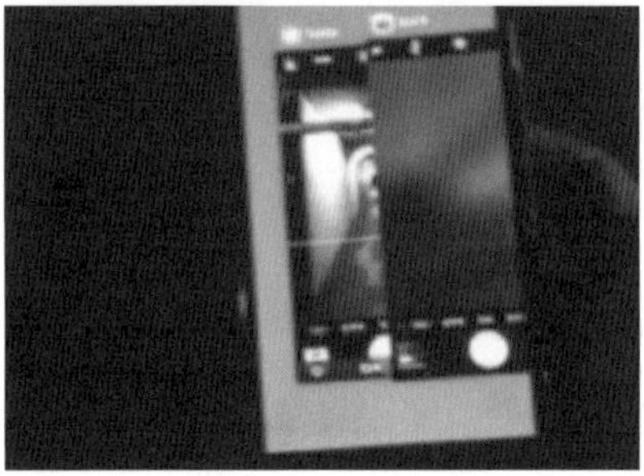

手機的當機畫面，完全無法操作。

花山洞（京都）七月三日

深夜兩點半，我跟女裝YouTuber yokoodayo，以及華井，三人穿著女裝從將軍塚出發，準備前往花山洞。今年年初，我用徒步的方式走去花山洞，距離真的非常遠，這次開車就輕鬆多了，很快就到了。之前我還不是很清楚，後來才知道原來這裡據說會有「流亡武士的幽靈」以及「紅衣女鬼」出沒，也有人說曾看到無頭騎士。

不過當我們抵達花山洞時，已經有其他人先到了。一個全身上下穿著暴走族服裝的年輕人，在隧道內走來走去的。而且，隧道裡的電燈還一閃一滅的。我們三個男扮女裝的人，就這麼站在入口處看著。

我鼓起勇氣開口向年輕人問好。

「你好。」

才發現對方是個開朗而且活力十足的年輕人。

「因為你剛剛一直走來走去的，我們都以為是幽靈現身了呢。」

他很認真地回答了我提出的問題，但是完全沒有提到三個大叔扮女裝這件事。

「我可以再往返一趟嗎？」

你請你請，於是三位女裝大叔再次在入口處看著年輕人走來走去。結果，裡頭的電燈還是會在年輕人走過的時候滅掉，過一會兒才又亮起來。

「好了，那我前往下一個靈異地點嘍。」

年輕人說完之後，便繼續展開一個人的靈異旅行。

接下來輪到女裝大叔三人組來驗證花山洞的傳說了。不過，我們驗證時並沒有發生什麼奇怪的現象，電燈也沒有熄滅。所以……那個年輕人，該不會就是幽靈吧？

在我們出發前往下一個目的地時，有網友在我們的直播頻道下留言。

「我是剛剛的年輕人（哈哈），你們真的有開直播呢。」

看來他在網路上搜尋了我們的資料。真是太好了，他不是幽靈，而是個好孩子呢。

電燈不曉得為什麼只有在年輕人走來走去時會一明一滅的。

栗田口刑場遺跡（京都）七月三日

我們一行人的最後一站來到栗田口刑場遺跡。從平安時代到江戶時代，據說約有一萬五千人在這裡被處刑，如今只剩下供養碑，知名的明智光秀也是在此人頭落地的。事實上，光秀是先自殺，然後才由家臣幫他完成斬首，為此還特別將他的頭跟身體縫合起來，然後於栗田口刑場再次斬首，真是一個可怕的時代啊。

京都市營地下鐵的蹴上站是距離刑場最近的車站。「若是處刑時受刑者抵抗，就會被邊踢邊死拖活拉地帶到刑場去」，「差役會用腳踢的方式搬運行刑後被斬下的頭」，這就是蹴上（意為用腳踢）地名的由來。另外也有一說是：源義經在與人擦肩而過的時候，被馬匹所踢飛的泥濺到，因而動刀殺了騎那匹馬的武士，這個稗官野史讓蹴上因而得名。

順帶一提，那時候源義經的刀沾了血，他用來洗刀的池子被稱之為「血洗池」，而那個區域也被命名為「御陵血洗町」，京都真的有很多令人害怕的地名。

雖然我們順利抵達栗田口刑場遺跡前方，卻不知道怎麼走到供養碑。才剛想著該怎麼停車時，馬路旁突然出現緊密地停成一排的車子，不過完全沒有人在。以當下的氛圍來說，就是不管我們何時遭到喪屍的攻擊都不奇怪的感覺。

在夏季茂密生長的草叢間，我們找到了狀似入口的階梯，總算進入了刑場遺跡。我們身上的洋裝或草帽一直被蛛網及荊棘勾到，一想到女人得穿著這樣出門，就由衷地替她們感到辛苦。到達供養碑時，我們已經被蟲咬遍、衣服髒掉，搞得狼狽不堪了。

江戶時代遺留下來的供養塔非常多，如今就只剩下兩座。進入明治時代後，這裡的刑場就被廢止了，改成栗田口解剖中心，現在遺留在現場的供養塔，就是解剖中心時代留下來的東西。

既然都來到這裡了，當然要拍一下供養碑的照片。其中有一張照片，我的臉看來好像融化了。雖然這可能只是光影條件下的偶然，但的確讓人滿不舒服的。

撥開夏季茂盛的雜草，緩步走向刑場遺跡。

照片裡我的臉看起來像要融化一樣，非常詭異。

五池（兵庫）七月六日

我每個月一次都會到姬路的七福座表演，而這一天剛好是演出七週年的紀念日。現場表演活動結束後，七福座的工作人員幫我盛大慶祝。結束後我與西根一起前往位在西宮的五池。

以前這附近曾經發生過殺人事件，從那之後就傳出了「在公廁會聽到孩子哭喊聲」的流言。另外，據說廁所裡還會出現謎樣的血跡，還有就是在廁所附近的垃圾集中處寫著「別把我丟在這裡，我想跟你一起回去」，這是因為以前有不少人會把嬰兒或小孩遺棄在此處。

計程車把我們載到五池旁的露營地時，四周已經萬籟俱寂，司機的表情似乎寫著「把你們放在這裡真的可以嗎？」順帶一提，這個露營地曾在三十年前發生過少女被殺案件，犯人還供稱自己殺了另一名婦女並且埋在此處。深夜一點，漆黑又寧靜的環境裡，我與西根繞著池子走，尋找傳聞中的那間廁所。

途中我們走到一條詭異的岔路，走進去一看，發現一座涼亭。我們在涼亭坐了一會兒，拜表演結束後在慶祝會上喝的啤酒所賜，我竟然不勝醉意，在涼亭的長椅上睡著了。

在我睡著之後，西根自己一個人繼續尋找那間廁所，在我醒來之前，他就獨自努力地在廁所進行直播，真是太了不起了。

可惜他並沒有聽到孩子的聲音，倒是有很多噁心的蟲子（蟋蟀、碩大的飛蛾等等）出現。不過話說回來，他這次沒有被附身，真是太好了。

天亮後，前來散步的附近居民越來越多。下山後沒多久，我們就進入一個高級住宅區。兩者之間的差異，讓五池的靈異氛圍更加顯著。不過，我只是在五池舒服地睡了一覺而已。

五池的公車亭。

傳出許多靈異故事的廁所。

行天宮（台灣）七月十三日

這是我第一次出國，當時突然被告知我跟華井兩個人要前往台灣。因為我從來沒有出過國，所以只有我一個人真的做不到，還好有華井可以依靠，雖然他是我的後輩卻大我五歲。多虧他，我才可以接受新的挑戰，但也是因為有他，所以我到現在依舊什麼都不會。不過他真的幫我好多。

從關西機場搭上飛機，然後降落在台灣的桃園國際機場。七月的台灣又熱又潮濕。台灣有很多值得一探究竟的觀光勝地，但是因為我們不熟，所以就先以夜市為目標。夜市裡攤販齊聚，就算是深夜也熱鬧非凡，簡直就像每天都在過慶典一般，令人嚮往。

不過，在抵達夜市之前，華井不小心踩到大便，顯得意氣消沉。我當時沒心情管他那麼多，自己很興奮地在手搖飲料店買了杯珍珠奶茶，沒想到在喝之前就打翻了，真是多災多難啊。

逛完夜市之後，我們下一個目的地是行天宮。一般來說，祭祀三國勇將關羽的寺廟被稱為關帝廟，而行天宮就是台北的一座關帝廟。我以前打工的漫畫咖啡店，裡頭有一整套橫山光輝的《三國志》，我在上班時（那家店是可以在工作中看漫畫的），或者是結束工

作後都會一直看，所以對內容非常熟悉。還有就是小學的時候，我會到朋友家玩超級任天堂的「三國志」遊戲（我幾乎都選擇較弱的君主公孫瓚，所以往往很快就被滅國了），所以我對關羽算是很熟。

關帝廟的正殿中央供奉著關羽，兩邊也都各有一尊神像，右邊供奉的是他的兒子關平，左邊則是親信周倉。就連憑空虛構出來的周倉，也被當成神明祭拜，真教人有莫名的感動。

行天宮最有名的就是占卜。據說在行天宮附近有非常多被評價為「準到驚人」的算命師，特別是算命街上，總共有二十多間的算命攤位串連在一起，簡直就是為了算命而設的地下街。聽說裡頭還有開了天眼的算命師，難得來一趟，一定要去拜訪一下。通往地下道的階梯基本上跟日本地下鐵的階梯如出一轍。不過當時是深夜三點，可能是來得太晚了吧，沒有一家算命攤開著，只是一條整路都鐵門深鎖的地下道，這也是理所當然的啦。

在飲料店買的珍珠奶茶，還沒喝就打翻了。

位在地下道的算命街，攤位全都關著。

廢棄火葬場（台灣）七月十三日

既然算命街沒營業，我們緊接著前往下一個景點。深夜三點半，搭上不太熟悉的計程車，從行天宮開了十分鐘左右，司機讓我們在「台灣最可怕的隧道」辛亥隧道前方的公立圖書館下車，從這裡沿著大馬路走就可以抵達。

終於要挺進外國的靈異地點了。走著走著，我在人行步道的牆上發現了一個包裝上有寫真女星照片的盒子，看起來很像撲克牌。我想，盒子裡說不定放了色情的卡片，結果拿起來一看才發現裡頭全是紅色的螞蟻。

我曾在日本的電視節目中看過這種螞蟻。二〇一七年五月，從神戶港入侵，並在運輸端的尼崎市被發現，那就是凶猛狠毒的火蟻。我立刻將盒子拋開，並且一直甩手。這才不是撲克牌，而是一個陷阱。而且完全不是偶像明星的甜蜜誘惑，而是火蟻的可怕陷阱。

這次我們前往辛亥隧道的理由有兩個，其中之一就是隧道裡頭發生過許多靈異現象。另外一點就是隧道的前方不遠處就是火葬場，據說那裡也是一個靈異地點。所以在進入隧道之前，我們決定先到火葬場去看看。

這裡的火葬場似乎有兩個，一個是現正營運中的火葬場，一個則是廢棄的火葬場。位

在寬闊停車場後方的，應該就是運作中的火葬場。不過真正吸引我注意的是對面陰暗處點著一盞燈的低矮建築物。

走近一瞧，我發現入口處並沒有照明設備，看來就是一個廢墟。天花板都已經掀開了，裡頭什麼都沒有，空無一物。四周還用警示帶加以封鎖，有好幾處的玻璃窗也破了。不過不知道為什麼，走廊的燈卻是亮著的，令人費解。

我跟華井到有吸菸標誌以及菸灰缸的地方抽菸，我想那應該是吸菸區吧。這時，走廊的另一頭有聲音傳來。

「嘎噠嘎噠嘎噠……」

咦？有誰在那邊嗎……不，感覺並不是人。不行了，這裡真是太可怕了。此時此刻我們不僅人在國外，而且有很多狀況我們並不了解。

在廢墟前方有一塊告示牌，上面顯示著這棟建築物的導覽地圖。雖然身在國外，但台灣同屬漢字圈，所以意思大致上還能猜得出來。

「冷藏室」應該就是放置遺體的地方；「遺體解剖室」是將遺體清理乾淨的地方；「遺體化妝室」則是禮儀師幫死者化妝的房間吧。「悲傷輔導室」是撫慰悲傷嗎？不知道輔導的意思是什麼；「移靈走廊」應該是運送遺體的走廊吧。亮著燈的走廊應該就是移靈走廊，亮燈是否有什麼含意呢？

「花園」看來就是我們剛剛抽菸的地方，吸菸區的中文可能就是花園吧。從花園經過移靈走廊，另一頭就是遺體解剖室。也就是說，剛剛我們在抽菸時聽到的嘎噠嘎噠聲響，或許就是從遺體解剖室傳出來的……最後，「火化場」想必就是火葬場了。

點著燈的走廊上窗戶是開著的，往裡面看，發現牆上有張紙寫著：「↑移靈路線」意指遺體的移動路線？總之是移靈的通道吧。在這條走廊的延長線上，有一段廊道寫著「尊榮大道」，那邊也有屋頂但沒有圍牆，所以即使沒有進到建築物裡頭，也能自由地連通外界。照著導覽地圖來看，「尊榮大道」的前方就是「火化場」，也就是火葬場。

我跟華井接著往尊榮大道移動。

「鏗……」

走到移靈走廊的延長線上時，一陣非常明顯的耳鳴瞬間來襲。

「現在有耳鳴的現象了。」

看來我跟華井是同時產生耳鳴了。而且，儘管是深夜時分，但台灣的夏季是不可能讓人感到寒冷的，沒想到此時此刻我們兩人全都不可思議地起了雞皮疙瘩。

「這裡很明顯地跟剛剛那邊完全不一樣對吧。」

「沒錯，這裡絕對有問題。」

再次重申，我跟華井都完全沒有靈異體質。在此之前，我們已經去了非常多靈異地點，但這是第一次如此深刻地感受到身體的異常狀態。

「嗚哇！那是什麼？」

華井的手機突然自己動了起來，明明連碰也沒碰，語音助理的畫面卻開啟了，而且從沒見過的文字就嘩啦啦地冒了出來。然後，手機畫面就自己恢復正常了。就在這時候……

「叮鈴叮鈴叮鈴……」

尊榮大道的前方，也就是火葬場的方向，傳來一陣陣非常清晰的鈴聲。

「好可怕好可怕好可怕！」

「叮鈴叮鈴叮鈴叮鈴叮鈴叮鈴……」

我全力地往外跑，完全沒有回頭看。

鈴聲完全沒有要停下來的意思，就這樣一直從後頭傳過來。

「叮鈴叮鈴叮鈴……」

這時我發現華井也跟著跑出來了。我們兩人死命地往前狂奔，無論如何一定要逃離這個鈴聲。

「叮鈴叮鈴叮鈴……」

我們跑到停車場。呼呼呼，到這裡應該就沒問題了吧……喔不！並非如此！

「……叮鈴叮鈴叮鈴叮鈴叮鈴叮鈴叮鈴叮鈴叮鈴叮鈴叮鈴……」

越來越靠近了！不行啊！又追過來了！只能繼續逃了，奔跑、奔跑、奔跑、奔跑……專注當下、一心一意，總之就是往明亮的地方去、往明亮的地方去。我們拚了命地逃跑，已經是出於本能的驅使了。我們一致認為，如果被鈴聲追上，一定會一命嗚呼。

等到回過神來時，我們兩人已經逃到辛亥隧道的入口處了。

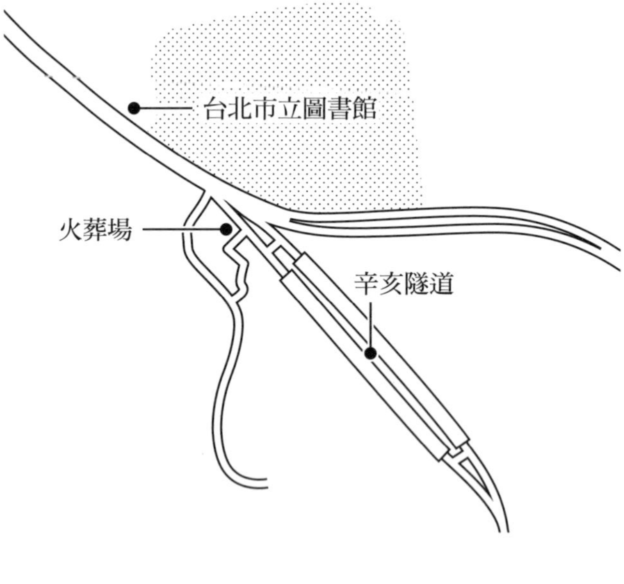

在走道上發現的盒子裡全都
是火蟻。

亮著燈的廢棄火葬場。

往火葬場裡頭一看，發現天花
板都已經掀起或龜裂，變得殘
破不堪。

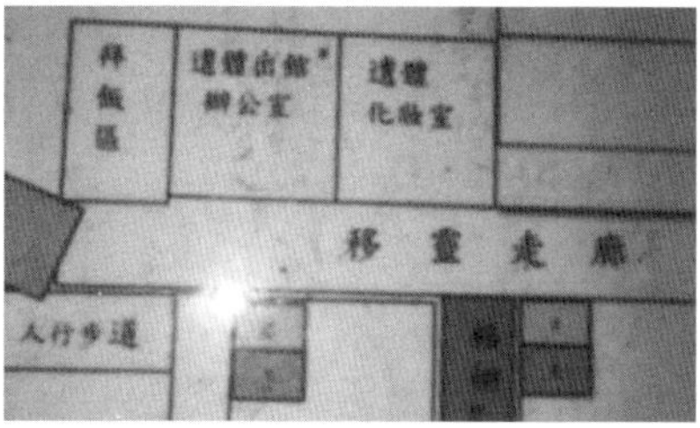

寫著「移靈走廊」、「遺體解剖室」等資
訊的導覽地圖。

才走到這一段走廊時，剛站定
就聽到詭異的鈴聲。

這時華井的手機突然自己動了起來。

辛亥隧道（台灣）七月十三日

我們從火葬場逃出來後來到辛亥隧道，那是一條明亮的隧道，往來的交通流量也很大。我跟華井下意識地朝著有活人存在的方向狂奔。結果沒想到就這樣來到原本計畫好的目的地，也就是台灣最可怕的靈異地點之一——「辛亥隧道」。原本我們是要逃離火葬場，找個能避難的地方，沒想到來到了這裡，倒是意外的收穫。

有關辛亥隧道的傳說有「穿著白色衣服的女人在隧道兩側招手攔車」、「騎著腳踏車通過隧道時，會有穿著紅色衣服的女人從後面靠上來」、「沒有手腳的老婆婆在隧道裡頭爬來爬去」等等。

前方是火葬場，正上方是墓園，這種情況下，有幽靈出沒或許也是理所當然。說起來，這裡的情況就很像是日本京都的花山洞，或是神奈川的小坪隧道。

為了重振精神，我們走進了辛亥隧道……應該說是希望能藉此消除幾分鐘前那種驚慌失措的恐懼感。隧道裡放置了彎曲狀的鐵欄杆，想必是因為有人在此發生死亡事故。不過因為剛剛的鈴聲還一直迴盪在我腦海中揮之不去，所以實在無法好好專注在當下。

隧道的牆壁上也有重新粉刷的痕跡，看來相當不自然，然而在火葬場所發生的事情真的太可怕了，導致我現在興味索然。

真是的，這裡一點都不可怕。喔不！反而應該要心懷感恩，感謝如此明亮的辛亥隧道。雖然交通流量如此大，感覺好像隨時都會被撞到，但是也很感謝如此嘈雜的辛亥隧道。多虧如此，我們才能平靜下來。

走出隧道後，對面就是一座山，而且天已經亮了。因為我們真的已經筋疲力盡，所以就在隧道出口附近攔了台計程車。

上了計程車之後，司機問我們：

「What time there？」

經過一番解釋後，他應該是要問「你們是幾點到那裡的？」所以我回應：

「Three o'clock.（三點）」

「Oh my god！」

司機一邊驚呼一邊雙手抱著頭。別鬆開方向盤啊！會出車禍的！

「Look front！Look front！（看前面、看前面）」

在我說完之後，司機立刻在紙上畫起東西來。「拜託，我們比較希望你好好看著前面開車啊！」雖然我心裡這麼想，但還是靜靜等待著。結果他將畫好的紙遞給了我，上頭畫的是辛亥隧道。

「Living dead，Living dead，walking dead！One o'clock. Three o'clock！（活死人、活死人，殭屍啊！一點、三點）」

司機的語氣透露出興奮感。

「深夜一點到三點之間，會有活屍出現在這條隧道裡，也就是像喪屍一樣的怪物。」

他想說的大概就是諸如此類的內容吧。看來，辛亥隧道因為有怪物，也就是幽靈出沒的關係，所以在計程車司機之間也相當有名，真是了不起。

接著，司機又遞給我另一張紙條。

「火化場。」

上面這樣寫著火葬場！而且他還開始自言自語起來。

「More dangerous.（更危險）」

最後大喊了這麼一句。

他的意思大概是「深夜裡會有活屍走來走去的辛亥隧道雖然可怕，但更加危險的地方卻是火葬場」。我們剛剛就在那個火葬場，而且還被鈴聲追著跑，很想把這件事傳達給司機，無奈英文會話能力不足。

「There，there. I was there.（那裡、那裡，我在那裡）」

我一邊說一邊指著寫了「火化場」的那張紙。

「Oh my god！」

司機再次雙手抱頭。

司機大哥啊，我拜託你先好好開車啊！就這樣，抵達下榻飯店之前的這段路程，簡直讓人生不如死。

從火葬場逃出來之後，跑到了辛亥隧道。

辛亥隧道裡頭相當明亮，而且交通流量也很大。

礦坑遺跡（台灣）七月十四日

台灣之旅第二天，我的感覺是台灣有好多摩托車，交通流量也相當大。除此之外，城市街景的整體感覺很像大阪的今宮或大正等地，熱鬧的市中心則宛如美國村（位於大阪心齋橋附近的商圈）。我想，世界各地的大城市應該都挺相似的吧。

另外，在廁所使用完畢的衛生紙不可以直接丟進馬桶沖掉，這一點讓我大感意外。用完的衛生紙必須要丟在垃圾桶裡，擦了排泄物之後的衛生紙居然不能立刻消失在眼前！因為我實在是無法接受，所以一直都沒有上大號。

第二天晚上，有一位台灣的靈異明星帶我們去一個地方，如果沒有跟他一起去的話，我們是進不去的。

深夜十二點，我們要去的是曾經發生過爆炸意外導致七十人死亡的廢棄礦坑。車行駛在沒有鋪柏油的石子山路上，路上還被一群野狗包圍，最後來到一間破爛平房。出乎意料的是，裡頭竟有地下五層樓，空間相當寬敞，台灣的廢墟規模真是完全不同。

我們像是玩角色扮演遊戲一般，在暗門或樓梯間持續前進，幾十年前的煤礦工人使用的安全帽及作業服，全都呈現爛泥的狀態被擱置在現場。

最下層有大浴室，據說裡面有黑色人影出沒。不過由於看起來像人影的黑色痕跡太多了，所以就算什麼都沒出現，感覺已經夠糟的了。

幾十年前使用的安全帽整齊排列著。

地下有個空間很寬敞但是很破爛的房間。

黑魔法幼稚園（台灣）七月十四日

結束台北的礦坑遺跡的探險之後，深夜兩點我們被帶往另一個地方，那就是占地寬廣的幼稚園廢墟。這個幼稚園聽說被黑魔法集團用來作為進行某種儀式的場地，入口處已經用紅線當成禁止進入的帶子擋起來。

「一旦進入這個空間，就會有一個紅色的女人站在你的枕頭邊，請務必多加留意。」

這麼可怕的事情竟如此直接寫出來。

在台灣有與紅線有關的習俗，也就是所謂的「紅包」。女性若是在未婚的情況下身亡，家人就會在路邊放紅色信封，一旦有路人撿起紅包，家屬就會強行要求路人與死者結婚，這就是冥婚儀式。幼稚園的紅線，就是從紅包衍生而來的，屬於咒術的一種。

幼稚園廢墟裡的其中一個房間，看起來應該是教室，在正中央很突兀地擺了張椅子，而且椅子上還放了牛奶糖，這應該也是什麼陷阱或是儀式吧。我一邊心想一邊顫抖著接近那張椅子，結果發現四周牆上有無數的小小手印，這一切的一切都太可怕了。

另外，在三、四樓的某個房間，完整保留了進行過黑魔法的痕跡。鳥類的屍體、蜜蜂的蜂巢，還有剪刀以及刀子，這些難以理解的東西全都別有用意地擺放著。到底是什麼意

思我不得而知，但是就算不知道，感覺還是相當詭異。

三天兩夜台灣之旅的最後事件，發生在返回日本時所降落的關西國際機場。當我下飛機、走出海關時，有上百個女高中生或大學生同一時間望向我，並且用尖叫聲迎接。

「哇……」

「咦？難道我不在日本的這兩、三天，突然人氣暴漲了嗎？」

我一邊思考原因一邊向這些女生們揮手，沒想到下一秒，上百位女生突然跑過來。

「咦？真的假的！開玩笑的吧！咦？好痛啊！」

不知所措的我，被女生們猛然衝撞，然後就這麼從我身邊經過。

原來，韓國超人氣男團 EXO 就走在我後面。聚集在機場的女生們，並非為了田螺而來，她們全是 EXO 的粉絲，我只是碰巧跟 EXO 搭了同一班飛機而已。我的第一次海外之行，首次的台灣之旅，就在這些女生們的衝撞下落幕了。

放著牛奶糖的椅子。

線守稻荷神社（神奈川）七月十八日

結束名古屋的電台直播工作後，我搭上傍晚五點發車往東京的高速巴士，並在中途的御殿場轉運站下車，等 NIKONIKO 現場直播的木村先生開車來接我。

他首先要帶我去的地方是神奈川縣足柄上郡的線守稻荷神社，這座神社下方有一個隧道，但因為老鼠作亂的關係已經廢棄無法使用，據說隧道裡有「女鬼出沒」、「能聽見女人的聲音」之類的靈異故事。

進入明治時代後，日本各地都有火車經過，「假火車」的都市傳說也開始盛行。聽說狸貓或狐狸會變成火車，妨礙真正的火車運行。隨著東海道本線的開通，狐狸被迫趕出家園，它們佯裝成火車帶來災難，而這座線守稻荷神社就是為了鎮守此處而建造的。

鐵道上屢屢掉落巨大的岩石或是牛隻，然而一旦緊急停止並進行檢查，岩石或牛隻就會突然消失不見。有一天，鐵道上又出現了牛隻，但這台火車並沒有停下，反而直接開過去，結果就撞上牛了。當時列車長慌慌張張地下來四處查看，找到的並不是牛，而是狐狸的屍體。事實上，在鐵道工程進行時，狐狸的巢穴遭到破壞，人們得知此一狀況，便祭祀

狐狸藉以安鎮它們所釀成的災難，並將神社命名為「線守稻荷」，當成是鐵道的守護神，祈願詭異的事情別再發生。

無奈的是，不管是線守稻荷神社，或是下方的隧道，都沒有辦法進去，因為已經明令禁止閒雜人等進入。這些不可思議的故事是否真的發生過，所以才會有所謂的守護神誕生呢？可惜我只能遠眺著神社的方向，感嘆著自然界與人類之間的交流互動方式。因為時間是深夜，所以就連鳥居位在何處我都看不出來了。

因為禁止進入的關係，所以沒辦法再更靠近了。

矢櫃峠（神奈川）七月十九日

在線守稻荷神社迎來新的一天之後，下一個目的地是秦野市的矢櫃峠。據說這裡有「走著走著手腳會被抓住」、「有個老太婆會追在車子後面跑」、「豎立在某個地方的反光鏡絕對不能看」諸如此類的靈異故事，但由於有不少暴走族會在此出沒，所以說起來這才是真正的危險因素吧。

為什麼我會要求木村先生帶我來矢櫃峠呢？因為有一天在推特上有張廣為流傳的靈異照片，看起來非常震撼，那就是在矢櫃峠的廁所拍的。照片裡清楚顯示鏡子的下方，有個像小人般的嬌小娃娃頭女孩，真的看得非常清楚。我想，這一定得到現場去驗證一下才行，所以聯繫了木村先生，才有了今天的行程。

雖然我們順利抵達矢櫃峠了，但由於電信訊號傳送不到，所以進入最關鍵的廁所時，沒辦法進行直播。我在裡面拍了好多張照片，結果沒有任何一張拍到短髮女孩。

之後不久，又有某個人在福岡的犬鳴隧道拍到了靈異照片，在網路上被人瘋狂轉傳。照片中的隧道右上方有一個像小人般的嬌小娃娃頭女孩，同樣也是清晰可見，真的看

得非常清楚。我想，這一定得跟矢櫃峠的那個鏡子下方的女孩照片拿來比對，結果我發現不僅尺寸大小相同，甚至根本就是同一個娃娃頭女孩。

不知道是不是有可以製作靈異照片的App，拜此之賜，讓我對人性多一分懷疑。

被靈異照片吸引，我真的到矢櫃峠的廁所去一探究竟了。

●白旗神社（神奈川）七月十九日

超過深夜三點了，我正在前往藤澤市白旗神社的路上。我對這座神社的感想就是，又白、又漂亮、又新和又酷，而且巨大的鳥居更是日本唯一一座用玻璃纖維所建成。原本此神社名為「寒川神社」，後來因為祭拜源義經的關係，所以改名為白旗神社。

根據傳說記載，在現今的岩手縣西南部自殺的義經，首級被帶到鐮倉的濱邊確認是他本人之後，便被丟入了大海。沒想到他的首級就這麼順著海浪漂流，並沿著河流漂到了白旗神社，當地居民發現後就將其埋葬起來。首級竟在河裡逆流而上，真不愧是義經。

在日本全國各地共有數十間白旗神社，裡頭祭拜的主神都是源氏的武將，不過祭拜源義經的神社卻是屈指可數。

另外值得一提的是，在藤澤市白旗神社附近，有一口井被居民用來洗順著潮汐逆流而上的義經首級。那口井就在巷子裡的小公園裡頭，從神社走過去只要一小段路。把故事中的井找出來，就好像用自己的身體在玩角色扮演遊戲一般，有趣極了。

雖然我以靈異禁地探訪為主題在日本各地跑來跑去，卻因此得知了許多我過往不曾學到的歷史和文化，到了最後反而成為我最感興趣的地方。如果我一開始只是將這一切當成

是神社、佛寺的巡禮之旅，或是能量場域的探訪，那麼對我來說，恐怕會不知道該從何著手，當然很難維持熱度。任何事情都有好有壞，這就是最有趣的地方，而且奇怪的地方以及奇怪的軼聞故事，都讓我感到興致盎然。

千駄谷隧道（東京）七月二十日

這一天我與村田 ramu 先生一起在新大久保參加靈異怪談活動，後來因為華井與西根也從大阪過來，所以我們四個人就搭上了木村先生的車，一邊直播一邊遊歷關東的靈異地點。這次我們幾個對東京滿懷憧憬的關西藝人，將以媒體上常介紹的靈異地點為主，來一場另類的東京巡禮。

首先第一站是千駄谷隧道，隧道上方是墓地，最知名的靈異傳說就是會有長髮的女鬼從隧道上方用倒吊的方式出現，並且落在汽車引擎蓋上，甚至追著車子跑。

在幾個靈異地點都曾被附身，甚至還呈現出各個幽靈的不同屬性和面貌的西根，進入千駄谷隧道時展現了用額頭彈奏口風琴的絕技。

「叭……叭啦啦叭啦叭啦啦……叭……叭啦……叭……啦叭啦叭啦……」

他在隧道裡彈奏的是他的拿手曲——《男人真命苦》。

「咩喵咩喵咩喵。」

在入口處附近有聲音傳來，結果在 NIKONIKO 直播上觀看的網友也留言表示：

「聽到男人的聲音。」

「真的有大叔的聲音。」

真不愧是西根啊，馬上就出現效果了，只可惜倒吊的長髮女鬼並沒有出現。

在隧道內彈奏口風琴，結果傳出詭異的聲音。

青山墓園（東京）七月二十日

接下來我們往青山墓園前進，這裡也是一個非常知名的靈異地點，跟京都的深泥池一樣，這裡也是「計程車司機靈異怪談」最常被提到的地方。大家口耳相傳的故事內容大多是「車上的女人突然消失，座位則變得溼答答的」之類的。

最讓人感到意外的是，就算三更半夜，墓園周邊還是有計程車會經過，大城市就是不一樣啊。即使是恐怖傳說滿天飛，搭乘計程車的人跟鄉下比起來還是有很大的落差。或許也正是因為如此，靈異怪談才會有增無減。

然而對我們三個人來說，最大的問題是墓園真的太大了，我們全部迷路了。這跟我第一次到東京的電視台工作時一樣，因為車站內部太複雜了，我完全不知道該從哪裡出去，也不曉得該往哪裡走一樣。

東京的街道以及墓園的規模，真的很不一樣啊。深夜兩點半，我們四個人看著直播中的NIKONIKO頻道，好不容易回到木村先生所在的地方集合，總算是順利地在青山墓園重逢了。

位在市中心的青山墓園。

將門首塚（東京）七月二十日

我們最後要探訪的地點是日本三大怨靈之一——「平將門」的首塚（埋葬頭部的墳墓）。就現在來說，首塚的所在地依舊是熱鬧繁榮的市中心，而且被供養得相當好，環境整潔，真的很了不起。

最教人吃驚的是，即使我們造訪的時間已經是深夜三點，還是有人前來參拜，而且還是平日的星期三深夜。看來像上班族的三十歲男性、擔任公司要職的五十歲男性，還有揹著登山包的四十歲男性……每個人的眼神都非常認真，用正確的方式認真地進行參拜。想必他們都有想要向將門大人借力的理由吧，或許只是一種偶然，但這幾位精力充沛的男人不約而同前來參拜，應該具有某種意義吧。

不過西根卻在這種形況下抱著口風琴站著打瞌睡！如果此時此刻他突然睜開眼睛大喊：「我的身體在哪裡？等到我的身體和頭結合在一起，我們再次一戰高下吧！」那該怎麼辦才好……肯定挺嚇人的吧。

緊抱口風琴站著打瞌睡的西根。

●江原刑場遺跡（千葉）七月二十一日

我跟村田 ramu 先生及木村先生三個人，連續三天在千葉附近跑來跑去，探訪關東地區的靈異地點。到底是為了活著而趕路，還是為了死人而趕路，已經分不清楚了。

江原刑場是佐倉藩用來刑處犯人的地方，因此有犯人的亡魂會在此出沒的傳言。我們在深夜一點半抵達刑場遺跡，它就靜寂地遺留在住宅區的角落，看來幾乎沒有人會來。

現場有幾座供養塔，告示牌已經鏽蝕，上面的說明文字讓整個板子看來好像滲出了血一般，另外就是隨意生長的樹木及草叢遍布。鋪了水泥的地面爬滿無數的土鱉蟲，村田先生說這些是「暴走的王蟲」，走近一看還真的很像《風之谷》中那一幕最知名的場景。

深夜時分的供養塔。

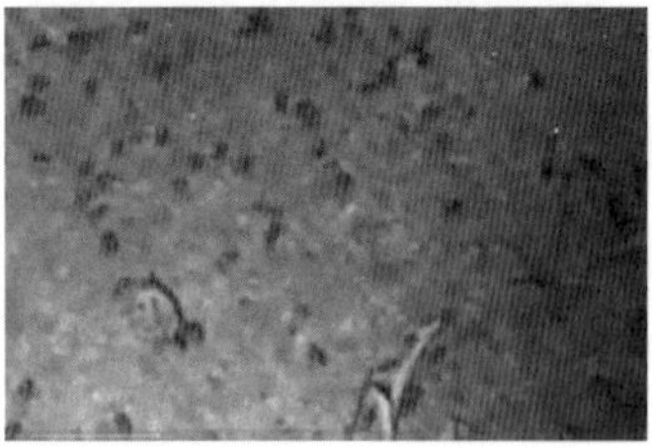

步道上有土鱉蟲。

佐倉城遺跡（千葉）七月二十一日

深夜兩點，我與村田 ramu 先生及木村先生準備前往佐倉城遺跡公園，這座公園有兩個非常知名的靈異故事。

第一個是「姥姥池傳說」，有個姥姥在幫忙城主照顧女兒時，將小女孩帶到池塘邊，結果一個不留神就讓孩子掉進池裡淹死了，傷心欲絕的姥姥也因此投身池中自殺而亡。從那之後，就不時有人看到姥姥池出現詭異的光，並且會聽到老婆婆的哭聲。另外一個是「十三階樓梯的詛咒」，據說佐倉城遺跡公園有個十三階樓梯，以前被用來當作是行刑的地方。

首先我們前往姥姥池，由於沿路牛蛙一直在鳴叫，所以實在很難分辨當中到底有沒有老婆婆的哭聲，不過突然之間煙霧環繞倒是挺詭異的。

接著要探訪的地點是十三階樓梯。說起來這座佐倉城遺跡公園真的太大了，我們好不容易才在除了草坪別無一物的廣場深處，發現孤零零的詭異樓梯。

沒錯，就只是單純的樓梯而已，並不能通往任何地方。聽說這就是行刑台所用的樓梯，不過我實際爬上去數了數，只有十二階。其實這個樓梯還有另外一個傳聞，據說樓梯

是真的只有十二階，但如果你爬上去時數到了十三階，就會受到詛咒。為了確認傳言內容，我刻意詢問爬到一半的木村先生：

「你現在在做什麼？」

木村先生「唔……」思考了一下，然後接著往上爬一階，就變成了第十三階。

應該被詛咒了吧。

事實上立在附近的告示牌已經寫了這是一個軍事訓練用十二階樓梯，士兵爬到高處後練習往下跳，也就是練習用的跳台器具。一般來說，這樣的訓練器具都是木製的，但此處卻是用水泥製成的，要撤除的話相當費事吧，因此才會從戰後就一直遺留在現場。

結果居然只是用來練習從高處往下跳的器具，什麼跟什麼嘛……

練習從高處跳下的十二階樓梯。

鵜之森公園（三重）七月二十九日

參加完名古屋的電台夏季祭典活動的第一天演出，由於隔天也有表演，所以我並沒有回大阪，而是計畫在三重縣津市的中河原海岸住一晚。不過，在前往中河原海岸之前，我想先去一個地方，那就是一出近鐵四日市車站馬上就能抵達的地方——鵜之森公園。

這裡以前是濱田城的所在地，遭到織田信長的家臣——瀧川一益攻打後失陷，當時有非常多人因此喪命。或許是因為有過這段歷史，所以此處才會有流亡武士的幽靈出沒。公園裡還設置了四日市空襲殉難碑，以及一個在公園建造過程中所挖掘出來的詭異墓碑。

抵達公園時已經過了深夜十一點。我必須要搭上前往津車站的最後一班電車，所以一定要在十一點四十分之前回到四日市車站。時間不到三十分鐘了！公園深處的鵜之森神社裡，有一尾白色的蛇，我在看完蛇之後，就趕緊跑回車站，剛好來得及搭上車。

中河原海岸（三重）七月三十日

三重縣的津市在第二次世界大戰時反覆遭到空襲，當時成千上百的遺體根本來不及進行火葬，而中河原海岸就是埋葬這些遺體的地方。在戰敗後的第十年也就是一九五五年，有一群女中學生來到這片海岸進行游泳訓練，當時有三十六個人不幸溺斃。

這起事件發生在七月二十八日，而津市遭受最後一次空襲的日子，也是七月二十八日，由於日期相同，所以也開始有人在懷疑兩者的關聯性，好比說「戴著防空頭巾的某種東西將女學生們拖入了海中」之類的。

結束名古屋的電台夏季祭典第一天活動後，我計畫要在中河原海岸睡一晚。而且過夜的日期就是七月二十八日事故發生之後的隔一天（因為已經過了深夜十二點，所以是新的一天了），要是能夠在同一天就太好了，但行程就是兜不上，這也是沒辦法的事。

我中途跑去四日市的鵜之森公園，勉強搭上了最後一班電車。抵達津站之後，我徒步走了三十分鐘，終於來到漆黑的海岸線。現場有一塊禁止游泳的告示牌，同時也有海龜卵育成中的看板。

海岸的一頭有一尊「守護海洋的女神像」，藉以供養犧牲者，女神像正前方的板凳，

則有一隻藍色的史努比。可能每年到了這個時期都會有人前來參拜供養吧，所以現場已經全都換上了新鮮的花。

到天亮為止，我會在沙灘上度過，因為颱風逼近的關係，雖然此處是平淺的海岸，但海浪卻相當猛烈。我一方面維持意識的清醒，注意不讓自己被海浪捲走，一方面等待戴著防空頭巾的人們閃亮登場。過程中我想應該是產生幻覺了，總覺得浪花看起來有點像人影，但應該是幻覺吧。結果我就這樣聽著海浪的聲音直到天明。真奇怪，到了夜晚我就會變得特別勇敢呢。

守護海洋的女神像。

天空漸漸亮起來的中河原海岸浪花。

裏六甲廢墟（兵庫）八月一日

以前我還住在裏六甲（六甲山北側）的老家時，常會碰到靈異現象的R透過社群網路平台發訊息給我，詳細跟我說他的遭遇。

- 睡覺時棉被裡會有手抓住我的腳（日常性發生）。
- 睡覺時經常發生鬼壓床（日常性發生）。
- 沒有人去打開或關閉玄關大門，但是就是不斷傳來大門開開關關的聲音。
- 睜開眼睛時，只看到一雙蒼白的腳。

最近我回老家時，都覺得市區變得死氣沉沉，附近的賓館街也幾乎都像廢墟一般，或許是因為整座城早就已經宛如幽靈城市，所以才會讓人不禁覺得要是住在那種地方的話，恐怕會碰到鬼吧。

我跟村田 ramu 先生搭上了藝人花鳥風月・那須先生開的車，拜訪完西宮的神咒寺之

後，接著在深夜三點前往裏六甲這座幽靈城市。的確，在一條街上並排而立的賓館幾乎全都像廢墟一樣，我心裡想著：還真是如此。

因為R的靈異體驗都是發生在家裡，所以不住住看是無法驗證的。如果R可以用低廉的價格將他住過的家便宜租給我們，那我想體驗看看腳在棉被裡被抓住的感覺，也想瞧瞧那一雙蒼白的腳。

都來到裏六甲了，我們決定到二〇〇一年六月發生棄屍事件的現場看看。那起事件是疑犯在開車撞了一個小學三年級的女孩子後，將遺體從橋上丟下。

當時電視上並沒有太多的報導，因為同一時期，新聞連日都在追蹤大阪所發生的附屬池田小學事件。裏六甲的棄屍事件至今尚未逮到犯人，至今仍是未解之謎。

「應該是這裡了吧，犯人從橋上把遺體丟下去的地方。」

村田先生拿著當時的新聞報導照片跟現場環境一比對之後，便確認地點了。

日窒礦山（埼玉）八月六日

我跟村田 ramu 先生用一天的時間在白天採訪埼玉縣秩父市的廢棄村落。

我們首先抵達的日窒礦山，事實上這是秩父礦山的別稱。早在江戶時代，這裡就發現了黃金及沙金的礦脈。昭和時代，這裡被日窒礦業開發公司（NITCHITSU）買下，據說極盛時期開採了大約五十萬噸的礦石。現在這座礦山仍持續營運中，主要是作為石灰岩的採礦場。

日窒礦山上留有當時的工人及其家屬所住的房屋，全盛時期最多曾有兩千人一起住在這裡，不過現在已是一片廢墟。廢棄村落裡，除了工人的宿舍之外，還有兩間學校、醫院、郵局，甚至是電影院。村落周遭到處都是白色的石灰岩，讓人就像置身雪國一般。

石灰岩採集場。

到處都是石灰岩。

廢墟中仍然有座採礦場營運著。

岳聚落（埼玉）八月六日

岳聚落是恐怖遊戲《死魂曲》（SIREN）中的主要場景「羽生蛇村」的原型，在恐怖遊戲迷以及廢棄村落的愛好者之間，是非常知名的地方。我去年十一月曾和The Band Apart的原先生一起來秩父探險，但是這裡倒是第一次來。

岳聚落真不愧是人氣相當高的廢棄村落，廢棄的房屋一間又一間相繼出現，不過裡頭最讓我大感興趣的，是五顏六色的六地藏旁所張貼的訊息。

「在此有事想拜託各位，有尊以前放置在此處的地藏王菩薩目前下落不明……這尊最大的地藏王菩薩從很久以前就有個傳說，只要有人擅自動到祂，就會被燙傷……一直

地藏王菩薩旁張貼的訊息。

五顏六色的六尊地藏王菩薩。

以來岳聚落都沒有發生什麼狀況，但或許是因為碰了地藏王的關係，所以在一九二五年八月發生了大火，要是再發生災難就不好了，所以請務必將『地藏王菩薩』放回原處，麻煩了。」

六地藏裡頭的空地的確留有焚燒的痕跡。

在附近有一座十二支神社，不僅非常新，而且整理得相當乾淨完善，看來這個聚落還有人住，並非廢棄聚落。

若御子聚落（埼玉）八月六日

我跟村田 ramu 先生一同前往若御子聚落。我們走在山路上卻一無所獲，就這樣悠閒地在山裡閒晃了一個多小時。

過程中，可能是村田先生的雙腳已經走到極限了吧，速度落後我相當多。好不容易找到廢墟時，比起廢墟本身，終於找到的當下才讓人更有成就感。而且，這裡收得到電信訊號，所以可以進行直播，真是太開心了。

為什麼這裡會有訊號呢？主要是因為附近有一座浦山水庫。

唔，也就是說……

從水庫旁走下來，很快就能走出山路，從浦山水庫走過來根本花不到十分鐘。當下充滿感動，雖然不知道在感動什麼。至少下次來的時候，就會知道怎麼走比較快了。

走了一個多小時的山路後，村田先生一屁股坐下來休息。

發現一九六〇年代的產經新聞報，紙上頭還有手塚治蟲的連載作品。

總算發現了廢墟。

●山摑聚落（埼玉）八月六日

都已經到了若御子聚落，所以我們便趁勢前往山摑聚落。這裡的人們以林業為生，房子都並排搭建在非常陡的斜坡上，正是因為這裡的人們在群山環抱的地方打造聚落，所以才會稱其為「山摑聚落❾」。

往聚落走去時，我們和兩男一女的組合擦肩而過，這個年輕的三人組就像美夢成真（DREAMS COME TRUE）一樣（不過美夢成真早就變成兩人團體了）。

我與村田先生因為工作的關係，必須探訪一些奇奇怪怪的地方，所以這些年輕人跟我們這種凶宅藝人以及樹海廢村垃圾屋作家不同，他們可是時髦又充滿流行感的男孩與女孩啊。難不成廢棄村落探險已經是一種流行了嗎？

來到山摑聚落時，我看到這些廢墟真的搭建在一失足跌落就得宣布生命結束的地方。我們慎重地一步步往前走，結果在聚落入口處的一棵老樹樹洞裡，發現一個人的上半身。

❾摑：日文為掴，意思是包圍、環繞。

是屍體！

喔不，那是一個人體模型，真是個惡作劇啊。

這個聚落除了廢墟之外，就是廢墟、廢墟、廢墟……

遺留在樹洞中的人體模型。

彷彿黏在山壁上的房屋。

栗山聚落（埼玉）八月六日

走過岳聚落、若御子聚落以及山擱聚落之後，最後我們來到的是栗山聚落。雖然說是個聚落，但舉目所及卻只有一間房子。

房子內的家具及生活用品都還放在原有的地方，感覺就好像這一家人突然之間集體消失了一樣。就連飯碗及茶杯也都沒動，肯定是發生些什麼了吧。

總而言之，一整天讓人氣力放盡的廢棄村落之旅，就在此畫下了句點。

就連飯碗也放在原地，彷彿時間靜止的廢墟。

瀧畑水庫（大阪）八月十四日

位在大阪府河內郡長野市的瀧畑水庫，是關西地區相當具代表性的靈異地點。被稱為第三隧道的「塩降隧道」就是傳出最多靈異事件的地方。不過，真正鬧鬼的第三隧道，應該是「梨木隧道」。另外，搭建在水庫上的「夕月橋」，據說會有個老婆婆幽靈追著人跑。其他像是一旦惡作劇就一定會被詛咒的「施福寺」；好幾個人影會在神像後頭浮現的「沒有頭的地藏王菩薩群」；石階上有個女人會向人招手的「天神社」等等，還真是幽靈大集合啊。

這一天我跟阿彌先生在松竹藝能的劇場——道頓堀角座，一起進行兩人組合的靈異怪談演出，結束後我跟阿彌先生，以及NIKONIKO直播的木村先生，再加上老成員華井、西根，五個人一同前往瀧畑水庫。

這已經是我跟華井第三次前往瀧畑水庫。

第一次去是在二〇一五年八月一日，剛好當天是關西知名的ＰＬ煙火大會舉辦的日子。可能是煙火放完之後的聚會吧，我們那次在瀧畑水庫被暴走族追著跑。我們就這樣在水庫周圍跑了好幾圈，邊逃邊繞，從汽車導航上看來，我們正好就是在夕月橋前方及水庫

之間跑來跑去。那天的感覺真的很糟糕，所以只好乖乖踏上歸途。

從那之後過了十個月左右，夕月橋前方發生了廂型車翻覆的意外，造成五人死亡、一人昏迷的慘劇。之後我們選了白天時段再次回到事故現場，結果發現那邊已經用護欄隔開，並且還供奉著五罐啤酒以及一罐咖啡。

這次我們的第一個目的地是水庫旁的天神社。在神社入口處的石階上，會有個女人招手，還有個小孩子會擋著路不讓人進去。

在我們抵達的前幾天，我的朋友藤井先生剛好也來這裡探險，他說自己在天神社的入口處石階旁草叢，聽到錫杖敲擊的鏘鏘鏘聲音。而且在順著石階走上神社時，則是聽到「砰……」地一聲爆破的聲音。

我們到的時候，既沒有聽到錫杖的聲音，也沒有看到揮手的女人以及擋路的小孩，不過倒是聽到了「啪噹」的爆破聲，感覺上像是有什麼大型的物品從水庫上掉下來的聲音，說不定這跟藤井先生聽到的爆破聲是一樣的。

接著，觀看線上直播的 Tink 先生表示自己就住在附近，因此介紹我們一個地方。根據 Tink 先生的情報，他有一個叔叔就住在水庫下方的村莊，而那個村莊就位在夕月橋正前方，過往曾經發生過殺人事件。他自己晚上經常會到水庫釣鱸魚，三不五時就會聽到啪噹的聲音。

「那是什麼聲音啊？」

「不知道，但是很常會聽到就是了。」

一開始我認為可能是廂型車翻覆時的聲音至今仍迴盪著，不過看來這個聲音是遠在事故發生之前就已經存在了。

順帶一提，沒有頭的地藏王菩薩原本是有頭的，但遭到Tink先生在當地的幾個混混前輩踢到頭斷掉了。河內郡長野市，真是可怕的地方啊。

說完水庫的靈異故事之後，我們跟Tink先生道別，接著前往塩降隧道。當我們一走進隧道時，後頭就有一台小貨車用快到不可思議的速度逼近我們，感覺好像會被撞死，所以我們趕緊跑到出口，然後躲到山邊的斜坡上。

「再往前走就沒有路了，請大家多加小心。」

原來開小貨車的是Tink先生。河內郡長野市的人雖然可怕，但都挺好的嘛。

當作供品的五罐啤酒及一罐咖啡。

有一個啪噹的詭異聲響。

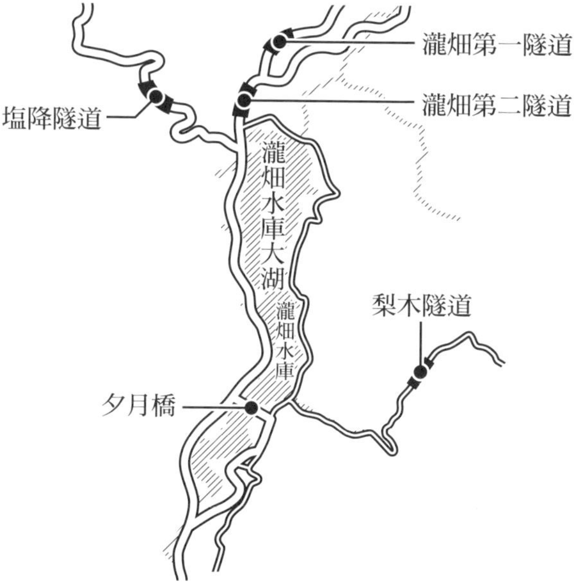

八王子城遺跡（東京）八月二十日

八王子城遺跡有過一段悲慘的歷史。一五九〇年，豐臣秀吉率軍前來攻打八王子城，但城主北條氏照以及絕大部分的家臣並不在城內，因為都前去支援小田原城了，所以八王子城一天就被攻陷。城內的北條軍全被殺害，婦女及孩童也全都刎頸或跳下主殿附近的瀑布自盡，據說瀑布下的河流因為他們的血被染紅了三天三夜。

這一天因為參加 NIKONIKO 直播節目的關係，我跟凶宅網站的大島 teru 先生，以及作家村田 ramu 先生，三個人一起前往靈異地點，而非造訪凶宅。

我和村田先生搭著 NIKONIKO 直播的公務車，與大島先生在八王子城遺跡會合。不過由於路上塞車，我們遲遲無法抵達現場，等我們到的時候，已經晚了預定的直播時間相當多。

大島先生先在附近的家庭式餐廳用餐，在他將餐飲的收據交給 NIKONIKO 直播的工作人員時，我聽到的金額是三千五百日圓。一個人怎麼有辦法在家庭式餐廳花到三千五百日圓呢？我問了他之後才知道，原來他點了牛排套餐後又追加了一客單點的牛排。他用節

目的經費飽餐一頓之後，打開公務車車門時，他又發現工作人員替我跟村田先生準備的御飯糰、三明治等食品，於是便嚷嚷著：

「哎呀，原來還有吃的啊，這些我可以吃嗎？」

一說完又立刻大口大口地吃了起來，更誇張的是他還用戴森吸塵器一般的超強吸力，瞬間嗑完兩份冰沙。沒錯，那是我和村田先生的份。

在那之後，大島 teru 先生的粗暴行為還沒結束。八王子城遺址中最常出現幽靈的地方就是主殿附近的瀑布，當我們踏上瀑布上方的吊橋時，他在柵欄上看到蝸牛，還用傘碰了碰，並且說著「看起來好好吃喔」。接著他又以「這個不能吃」為理由，朝著飛蛾噴防蟲噴霧，實在是慘無人道到了極點。

登上石階、進入主殿遺跡後，NIKONIKO 直播的信號就中斷了，我們只能選擇回頭。大島先生和村田先生先往下走，而我則是再一次拿起相機拍攝主殿入口的大門，沒想到在這時候，我的手電筒電池耗盡了，現場頓時一片漆黑。大島先生和村田先生此時已經走下石階正在吊橋上了。

「喂……」

我出聲呼喚，但他們完全沒聽到。站在八王子城一片漆黑的石階上，而且沒有任何照明設備，我竟落到了這步田地，此時此刻我充分了解到看不見這件事有多麼可怕。

後來我之所以能追上大島先生，是因為有幾位來試膽量的年輕人跟他搭訕。剛好那一天大島先生身上穿的T恤上面寫著「大島 teru 駕到！凶宅網！」

「哇，我知道大島 teru！我很喜歡耶！」

大島先生就開始跟年輕人聊了起來。

「他就是大島 teru 本人喔。」

村田先生說完這句話之後，現場的年輕人似乎頭上都冒出問號，似乎並不理解這句話的意思。看來他們應該是知道「大島 teru」這個公開凶宅資訊的網站，但並不知道有個叫做「大島 teru」的人存在。

「哈哈哈，看來我的人氣還不是很高啊。」

大島先生說完之後就回到車上，繼續翻找我跟村田先生的食物了。

主殿大門入口。

在車裡尋找食物的大島 teru。

道了堂遺跡（東京）八月二十一日

為了拍攝NIKONIKO直播的節目，我和凶宅網站的大島teru先生，以及作家村田ramu先生，一行三人前往八王子城遺址，隨後又移動到同在八王子市內的道了堂遺跡，由於不久前我才跟搞笑團體Honey Trap的梅木先生來過，所以還記憶猶新。

這裡有一摸到就會招來災禍的無頭地藏傳說，就連稻川淳二先生也來採訪過，另外還有在此遭到殺害的被害者亡靈所引發的靈異事件等等，是相當知名的地點。

途中，我們停在便利商店前，讓村田先生下車買麵包，買完回來後大島先生一看到就以嘲笑的語氣說：

「哈哈哈，你怎麼會自己去買麵包啊？」

那是因為你把我們的食物都吃光了才會這樣吧！

儘管我們抵達了道了堂遺跡，但跟這幾位成員一起來，果然一點都不可怕。突然間，大島先生一語不發地走近一塊石碑，接著踩了地上的香菇一腳。

「咦？為什麼你剛剛要踩香菇啊？」

「如果有毒的話就不能吃了不是嗎？」

我覺得相較之下，大島teru先生還比幽靈可怕呢。都已經吃了那麼多東西了，居然還在尋找食物！更誇張的是那種「不能吃的就視為壞東西」的神經質狀態，這已經是妖怪等級了。

一路走到道了堂，看了原本沒有頭但如今已經修補好了的地藏王菩薩，以及看守佛堂的老婆婆遭到殺害的正殿遺跡之後，我試著詢問大島teru的感想。

「總覺得有點臭。」

……看來大島先生是踩到狗屎了吧，總之直到最後這趟旅程並沒有出現靈異現象。在大島teru的攪局之下，以靈異地點而聞名的道了堂竟形象崩塌到這種程度，感覺真是有點可憐。為了道了堂的名譽，我必須要說一句：「一個人單獨前往的話，的確是相當可怕的靈異地點」，這是真的。

這原本是「碰到就會招來災禍的無頭地藏」。

充滿各種恐怖傳說的道了堂遺跡。

有難山（東京）八月二十一日

我和大島teru及村田ramu的靈異節目錄影，最後要前往的地點是位在京王讀賣樂園車站附近的「有難山」，這座山上有超過四千個無主孤墳。

據說，有難山上的墓碑群原本安置在豐島區的駒込，後來才由慈善團體一邊念誦著「感謝、感謝」（日文是「有難い」），一邊將所有墓碑遷到這座山頂，這就是有難山的由來。

這一天我們已經先去過兩個靈異地點，可能是真的累了吧，或者是眼前密密麻麻的墓碑讓人心生畏懼，總之大島先生變得沉默寡言。

在通往山頂的階梯走了一段時間後，我們發現路邊放了一把生鏽的剪刀，不知道是誰為了什麼原因而放的，感覺真詭異。看到剪刀時，大島先生終於開了金口說：

「啊，對了，得要吃點東西才行啊。」

在家庭式餐廳吃了牛排、把我們的食物全都搜刮殆盡，而且還享用了兩客冰沙，如今竟嚷嚷著「得要吃點東西才行」。你居然還想吃啊！為什麼看到剪刀會覺得肚子餓呢？該不會是被幽靈附身了吧？飢餓神或是餓死鬼之類的。

聽說如果被餓死鬼附身的話，走著走著就會突然感覺到強烈的空腹感，並且覺得疲倦不堪，進而滯留在原地，一步都沒辦法再往前，最後就這樣身亡。這是因為餓死或是死於非命的人，沒有受到祭拜供養，因此徘徊在人間成為怨靈，一心只想讓他人也嘗嘗自己所遭受到的苦難。

這下可糟了！說不定真的是餓死鬼作祟，我們的所在地可是供奉無主孤魂的有難山啊，而且由於經營凶宅網站的關係，大島先生一定接觸過包含孤獨死（餓死）在內的凶宅，因為他會親自到現場進行調查，不就是跟餓死鬼產生了密切的關聯嗎？

受到供養的無主孤魂墓碑整齊排列著。

階梯上放著一把生鏽的剪刀。

●淡嶋神社（和歌山）八月二十七日

由Apsu Shusei先生所主辦的靈異怪談嘉年華活動，將辦在和歌山縣的「七洋園」，那是一間幾乎可算是廢墟的飯店。我與網路節目「OTUNE LIVE！」的工作人員下山先生及深川先生一起先行到現場去探勘。

回程的路上，我們順道前往位於加太海邊的淡嶋神社。這裡最知名的就是「供養人偶」，總計有超過兩萬尊的人偶供養在此。神社境內有難以計數的雛形人偶、市松人偶、法國人偶，還有熊、猩猩、大象、招財貓、狗、青蛙、龍、烏龜、七福神、金太郎、福神、達摩祖師等等，同樣種類的會擺在一起，只是看著就讓人覺得很過癮了。

另外，面具區域裡也有各式各樣像是受到詛咒的面具，光是這個部分儼然就是一座博物館了。

神社裡還有男性生殖器及女性內褲的區域，這也很值得一看。事實上淡嶋神社對於所有的女性相關的煩惱，包含治療婦女病及生產順利等願望，似乎都相當靈驗。在神社深處的一座分神社，設有架子讓人可以掛上繪馬，這裡就供奉了許多仿造男性生殖器的物品，以及女性的內褲。

「欲奉納內褲的施主，請放置於架子上。」

現場貼了一張這樣的公告，所以看來是以奉上內褲的方式來祈福祝願，也就是對著昂揚高舉的男性生殖器丟內褲的意思，簡直就跟套圈圈的遊戲一樣。用內褲套男性生殖器。

更有甚者，即使來客想要將自己所穿的內褲脫下來套，神社辦公室也有賣新的內褲，所以可以安心供奉。我真心覺得淡嶋神社真是太厲害了。

回程路上順道到淡嶋神社參觀。

幾乎已成廢墟的七洋園。

男性生殖器整齊排列成供品。

在主殿森然羅列的人偶們。

千日墓園（京都）八月三十一日

這一天，我們依舊開車進行靈異地點的探訪行程，不過特別的是，大我五歲而且相當值得信賴的後輩——華井二等兵，今天要度過值得紀念的四十歲生日。這位四十歲的大叔，在我小學六年級的時候就已經是個高二的學生了，現在居然成天跟在一個三十五歲而且沒有任何社會經驗的人後面，這真是一個詭異的世界啊。因為平常受他很多的照顧，所以我這個前輩想要為他的生日慶祝一番，於是買了個生日蛋糕後，我就把他帶到了位在京都木津川市的千日墓園。不過，由他開車就是了。

千日墓園並不是在千日前站，而且比起京都，其實更靠近奈良。這座墓園位在深山裡，所以從大阪千日前的味園大樓過去的話，開車大約需要一個小時。從千日前出發，到千日墓園去。

千日墓園過往都是施行土葬，所以有不少目擊靈異現象的報告，包含「在墓園裡會突然聽到男人的聲音」、「有幽靈會從土裡冒出來」、「看見鬼火浮在半空中」等等。華井的外表看起來就像是個流亡武士，因此現場看起來簡直就像拍攝流亡武士VS.喪屍之類的電影場景。

由於墓園的所在地真的非常深山峻嶺，所以老舊且長滿苔蘚的墓碑會突然大量出現，讓我們感覺到宛如進入了《鬼太郎》的世界裡，喔不，應該是《墓場鬼太郎》的世界。不過說起來，這段時間裡我都已經不知道在三更半夜看過多少個墳墓了。

我們兩人像是要在墓碑群之中找出路來似的，緩慢地前進著。

「咚！」

突然間，有個像是心臟鼓動的聲音傳來。

「那邊好像有聲音耶。」

華井似乎也聽到了。將燈光往聲音的方向一照，發現那邊有一座廟堂，聲音似乎的確是從廟堂中傳出來的。

有人在裡面嗎？

我們朝著光照的方向移動腳步，結果看到一把鐵鍬豎立在一個墳墓前方。

為什麼在這種地方會出現鐵鍬呢？

順帶一提，曾經有目擊者看到有幾個人在千日墓園挖掘自己的墳墓。感覺似乎越來越有趣了。這到底是怎麼一回事呢……當我正在思考時，耳邊突然響起誦經的聲音！

「嗡……」

不，錯了。那是翅膀振動的聲音。難不成是巨大的昆蟲嗎？我和華井趕緊跑到廟堂裡躲一躲。

剛剛到底是發生什麼事了？明明就聽到翅膀振動的聲音在耳邊響起，卻沒看到昆蟲的影子。那個嗡嗡聲非常大呢，可能是回音吧，在那個當下我感覺自己還聽得到那個像是誦經一般的翅膀振動聲。喔不，並不是心理作用，聲音再次傳來。

「嗡……」

我們立刻逃出廟堂，等到回過神時，我們已經置身在一座被墳墓圍繞的詭異鳥居前方了。來到這裡之後，翅膀的聲音總算消失了，那個嗡嗡聲到底是怎麼一回事？不，到底是翅膀的聲音，還是誦經聲呢？我已經腦袋一片混亂，無法辨別了。那個看不見的東西，會不會是在守護那座廟堂呢？不知道為什麼，總之一來到這座鳥居，翅膀的聲音就完全聽不見了。

時間已經來到了凌晨三點。也該是吃點心的時間了。我們在土葬時代的墓碑群以及鳥居的圍繞下，開始吃起巧克力蛋糕。華井，四十歲生日快樂！

傳出「咚」一聲奇怪聲響的千日墓園。

凌晨三點時，抵達鳥居。

華井吃著慶祝四十歲生日的巧克力蛋糕。

2017年秋冬

樹叢裡的老宅（德島）九月一日

今天來到高松參加靈異怪談節目的錄影，在過去一年裡，我經常往返四國。這一天的表演結束後，我動身前往恐怖新聞健太郎先生所介紹的德島廢墟。據說在德島市金澤八幡神社附近的一處樹林中，有一間老宅廢墟，曾經有個男人住在裡頭，但他燒炭自殺了。

為什麼健太郎先生會介紹這個地點呢？那是因為之前他到這裡時，不曉得為什麼來回往返了兩次。二〇一四年，健太郎先生的其中一位樂團成員來自德島，他將這間廢墟當作一個靈異地點介紹給健太郎先生。於是，健太郎先生就跑去看了，結束後他想要去探訪另一個住在德島的朋友，因此用導航設定好住址並開始往目的地移動，結果不曉得為什麼又再次回到廢墟，真的很不可思議。

由於表演結束之後還有慶功宴，所以抵達廢墟時已經凌晨四點，時間相當晚了。雖然天還沒亮，但再過不久清晨就要降臨。

車子停在神社附近，開始探索樹叢，那真的是一片非常繁茂蓊郁的樹叢，位在稻田的中央，彷彿是守護者一般。健太郎先生說，這就是裡頭有一間廢墟的那片樹叢。不過跟三

年前比起來，樹叢又更加茂密了，入口也因此難以覓得。藉著 Google 地圖加以確認，可以看到樹叢的正中央的確有像屋頂一樣的東西存在，看來要進到裡面去非常困難啊。但是，都已經來到這裡了，就一定要看看那間廢墟，衝了！

裡頭真的是無窮無盡、密密麻麻的樹叢，幾乎沒有任何縫隙，不過奮力撥開、奮力撥開，多多少少還是能往前邁進。慢慢地，在樹葉枝幹之間，總算能夠看到圍牆、牆壁，以及屋頂，這間房子簡直就像是被樹叢吞噬了一般。擦傷、蚊蟲叮咬和全身沾滿蜘蛛網，這就是我的德島早晨。

從 Google 地圖上能看到房子的屋頂就位在樹叢的正中央。

感覺就像是被樹叢吞噬了一般。

回頭橋（高知）九月二日

高知、高松的靈異怪談演出之旅第二天，結束高松的演出，並參加完慶功宴之後，我準備前往高知少數知名的靈異地點——回頭橋。

回頭橋顧名思義就是走在橋上絕不可以回頭。夜半時分走在這座橋上，要是在中途回頭的話，就會從樹叢間冒出一個臉部潰爛、穿著和服的女人，並且拖著身子追著人跑。即使想要逃走，橋下也會伸出白色的手來將人拉住，好可怕啊。如果有這樣的鬼存在的話，那我早就玩完了。此處不只有靈異傳說，在一九七二年時，由於豪雨造成土石流氾濫，有六十人喪命。

在前往回頭橋的路上，因為聽高知的朋友說有個內行人才知道的廢棄醫院值得一看，所以就順道過去，可惜該處用柵欄圍住了進不去。

重新回到前往回頭橋的路上，結果有棵樹倒在路中間擋住去路，沒辦法繼續往前。可能是前不久颱風來襲，導致樹木折斷傾倒的吧，難道已經沒有別的辦法了嗎……

「不如就用手搬吧，總會有辦法的。」

在地女孩A小姐從車子裡下來，並且活力十足地自言自語道。

真的假的啊！坐在車子後座的田中俊行先生完全醉倒陷入熟睡狀態，所以不可能幫得上忙，因此我跟恐怖新聞健太郎先生以及A小姐三個人，開始進行移除倒木的工程。橫倒在路中間的樹木可真不少。不過在A小姐的指揮下，我們還是清出了足以讓一台車經過的空間，高知的女性真是太強悍了。

深夜四點，我們抵達一座看起來像是回頭橋的橋。上網查了一下，我發現除了高知之外，秋田、山梨、長崎等地似乎也都有回頭橋，無法確切找到一張圖片上面清楚寫明「這座就是高知的回頭橋」。不過應該就是這裡吧，我們決定下車驗證真偽。

這是一座水泥橋，比想像中還要結實，然而，雖然橋的長度並不長，但附近卻有地藏王及石碑，總覺得有什麼故事在裡頭。那麼，就走到橋中間去，然後……回頭！

什麼事都沒發生，不管我走來走去幾次、回頭了幾次，都沒有發生任何狀況。

後來我們才知道，原來我們去的那座橋，並非傳說中的回頭橋。

擋住去路的倒木。

在橋中間回頭了好幾次，但什麼都沒發生。為什麼會這樣呢……

●雜賀崎燈塔（和歌山）九月十日

由Apsu Shusei先生主辦的靈異怪談嘉年華活動，在七洋園徹夜狂歡。這個七洋園本身就是相當知名的靈異地點，甚至被稱為「活著的廢墟」。不過，儘管幾乎已是廢墟，但七洋園的主人還是獨自一人苦撐經營著。順帶一提，七洋園的主人在這場活動過後的一個月左右去世了，所以現在真的變成廢墟了。

這一天在活動進行中的休息時間，我、華井和西根三人一起散步到會場附近的雜賀崎燈塔看看。這座燈塔位在和歌山市的和歌浦，懸崖頂端的位置就是戰國時期的雜賀崎城所在地。在雜賀崎這個區域，除了有廢墟之外，據說還有隧道，算是許多靈異地點的聚集地，不過雜賀崎燈塔倒是有個奇妙的靈異傳說——「跟交往網站上認識的女生在這裡約會，但這個女生卻突然在燈塔的停車場呆住了」。

我們在深夜兩點前離開會場，走上斜坡往燈塔前進。只不過，雜賀崎恐怕是真的有些什麼吧，因為西根突然間加快腳步衝上了坡道。等到我們抵達燈塔並爬上瞭望台後，只見西根正在懸崖旁看著一塊石碑，並喃喃自語著：

「我對那一邊很感興趣耶。」

「那一邊只是懸崖而已啊！」

儘管華井立刻插話，但西根對於懸崖的興趣還是絲毫不減。這可不行，現在就跟五月時在沖繩的喜屋武岬一樣，當時他也是朝著懸崖衝了過去。華井似乎也感覺到不對勁，緊緊地看守著西根。

「那一邊、那一邊……」

我們都覺得不能再讓西根待在這個地方了，所以就趕緊匆匆忙忙地回到會場。

奇妙的靈異怪談發生地——燈塔。

西根老是會被懸崖吸引。

墓園上的飯店（三重）九月十三日

深夜三點，我跟阿彌先生去了一個只有在地人知道的上吊神社之後，便轉往桑名的西別所交流道。下了交流道，立刻就會看到一間飯店矗立在崖頂，而那座懸崖下方則是一大片墳墓，所以說那是一間建在墓園之上的飯店。

我是從一位老家住在桑名的人那邊聽聞這間飯店的，因此就一直想親眼看看。這究竟會是一間怎麼樣的飯店呢？實際看到後，我不禁懷疑起自己的眼睛。

USEHEL

USE HEL.

使用、地獄？

不對，地獄的拼法是「HELL」，所以得再多個L。

「HEL」一詞，指的應該就是冥界、黃泉之國的意思。

燈飾看板所呈現的應該是「AMUSEMENT HOTEL」，只是有幾個燈壞掉了而已，奇妙的是，矗立在墓園之上的飯店竟然顯示著「通往冥界」，真是不可思議。

墓園上方的飯店高掛著「USE HEL」。

舊佐和山隧道（滋賀）九月十四日

我與阿彌先生組成兩人小隊，前往滋賀進行靈異怪談活動之旅。演出結束後，我們到舊佐和山隧道探訪，據說在這個隧道的入口處附近，有個脖子彎曲的男性幽靈出沒。

通往目的地的小路雜草叢生，從外面根本就看不見隧道。幸好先前在德島探索樹叢老宅時，就已經體驗過這種狀況了，因此即使遭到樹枝刺傷、被蜘蛛絲纏了滿身，我們還是朝著隧道堅定地往前走。

雜草一路蔓延到隧道前方，喔不，根本是連入口處都長滿了，所以到隧道為止的小路完全沒有讓脖子彎曲的男人出現的空地。要是真的冒出來的話，這個幽靈也會呈現出被雜草穿透的狀態，而且就算幽靈出現了，我們應該也是會忙著撥開雜草，不會注意到他吧。隧道裡面淹水了，因此沒辦法進入。

隧道內淹水了。

在雜草叢生的狀態下朝著隧道前進。

●人肉館（長野）九月二十三日

我跟村田 ramu 先生一起前往長野縣，參與戶外音樂嘉年華「蘋果音樂祭」的演出。我跟村田先生的脫口秀沙龍場地位在通往廁所的路線上，所以我們就在朗朗晴空下，對著排隊上廁所的來賓們暢談樹海、屍體以及凶宅等等的話題，現場看起來真的很詭異。到了晚上，嘉年華會依舊持續進行著，不過我們在結束演出之後，就轉而前往人肉館了。

人肉館是一間郊外的廢墟，從溫泉街開始爬一點山路即可抵達。以前這裡是一間燒肉屋，據說店主當時殺了人之後，在店裡販售人肉，因而得名。這種出現在恐怖電影裡的情節，真的實際存在嗎？

距離算是有點遠，我跟村田先生默默走著，因為先前我曾有過三更半夜在知多半島行走的經驗，所以還能吃得消。不過，持續不斷地步行還是造成了身體的疲憊，途中看到一棵從沒見過的樹，長得跟怪物一樣，讓我嚇了一大跳。

「這個地方既然有宛如怪物的樹木存在的話，那麼有烹煮人肉的店也就不奇怪了。」

現在想想真是讓人摸不著頭緒的聯想。

經過像怪物一般的樹木後，不久就來到了一處廢墟，不過與其說是廢墟，倒不如說這

是一處燒到看不出原本樣貌的遺跡。看來，這裡就是人肉館了吧。

事實上，這處廢墟在幾年前曾因為被縱火而登上新聞版面。那個時候，先前的店主在接受電視台訪問時說道：「給大家帶來困擾了。」如果先前的店主都出來接受訪問了，那就不是一家人集體自殺，或者是殺人事件了吧。當然也就不會變成「人肉館」了。

其實，有個說法可信度很高，但是內容會讓我覺得很遺憾。那就是這家店的菜單上，有一道菜模仿成吉思汗羊肉的料理，並以此為名。

成吉思汗……成吉思館……成肉館……人肉館。

這裡的靈異傳聞，說不定真的是從無聊的冷笑話所衍生出來的產物。人類還真是能將冷笑話延伸到靈異傳說的生物啊，這麼說來，我反倒對於這樣的人性覺得很有興趣。

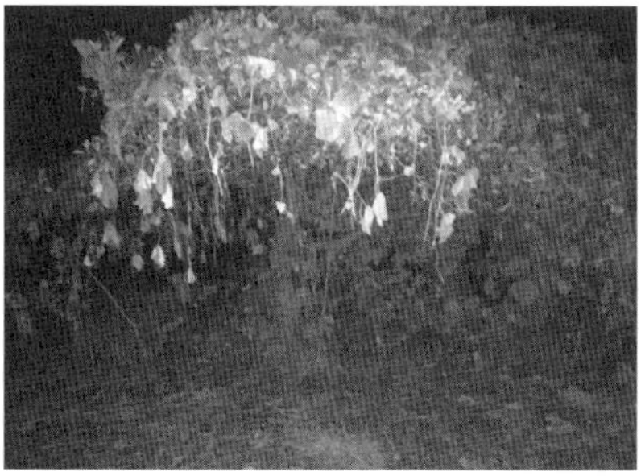
宛如怪物的樹木。

外觀變得相當可怕的人肉館。

住吉車站（兵庫）九月二十五日

在前往三宮準備參與演出的列車上，我心想難得來到神戶，不如就中途下車到處晃晃吧，於是就在ＪＲ線的住吉站下車了。搞笑團體「協奏曲」的成員池水，是知名的鐵道迷藝人，我想起他跟我說了許多關於住吉站的靈異傳說。

ＪＲ線住吉站因為連結了六甲人工島線（連結神戶近郊的捷運系統），所以往來的乘客相當多，不過神戶線最快的新快速電車並沒有在此停靠。

二〇〇二年七月二日上午十點四十五分左右，住吉站發生了一件不可思議的事件，當時月台正有一台時速一百公里的新快速電車通過，不料有一個身穿紅衣的年輕男子從車上跳下來，猛烈撞上月台的鐵製護欄。然而，這名男子很快就站起來，並且若無其事地走到出口，通過剪票口後揚長而去。

有目擊者指出，這名男子是抓住列車車廂中間的連結處，並從那個地方跳到月台的，而男子起身後離開的過程，也有非常多現場的乘客親眼看到。男子撞上的護欄上，還留有受到撞擊的痕跡，整起事件也登上了新聞版面。兵庫縣警局曾出動搜索該名男子的下落，迄今仍一無所獲。

看來是個具有不死之身的男人，他可能有什麼非得搭新快速電車不然來不及處理的工作吧。我在住吉站的月台下車，並到所謂的護欄邊到處看看，不過，那已經是十五年前的事情了，撞擊的痕跡當然早已不在。我想，這個世界上還是存在著無法用常識判斷的厲害人物，這起事件就是讓我們改觀的好機會。

沒有手的和尚之墓（大阪）九月二十八日

我在靈異怪談的活動上認識了由佳，她說她的嬸嬸在小時候因為不聽爸媽的話，就被帶到附近的墓園管教，甚至還會將她綁在墳墓區山崖邊的松樹上，直到她真正反省為止。有一次，當嬸嬸又惹媽媽生氣被綁在墓園的松樹上時，一個白色人影突然出現，嚇得媽媽趕緊逃離，被綁在松樹上跑不了的嬸嬸只能大聲呼救，沒想到這時候有個沒有手的和尚從山崖下爬上來，用嘴巴將繩子解開了。

這一天我帶著華井一起前往「沒有手的和尚」出現的地方。

我請告訴我這個故事的由佳小姐帶我們到位在大阪市內的目標墓園，並開始尋找綁住嬸嬸的那棵松樹，結果找到了兩棵可能的標的物。

深夜一點半，華井在第一棵松樹、我在第二棵松樹，我們計畫用塑膠繩將人綁在樹上，接著等待三十分鐘，如果沒有手的和尚出來搭救我們的話，那就成功了。

華井採取同情誘導策略，他一邊忙著將自己綁在松樹上，一邊向沒有手的和尚傾訴自己從高中時代就開始掉髮的事情；我是家中四兄弟的老么，從小就沒有什麼受到壓迫的狀況，因此也說不出什麼能讓人產生共鳴的故事，就只是靜靜地等待著沒有手的和尚出現。

深夜兩點，在附近停車場待命的由佳小姐過來幫忙了，我們就這樣平安無事地生還了。可惜的是，沒有手的和尚並未出面相救，沒有達到來這裡的目的。華井在過程中好像有發生耳鳴，但我則是什麼事都沒有。

不過，在我們將這段畫面直播出去時，倒是有幾個網友留言表示。

「田螺先生的左上方有出現臉部辨識的圖示。」

「田螺先生的左上方出現了一個像人臉的東西。」

說不定在那一瞬間，那個和尚真的出現了。

綁在樹上等待沒有手的和尚。

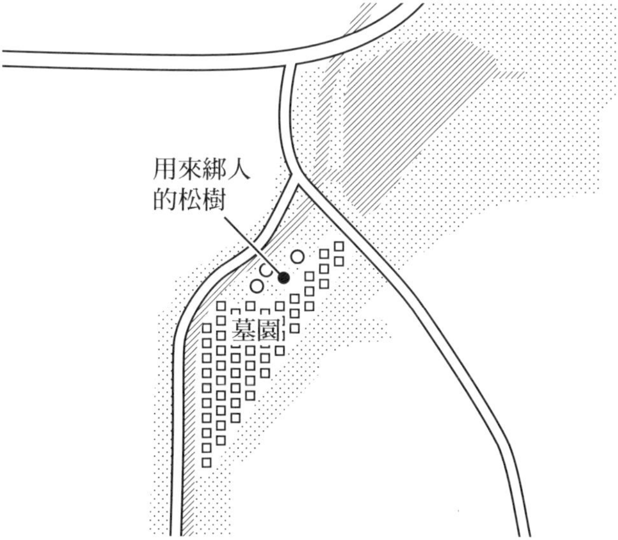

行船公園（東京）十月六日

先前我去參加一個異業交流的活動，這是我的初體驗。令我大感意外的是，會場裡的每個人都很親切，讓我安心不少。在這個活動中我認識了一位W先生，他告訴我關於行船公園的故事。

「照理說根本沒發生任何事情，但就是一個讓人感到非常不舒服的地方。」

從那之後過了幾天，我到阿佐谷參加靈異怪談作家的對談活動，結束後便與阿彌先生及木村先生一邊直播一邊前往行船公園。接近目的地時，提供情報的W先生也跟我們會合了，由他帶著我們進入公園。可能是時間也來到深夜一點了吧，現場的確充斥著沉重苦悶的氛圍。

W先生說他只要一靠近這座公園，就會開始頭痛，走進公園裡更會覺得雙腳像被拖住一般，就連呼吸都覺得很困難。讓人感到害怕的點，包括鞦韆的座椅會無緣無故地來回擺盪；公園側邊區域已經形成廢墟，其牆壁的塗漆方式也有所不同。另外，曾有個半夜到公園散步的人，說自己看到了像士兵一般全副武裝的幽靈，所以說不定這裡也跟戰爭有密切關係。

我調查了一下史料，發現這裡曾被用來當作一九四五年三月十日東京大空襲時的臨時埋葬地，大約有四百五十具遺體埋葬在此。戰後這些遺體都進行改葬了，此處也在一九五〇年重新整備成為公園。原來如此，所以W先生覺得不舒服，很可能真的其來有自。

赤水門（東京）十月七日

這是關東地區算是相當知名的靈異地點吧，位在東京赤羽附近的舊岩淵水門，俗稱「赤水門」，由於有許多溺水而死的屍體會從荒川流過來，因此被認定為靈異地點。相關的傳說包含夜晚的荒川水面會浮現許多手腳殘肢，或是有女鬼會從橋上跳到河裡等等。截住荒川水道的巨大紅色水門，看來很有壓迫感非常壯觀，然而夜半三更來看，就有一種好像要發生怪事的氛圍。

這一天，我在新宿的 LOFT / PLUS ONE 演出結束後，又被 NIKONIKO 直播的木村先生帶著一起進行靈異地點巡禮。滂沱大雨中，一同參加演出的村田 ramu 先生也跟我們同行，我們的第一個目的地就是赤水門。

下車後，我馬上就後悔了，雨勢實在太大了。站在水門的橋上，雨聲特別大，讓人聽不到其他聲音，而且眼前也幾乎什麼都看不見，此時就算有女人跳河，我們想必也渾然不覺，當然也看不到水面上有什麼七零八落的手腳殘肢。

不過，最讓我意外的是，我們後面竟然有人！傾盆的大雨中，突然出現來試膽的一群年輕人，而且沒有帶手電筒，這才真的是嚇人。

八木山橋（宮城）十月十九日

我和 The Band Apart 的原先生一起到仙台、高崎和熊谷三地進行連續三天的靈異怪談演出之旅，今天是第一天。我提前抵達仙台，在演出開始之前到東北樂天金鷹隊的所在地，也就是宮城球場，去買樂天金鷹的隊服。接著，我前往一棟仙台的公寓大樓，根據凶宅網站「Oshimaland」上的資訊，這裡發生了多不可數的跳樓事件。那時候，大樓的管理員笑笑地向我招招手，現在回想起來，那個動作可能帶有阻止外來自殺者的含意。

靈異怪談活動結束後，我從來賓以及工作人員口中打聽到幾個靈異地點，趁著半夜展開巡迴之旅。

首先第一個目的地是八木山橋，這座橋位在青葉山及八木山之間，橫跨於龍口溪谷的斷崖峭壁上，高度落差超過七十公尺，有非常多人選擇來此跳橋自殺，因而聞名。現場已經設置了超過兩公尺高的柵欄防範自殺事件，然而自殺者仍舊不顧一切地攀爬上去，真是可怕。據說這是一個連通靈者都不想再去第二次的靈異地點。

抵達八木山橋的時間是深夜剛過十二點。原先生的朋友上君以及 nassyan 也來共襄盛舉。才剛下車並開始直播的瞬間，就有觀看的網友寫了留言。

「有個女人在左邊看著你們。」

因為我並沒有看見，所以也不以為意。不過，在來之前我聽說這裡夜間昏暗，所以人跡罕至，然而事實上卻是燈火通明，挺讓人意外的。可能是因為太多人來這裡自殺所以最近增設了路燈吧。再者，這裡的交通量也大，所以意外頻傳，而且車行速度相當快，自殺之前就被車子撞死的可能性也是有的。

看到橋上防範自殺的柵欄後，讓人產生「啊，這還真的是自殺勝地」的感想的，是柵欄的上半部特意向內彎曲，像防止老鼠入侵一樣的設置，這麼做就是為了讓人無法攀爬過去。以物理狀態來說，要爬過去自殺已經是接近不可能的事情，而且柵欄還有不少地方綁了尖銳的帶刺鐵絲。即使如此，來此處自殺的人迄今仍未根絕，可想而知還是有人會特意爬過重重關卡，然後跳橋自盡。

從柵欄的縫隙往下看七十公尺的深淵，畢竟是在深夜時分，所以到底有多高真的看不出來，用強光加以照射，光線也無處著落、探不到底，還真有連結到另一個世界的感覺，真是太厲害了。

「喂……為什麼要死啊……」

我在橋中央附近朝著漆黑的溪谷大聲詢問，心想說不定會得到什麼回應，因此側耳傾聽了一下，不過沒有任何狀況產生。不過，就在我打算離開前，發現手邊的欄杆出現了手印。欄杆上布滿砂塵，用手一摸的話就會形成手印。也就是說，有人在這裡摸了欄杆，而且時間並沒有經過很久。我再一次對著橋下詢問：

「喂……這是誰的手印啊……」

結果，橋的另一端有人走過來。

為什麼會在這個時間、這個時機點呢？

從對面步道走來的那個人，搬運著某個像電視一樣大的物品。我們覺得對方很奇怪，但對方看來也覺得我們很詭異，所以他就回到車上去了。那個像電視一樣的黑色物品，到底是什麼呢？不得而知。

在前往下一個目的地時，原本應該已經關掉的車內音響，突然間傳來類似宮廷古典樂的聲音。

八木山橋的柵欄上非常嚴密地綁上了帶刺鐵絲。

在自殺事件頻傳的公寓大樓上揮手打招呼的大叔。

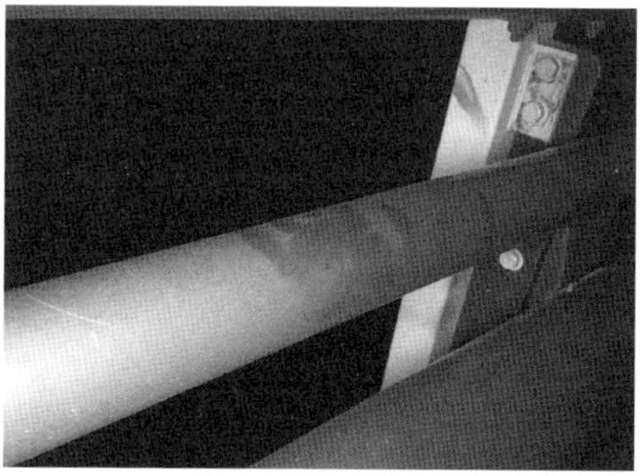
橋上的欄杆留有謎樣的手印。

●葛岡墓園（宮城）十月十九日

我和原先生、上君、nassyan 四個人從八木山橋轉往葛岡墓園，仙台似乎只有兩處大型墓園，仙台市民的墳墓大多聚集在此處以及北山墓園。

據說，在葛岡墓園中心的山頂附近有一座給水塔，只要繞著塔逆時針走三到五圈，就會發生各式各樣的靈異現象，好比說「汽車引擎熄火」、「被某種東西跟上」之類的。另外，這座墓園的分區方式是以英文字母排列，從A區一直到Y區，不過要是半夜走在墓園裡，Z區就會出現。

我們抵達現場的時間是深夜一點左右，墓園的幅員廣大，所以在找到給水塔之前我們迷路了一陣子。而且，我們也不知道是開車繞三圈還是徒步走三圈，但總之就先開車逆時針繞三圈試試看。繞完之後，我們紛紛下車，接著徒步走三圈。由於同車的 nassyan 也一起下來走，所以最後一圈就交棒給了他。過沒幾分鐘 nassyan 就繞完一圈了，他說：

「我有聽到像是呻吟的聲音，現在說不定還聽得到。田螺先生，我想你再去繞一圈比較好喔。」

聽他的建議，我便再繞一圈。正在繞第四圈的過程中，我的後方傳來許多喀喇喀喇的

聲音，觀看直播的網友留言提到「有女人的聲音」，不過我並沒有聽到。不曉得是不是心理作用，總覺得後面有人跟著我。

繞完第四圈、回到車上後，除了 nassyan 之外其他人全都睡著了。這可不行，我不能就這樣回去。無計可施之下，我就跟 nassyan 兩人就繼續在墓園探險。才剛開始走沒多久，就有某人發出咪咪喵喵的聲音，但卻看不到影子。再往前一點，觀看直播的網友就傳了留言上來。

「從樹木那邊傳來嗚嗚的聲音。」

那是長在某人墳墓旁的一棵分成兩根樹幹的樹。留言接著寫道：

「墓碑和樹木之間有一個小男孩。」

我跟 nassyan 都沒有看見小男孩的蹤跡，不過 nassyan 有試著對那個隱形的男孩打個招呼。

「小弟弟，要不要來玩啊……」

他一邊說一邊將松果丟出去。

「好痛！」

nassyan 突然感到膝蓋一陣劇痛。從那之後，nassyan 的腳就開始變得不良於行，所以他就先回到車上休息了。

由於司機還在睡覺，所以也沒辦法離開。在司機睡醒前，我自己一個人再次繞著給水塔走來走去。結果到凌晨三點為止，我總共繞了七圈，加上先前的三圈，以及車子也開了三圈，所以總計有十三圈。都已經繞了這麼多圈了，總該會發生些什麼了吧。就在這時候，司機醒來了，於是我們就離開了葛岡墓園。

太白山隧道（宮城）十月十九日

我和原先生、上君、nassyan 一行人在仙台的靈異地點之旅，最後一站來到太白山隧道，時間是深夜三點四十分。如果不在深夜四點前開上高速公路的話，夜間優惠就結束了，所以我們在這個地點只能停留不到十分鐘。

這條隧道也叫做舊秋保鐵路隧道，原本是供運送石材的電車通行的，是一條小小的廢棄隧道。電車還有通行的時候，因為有人會用徒步的方式通過隧道，因此被電車壓死的事故頻繁發生，另外也曾發生過自焚身亡的事件。

我跟熟睡一陣後總算醒來的原先生一起進入隧道，兩人用狂奔的方式衝到另一邊，然後再衝回來。這真的是一條又窄又短的隧道，不過在跑回來的途中，入口處附近有一束白色的長髮突然映入我的眼簾。

太奇怪了，剛才進來的時候應該沒有這束頭髮啊。

會不會是最後的最後，真的有些什麼從葛岡墓園跟了過來？

或者是在八木山橋直播時，網友留言所說的那個在畫面左側盯著我看的女鬼？

不管是什麼，總之應該是有東西跟過來了吧。

由於隧道已經廢棄，所以入口也封閉了。

我跟原先生兩人進入隧道內。

回來一看，隧道入口處有一束詭異的頭髮⋯⋯

芝櫻觀音（群馬）十月二十日

仙台、高崎和熊谷三地靈異怪談演出之旅的第二天來到群馬縣的高崎，演出結束後，身為高崎在地人的工作人員，介紹芝櫻觀音給我們，那是位在高崎市美里芝櫻公園附近一個詭異的靈異地點。

江戶時代，有非常多屍體在此處被埋了又挖、埋了又挖。另外也聽說有女鬼生前因為莫須有的罪名被砍斷了一隻手，最後遭到殺害，因此女鬼每個晚上都會出來找自己的手。

剛過深夜十二點，我們一邊聽著故事一邊走著，突然間一座充滿手作感的鳥居出現在我們眼前。而且，有一尾鯛魚漂浮在鳥居上。可能讀者會搞不清楚我到底在說些什麼，但我真的只能用「鯛魚漂在鳥居上方」來形容。

穿過鳥居後，就來到觀音像前方。再往裡頭一點有一間小房子，房子的牆上貼了幾張彩券，腳邊地上則擺了寶特瓶，以及既像地藏王又像石頭的地藏王菩薩。此處豎立著一塊木板，上頭寫著「為了肚子餓的人買了御飯糰……」這樣的文字。再往上看，還有其他木板用釘子釘在牆上，每一塊都有幾乎快要消失不見的文字，像是「我得到遊戲機了」、「東京都 一開始的一千日圓 中獎了 所以今年又來了」、「我中了一等獎三億日圓啊」等

等，從一千圓到三億圓，範圍還真大。

另一邊的看板上則寫著「↑世上最不可思議的樹」。看板上還寫了「保佑彩券中獎的神木」、「樹齡兩百年」、「請來看看，觀音大士在此入睡」等等的內容。世界上最不可思議的樹究竟是怎麼樣的一棵樹呢？朝著箭頭的方向一看，結果發現這真是一棵奇怪的樹，樹幹先是分成兩根，然後在上方又重新連結起來。怎麼說呢，這個形狀看起來就像拍打棉被用的木杖一樣。或者也可以猥瑣地想像成某個東西的形狀。這棵樹想必就是「世界上最不可思議的樹」了吧，只不過感覺整個小一號，實在看不出來樹齡有兩百年。最後，睡著的觀音大士則下落不明，找半天都沒有找到。

到底是什麼意思啊？這裡真的是一個讓人不知道該用什麼心情去面對的地方啊。

堂前供奉了許多寶特瓶的觀音像。

現場有相當多寫著謎樣內容的木板。

樹幹分成兩根的「不可思議的樹」。

桶川平交道（埼玉）十月二十一日

我和原先生到仙台、高崎和熊谷進行靈異怪談活動的最後一天，我們來到熊谷，這一天阿彌先生也以來賓的身分一同參演。演出結束後，我們一起前往桶川平交道，那是nassyan手上一張靈異照片的拍攝地點。

這個平交道不僅發生過許多跳軌自殺的事件，就連只是走路通過的行人也經常會絆倒。而且不久前才發生意外，一位上班族在通過平交道時，突然在路中間正襟危坐，然後一動也不動，就這樣被行駛的列車撞上。

nassyan在這個事件發生後，心想不知道能不能拍到靈異照片，所以就跟朋友一起半夜前往平交道，喀嚓喀嚓地使勁拍了許多照片。就在這時候，他突然覺得右肩很沉重。

「就是現在，快幫我拍照！快點！」

他對朋友大喊，照片也順利拍到了，那是一張相當震撼人心的靈異照片，畫面中nassyan完全被一個黑漆漆的人影蓋住。我在看了那張照片後，的確感到相當不舒服。nassyan的身影在照片中幾乎都快看不見了，而那個詭異的黑影卻清晰可見。

我們抵達桶川平交道的時間是深夜一點半。這一天因為下雨，所以潮濕的地面反射著

藍色燈光，看起來如夢似幻。照明採用藍色燈光，就是此處自殺者眾多的證明。設置藍色燈光的原因，就是為了讓人的情緒緩和下來，進而達到防止自殺的效果。在平交道前方不知道為什麼還掛了佛珠，某種程度上也反應出現實狀況。

還有就是現場有個看板上寫著「汽車不得通行」，原來如此，這是行人專用的平交道。當我剛浮起這個想法時，軌道上突然駛過一台卡車。

嚇了我一大跳，這應該是工程車吧。

黑色的人影完全覆蓋了 nassyan。

大卡車行駛在軌道上，讓我嚇了一跳。

颱風過境的樹海（山梨）十月二十二日

星期天我們準備探訪秋天的樹海，很不湊巧地，這一天剛好遇上颱風。然而，既定的行程已經無法更動，這趟行程的成員包含老面孔村田ramu先生，以及首次參加的木村先生，另外還有樹海大師社的會員K先生。

這位K先生，為了去樹海特別買了一台保時捷，而且他還具有分析風向、嗅出屍臭的能力，甚至有辦法在屍體前吃麵包。每到週末，只要公司休假，他就會進入樹海探險。

我們一行人全都套上各自準備的斗篷和長靴，準備前進樹海。雨天的樹海，樹根非常濕滑，所以我們全都謹慎慢行，儘管如此，還是不斷跌倒。全身濕透、疼痛不堪，但K先生對狼狽的我們置之不理，依舊迅速地向前挺進。

「好像有什麼東西耶。」

K先生發現的是一頂帳篷的殘骸。

「應該很近了喔。」

我不敢說到底距離什麼很近了，總之真的很近！啊，K先生，從包包裡拿出炒麵麵包，吃了起來！也就是說……我實在不敢說到底發現了什麼，但總之是發現了。

照恩寺（福井）十月二十五日

福井縣福井市的照恩寺，每年都會在五月三日及十月二十五日舉行電音法會，這是用電音及光雕投影的方式來表現淨土真宗的世界觀以及佛教教義的法會形式，內容非常別開生面。照恩寺的住持原本是一名ＤＪ，並且擔任過表演舞台的燈光照明相關工作，他從黃色魔術交響樂團（Yellow Magic Orchestra，簡稱ＹＭＯ）以及知名電音團體 Perfume 得到啟發，創作出獨特的電音法會，藉以緩止年輕人出離寺廟的狀況。我一直認為這輩子一定要去欣賞一次電音法會，便獨自一人踏上旅途。

我在ＪＲ大阪站搭乘新快速電車，並於敦賀站換車，接著在越前花堂站再換一次車，最後終於來到越前東鄉站，前後共花了四個小時的時間。如果搭乘雷鳥號特急列車，可以更早抵達，但我壓根就沒有搭乘特急列車的想法，所以只好不停換車。

從車站走路到照恩寺只要兩分鐘，距離非常近。寺廟裡頭已經有攤販開始營業，因此附近的小孩都聚了過來，近處的河岸邊還有簡約且時尚的「河岸酒吧」，讓大人們可以共聚一堂、飲酒作樂。

進入正殿後，我發現電音法會還沒開始，目前正在演出連環畫劇。《小狐狸阿權》深

深吸引了小朋友們的目光，不過接續登場的親鸞聖人年輕時的逸事，由於表演內容突然變得太過艱澀難懂，所以小朋友們也一個一個離席，在旁看著整個過程還真是有趣。

終於，電音法會要開始了。在正殿的最尾端，當地的廣播電視台、報社、NIKONIKO直播，以及當地學校的報社社員等，全都架起了攝影機，現場宛如記者會一般。光雕投影畫面照射在正殿內部，電子音樂搭配上經由聲碼器加工編造過的住持誦經聲悠揚迴盪著，一個如夢似幻的世界就此展開。總而言之，就是酷啦！

不管是大叔、大嬸，或是孩子們，全都融入在這個脫離現實的空間裡。

電音法會進行到一半時，由於機器故障的關係表演暫停，不過這段時間剛好可以聽住持闡述佛法。這一天的電音法會名稱是「報恩講」，主要以親鸞聖人的逝世紀念日為中心所進行的法會活動，住持說這是「親鸞聖人的粉絲見面會」，讓我印象深刻。真容易理解。

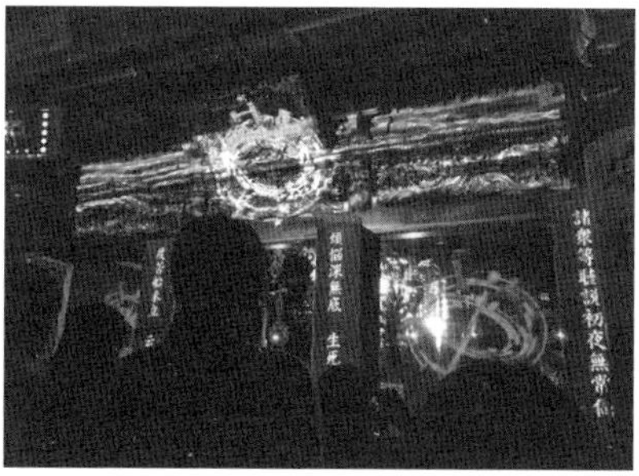

運用光雕投影的方式將淨土真宗的經文投射出來。

電音法會的預告。

九十九橋（福井）十月二十五日

在照恩寺參加完電音法會後，已經晚上九點了。因為越前東鄉站的最後一班電車是九點十九分發車，已經沒辦法返回大阪了，而且有可能甚至連電車都搭不上，趕緊衝向車站的話，或許還能到福井站去。

該怎麼做呢？其實，一點關係也沒有，因為我來這裡還有另外一個目的，那就是在福井這片我從沒涉足過的土地上，進行一場靈異景點的探索。

首先，知道我當下狀況的網路直播觀眾，寫下留言告訴我在地知名的Tokkuriken（トックリ軒）蛋包飯，讓我可以先飽餐一頓。不過也因為如此，我已經完全趕不上電車，然而夜晚又是如此漫長。補充完體力之後，我開始邁步前往目的地——九十九橋，所需時間是兩小時。

才剛出發差不多十分鐘，我立刻就後悔了，因為鄉下的農用道路不僅沒有路燈，就連人行步道也沒有。雖然我已經相當熟悉黑暗，但往來的車輛依舊令人膽寒，而且開車的人恐怕也沒料到在這樣的深夜時段還有人在路上走，所以應該也會嚇一大跳吧。我被不知道何時會被車子撞上的恐懼感所包圍，但也只能繼續走下去，別無他法。

持續走了三小時後，時間已經來到深夜一點，我在足羽川河岸邊的幸橋附近碰到了「日下部太郎及威廉・埃利奧特・格里菲斯銅像」。日下部太郎是福井藩的第一代留學生，而格里菲斯則是福井藩的美國人老師。兩人的故事或許非常動人，但是在半夜突然出現兩人的銅像，不免讓人感到有點可怕。深夜一點半，我終於抵達九十九橋了。

這座九十九橋附近，曾是戰國大將柴田勝家的城池。勝家與妻子阿市被豐臣秀吉打敗後，在熊熊燃燒的城中自殺身亡。從此之後，每到將星殞落的四月二十四日丑時三刻（深夜兩點到兩點三十分），總會有人看到數百名騎兵橫越九十九橋的情景，所有的士兵與馬匹全都沒有頭，而且鮮血從傷口汩汩流淌。更有看到這個無頭部隊的人，以及傳播或聽到這個故事的人，全都會在當天吐血身亡，真是個可怕的傳說。

由於在明治時期搭建了一座新橋，所以照道理來說，無頭騎兵武士部隊……應該就不會再出現了，但是舊的九十九橋後來在北庄城遺址，也就是今日的柴田公園內重現展示，因此據說無頭部隊又再次出現在九十九橋上。

然而，現在似乎已經有了應對的方法。

一旦遇到無頭武士，就會被詢問「你是誰？」此時只要回答「我是勝家公的家臣」，就能夠保住小命、平安度過。

被無頭武士問話的當下，可能會一方面抱持著「到底是從哪裡說話的」這樣的疑問，但一方面又怕得不得了。無論如何，碰到的時候只要正確回答就沒問題了。

事實上，九十九橋維持得相當完善，一點也沒有無頭部隊會突然冒出來的氛圍。所以如果真的出現的話，那還真的是相當可怕。況且，這一天是十月二十五日，勝家及阿市喪命的隔天。應該不會出現吧……

終究，無頭騎兵武士部隊並沒有出現。我因為實在太累了，所以便搭計程車前往車站，福井車站有很多搖頭晃腦的恐龍，而且是有頭的。

吃著蛋包飯，準備踏上靈異之旅。

在地知名的店家——Tokkuriken。

據說會出現無頭部隊的九十九橋。

持續走三個小時後，發現了日下部太郎及格里菲斯的銅像。

福井車站前的恐龍群。

渡鹿野島（三重）十一月三日

三重大學醫學部邀請我和後輩西根到校園參加校慶，而且不是要我們去搞笑，而是一場主題是「生與死・活著的意義」的講座。真是了不起的活動，太感謝了。

會場是能夠容納千人的大禮堂，參加的來賓則是十八個人，其中兩位還是西根的父母親，我還沒遇過人口密度這麼低的活動。

校慶的演出結束之後，因為要在西根位於三重縣志摩市的老家過夜，所以便搭上西根父親所開的車。西根父親說話時，有很高的機率會用「的說」來結尾，真是太可愛了。

我跟西根父親商量了一下。

「在回家之前，我想去一個地方。」

「平常受你照顧太多了的說。」

伯父說完後並立刻表示應允。

我請他送我到渡鹿野渡船場，我跟西根想去的地方是曾經被稱為賣春島的渡鹿野島。

在渡船場的等待室按下招呼鈴，大約五分鐘後對岸就會有船開過來，我記得船票費用大約是一百日圓。

登島的時間是晚上七點左右，在這座小島的入口處，有塊看板寫著「歡迎光臨 Heart island・渡鹿野島」，一旁則放有渡鹿野島的觀光地圖。

看了觀光地圖的介紹，讓我感興趣的兩個地方是「瘧石」以及「忠魂碑」。瘧石應該是摸到就會被詛咒的石頭吧，至於忠魂碑上則寫著意味深長的語句──「犧牲是人生最高的品德」。總之兩個都很可怕。

島上還是有些店家仍開著，雖然大部分看起來都歇業了。被喚作藝妓宿舍的建築物是哪一棟我並不清楚，在狹小的巷弄跟我們擦肩而過的一位身材姣好的女性向我們問道：

「小哥哥們決定好今天要住哪裡了嗎？」

「不，我們沒有要住下來。」

才剛回答完，對方立刻就拉下了臉。

順著坡道往島的上方走去，結果看到廢墟林立，這該不會就是以前的藝妓宿舍吧。

走下坡道，來到離海岸有些距離的地方，我們看到幾顆像保齡球大小的圓型浮標，宛如麵包超人的夥伴似的迎接著我們，它們的肚子上還寫著「不」、「要」、「亂」、「丟」、「垃」、「圾」；其他還有用浮標做成的微笑業務員、水戶黃門的系列人物，以及皮卡丘、哆啦A夢……不過，不曉得為什麼米奇的嘴巴被弄得像Q太郎一樣，感覺有點噁心。還有同樣令人疑惑的，是現場居然有一組寫著「E・YAZAWA」的鼓組。

沿著海岸線行走，出現越來越多建築物，但這些建築不但沒有讓人覺得繁榮，反倒是相當寂寥。這裡給人的印象或許真的已經大不相同，但恐怕也是因為遊客都不來了的原因吧，真落寞啊。

晚上十點過後，我們離開了渡鹿野島，西根的父親開車來接我們。抵達西根老家時，桌上已經準備好COCO壹番屋的咖哩飯，以及SUKIYA的牛丼。

「在我們家附近的工廠發生了殺人事件的說。」

伯父興致勃勃地描述著附近凶宅發生的故事。

足以容納千人的大禮堂，來賓只有十八人。

講座的海報。

渡船的船艙內。

寫著「不要亂丟垃圾」的各種動漫角色。

白幡神社（千葉）十一月十七日

千葉縣的白幡神社究竟是祭拜什麼主神，我並不是很清楚，只知道它靜靜地矗立在高爾夫球場上方的蓊郁森林之中。

幾年前聽說注連繩擋住了通往本殿的去路，不過現在掛注連繩的木頭都已經鋸除，本殿中的神體似乎也早已不在了，看來已經成為廢棄的神社了吧。根據坊間流傳的靈異傳說，有很多人都有過在樹林中被某個東西追著跑的經驗。

事實上，當我住在千葉的第四間凶宅時，電視節目《北野誠的你們不要去啊！》的鎌倉泰川導演曾來拍攝取材，當時他就帶著我一起造訪了白幡神社。

還記得那時候讓我印象最深刻的不是神社本身，而是當我站在神社正前方時，看到一大群烏鴉正在啃食其中一隻烏鴉，還把路都擋住了，真是非常噁心的回憶。

這一次是NIKONIKO直播節目結束之後的深夜十二點，我是跟導演木村先生為了一起直播而到現場去的，不過位在神社前方的廢墟所點的燈，讓我感到很不舒服。

貴船神社（京都）十一月三十日

終於來到丑時參拜的發源地——貴船神社了。

今年一月時，獨自一人前往京都的我，對於要去貴船神社還是伏見稻荷神社相當掙扎，最後我選擇了安全牌，到伏見稻荷去探訪。當然我可以搬出各式各樣的理由來說明，但是真正的原因是我嚇壞了。

在京都結束靈異怪談的活動後，我這次搭上華井的車，在深夜時刻前往貴船。一個人獨自行動真的很可怕，不過有了華井和車子就沒問題了。假使真的在現場撞見丑時參拜的儀式，還被手拿釘子及鐵鎚的白衣女子追著跑（進行丑時參拜時如果被看到，就必須將目擊者殺掉，否則詛咒會回到自己身上），只要能坐車逃跑的話，應該就不會被追上了吧。就算最糟糕的狀況發生，也就是被追上了，好歹我們有兩個男人，總會有辦法搞定吧。話雖如此，實際到了現場還是覺得好可怕。

貴船神社原本的源起社殿位在一片樹林中，當地發現稻草人的機率相當高。平常來此參觀的一般遊客很多，整齊劃一的紅色燈籠高掛的是正殿，從該處沿著貴船河走十五分鐘，就會抵達原本的源起社殿。

深夜兩點，當我穿過源起社殿的大門時，四周突然被寂靜包圍。這個空間讓我不禁想著神祕的領域就是這麼一回事啊，貨真價實的能量點，強大的力量令我震懾。在如此神聖的地方，而且是一片深山老林裡施行丑時參拜，威力不曉得是會增強，抑或是降低。

只不過，我有一個疑問。該怎麼樣才能進到石牆的另一邊呢？源起社殿後方的確有一片樹林，然而在此之前有一道石牆環繞著，我並不知道該如何跨越石牆進入森林。

我先行到前殿的側邊探勘，結果發現了一處沒有被石牆擋住的地方。只是，豎立著一塊「禁止進入」的牌子，而且還有防止犯罪的監視器。所以進行丑時參拜儀式不但要入侵貴船神社私有的樹林，還要在貴船神社私有的樹木上釘打，真是非常嚴重的非法入侵及器物毀損罪啊。

我跟華井沿著源起社殿的外圍來回走動，並沿著車道確認了樹林內部的狀況。如果是我要進行釘稻草人的儀式，該選擇哪一棵樹才不會在過程中被人發現呢？當我思考著這個問題時，突然意識到這裡頭應該有容易釘的樹以及不好釘的樹。

若是這個位置的話，應該就是往來行人的視野死角，我朝著這棵樹的背面一看，還真的有。剛好在胸部高度的位置上，有一個不自然的洞穴。想來應該是釘了稻草人之後被神社的神職人員發現，所以被處分了吧。釘稻草人的，果然還是人類，為了讓詛咒能夠成真，施咒之人還會特別挑選釘稻草人的樹木。

回程路上，源起社殿正面有一條燈籠及樹木並排的參拜道路。

「這條參拜道路上的樹木也一併確認看看吧。」

雖然華井這麼說，但我認為應該不會有人想選在這麼容易被發現的地方進行儀式，所以並不是很認真找。

「啊，找到了。這是稻草人嗎……？是白色的……」

華井找到的並不是稻草人，而是人形的紙條，也就是紙人，在這個紙人的頭部及腹部，各釘了一根釘子。剛剛選擇釘打的樹木這個想法，立刻就被推翻了。不過，用紙人來釘打，而非使用稻草人，這到底有什麼含意，我倒是還沒搞懂。

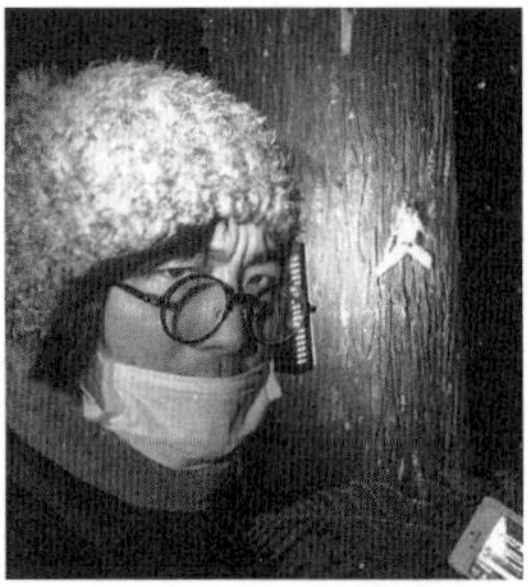

紙人的含意我還不是很清楚。

終於來到了貴船神社。

發現了被釘在樹上的紙人……

被深深的寂靜所包圍的源起社殿。

賢見神社（德島）十二月七日

高知、高松、廣島三地的靈異怪談演出之旅第一天，我們在高松租車，由木村先生開車，載著我和田中俊行先生一起前往高知，途中我們順道去了賢見神社。

賢見神社是日本唯一一間能幫人解決犬神附身的神社。犬神附身是詛咒的一種，一般會使用被稱為「蠱毒」的動物來施咒。簡單來說就是找一條飢餓的狗，將牠的頭砍下來埋在土裡，讓人在上面往來行走，藉以增強怨念，之後就將這隻狗的幽靈當成下咒的物品來使用。

遭到犬神附身時，不僅手腳會疼痛不已，還會發出像狗一般的嚎叫聲。犬神得要透過附身到信奉者的後代子孫身上，才能夠超越世代、不離不棄，說起來真是有點麻煩。特別是在犬神附身的發源地四國，就有許多相關的傳承遺留了下來。

賢見神社位在懸崖頂端，要到現場並不是那麼容易。即使如此，全國各地為了擺脫犬神附身的人還是絡繹不絕。我們去的那一天，剛好神社裡沒有人，於是我們便自行逛逛，看到兩把劍交叉的神紋時，我們都不由得喊了聲「好酷」；另外我們也走到下方的源起社殿四處看看。

好想要親耳聽一次住持所唱誦的祝禱詞，那真的相當特別。回程時，一隻被綁在神社入口處的狗，對著田中先生叫個不停。

設計成兩把劍交叉擺放的神紋圖案。

神木 竹柏（高知）十二月七日

高知的靈異怪談結束後，由木村先生開車，我們準備遠赴室戶。在高知長大的H先生說，前往室戶的路上，會有一棵神木突然出現在路中央，要我們多加留意。

從高知市開車到室戶大約需要兩小時，基本上就是沿著太平洋沿岸的國道五十五號開就是了。開了一個多小時左右，擔任司機的木村先生突然大叫一聲。

「啊！」

「咚！」

是撞上東西的聲音，會是動物嗎？車子停下來後，在車燈的照耀下，眼前突然聳立著一棵神木，這就是從H先生那裡聽到的神木吧。不過，車子撞上的東西倒是怎麼也找不到。我們回到車上，誠惶誠恐地通過神木，前進了幾公尺之後，木村先生又在駕駛座大叫了一聲。

「啊！」

這次又是什麼？一隻果子狸倒臥在路中間，這該不會是剛撞到的東西吧？若真是如此，應該不可能被撞飛到神木的另一側來才對啊。難不成是被車子撞到的果子狸具有瞬間

移動的能力？又或者是果子狸原本就死在這邊，而車子撞上的另有其物？

順帶一提，這棵神木是推估樹齡有四百年的竹柏，據說以前是在國道旁的浪切不動明王寺境內。一九六九年，國道進行拓寬工程時，原本預定要將這棵樹砍除，但因為居民的請願而留在國道路上。

這棵樹還有個不可思議的傳說，據說在地的漁民們出海捕魚時，遇到了暴風雨，船都因此而翻覆了。此時漁民們全都緊緊死命抓著漂在海浪間的竹葉，而那就是來自於這棵竹柏神木。

果子狸及竹柏，這到底隱含著什麼意義呢？

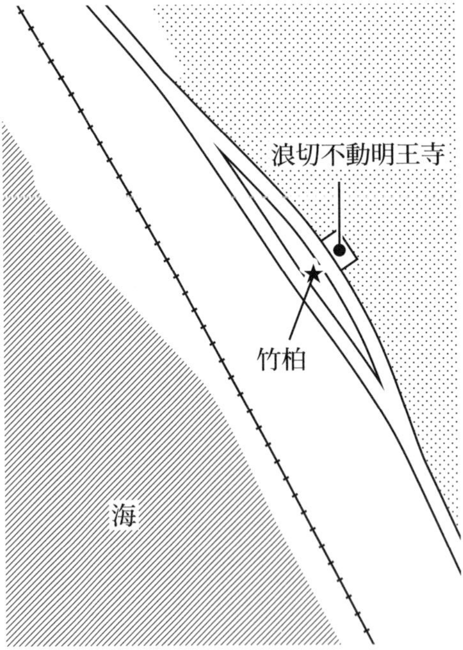

● Sky Rest New Muroto（高知）十二月七日

在深夜從高知往室戶移動的路上撞到果子狸之後，開車的木村先生就變得情緒低落，好不容易總算開到了室戶岬。因為聽聞這裡也有相當多自殺者，所以我原本以為會是懸崖，結果沒想到是接近於平面的岩岸地形。那麼，自殺的方式是跳海嗎？或者這只是單純的謠言而已？

我們的目標是Sky Rest New Muroto，那是一棟位在室戶岬附近的廢墟。在高知長大的H先生因為工作的關係而來到此處時，好幾次都遇到一個不應該出現在廢墟中的小學女孩子。

Sky Rest New Muroto距離室戶岬真的很近，開車只要短短幾分鐘就到了。那是一棟相當高聳的建築物，上層的牆壁已經崩塌了，呈現出任憑風吹雨打的露天狀態。

我在入口處拿起手機對著餐廳的廚房拍照，結果從海岸的那一邊傳來說話聲，聽起來像是大叔用無線電通話的聲音。往傳出聲音的方向望去，只看到一片灌木叢，應該沒有人在才對啊。下個瞬間，我原本拿著手機對著廚房，但手機的電源卻突然關掉了，我反覆按下電源鍵，手機卻完全沒有任何反應。

無計可施之下，我只能稍微離開現場，沒想到一離開電源就打開了，一切也恢復正常。手機錄到了幾秒鐘的畫面，對此我一點印象也沒有。畫面照著廚房的上方，有一道白光閃耀著，而且詭異地動來動去。

Sky Rest New Muroto 的入口。

被遺棄在入口處的 Hello Kitty 玩偶。

中村隧道（香川）十二月八日

高知、高松、廣島三地的靈異怪談演出之旅的第二天，表演結束後我和木村先生及田中先生三人，被I先生及加賀先生帶去了幾個景點。

首先第一個目的地是號稱香川縣最恐怖的靈異地點——中村隧道，正式的名稱是「立石隧道」。由於這是用人工挖掘的隧道，所以隧道內部的壁面坑坑疤疤，通道也相當狹窄，更是完全沒有照明設備。如果對向同時間也開來一台車，那就沒轍了。

這條隧道最有名的傳說，就是入口處前方的地藏王菩薩。如果看到地藏王的祠堂大門開著，那麼回程路上一定會發生事故，另外如果看到地藏王菩薩笑容滿面，便可平安無事地離開隧道。曾經有一個年輕人對地藏王開玩笑，結果過沒幾天就遇到交通事故身亡了。只不過在三十八號縣道開通之後，那一尊地藏王菩薩就被移往新立石隧道前方了，舊有的中村隧道前，原本設置祠堂的地方，如今只剩下斷垣殘壁。

以前我曾在恐怖新聞健太郎先生的介紹下，前來探訪這條隧道，當時我並沒有發生任何狀況，但與我同行的女性奈津子，卻在日後發生了不幸的意外。

奈津子在開車時，不慎猛烈衝撞住宅的牆壁受了重傷，大腦的髓液從鼻孔流出。傷癒

出院後不久，又突然覺得「啊，好想死啊」，便在衣櫥裡綁上繩子準備上吊自殺，幸好被她的母親發現，救了回來。上吊時在脖子上勒出的紅色痕跡，還鮮明地留了許久。

有一次我搭上奈津子的車坐在副駕駛座，當時遇到紅燈她已經停下了，但卻又突然朝著前方的便利商店開過去。如果運氣不好的話，恐怕會釀成重大事故，她本人說自己是在無意識的狀態下踩油門的。這些事件，都是在去了中村隧道之後發生的。

更誇張的是，這次以來賓身分來當觀眾的奈津子，得知我們要去中村隧道後便說什麼也要跟著同行，我們好說歹說才終於勸退了她。那個狀態看起來真的很詭異，彷彿有什麼東西在召喚著她。

中村隧道跟先前一樣，依舊很不尋常。這次我們還去了新立石隧道，也看了新設置的地藏王菩薩。雖然說這尊地藏王已經跟之前的完全不一樣了，但神像的表情還是會根據角度或是看的人不同，而有不一樣的呈現，真是不可思議。

已經變成了新版的地藏王菩薩。

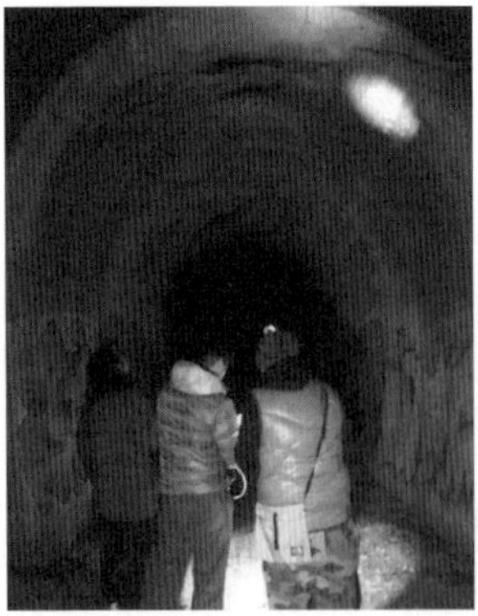

因為地藏王傳說而聞名的中村隧道。

●某個宗教設施的廢墟（香川）十二月八日

離開中村隧道後，我們接著前往某個宗教設施的廢墟。一張遺留在現場的紙條，內容相當可怕。

○○○○先生 老婆婆 小女孩（江戶時代） 戰死的男人	想投胎轉世
切腹自殺的男人	回歸光明
老婆婆 小孩 嬰靈	想投胎轉世

這到底是什麼意思呢？或許是記下了開天眼時所看到的情景，但也可能是附身在○○先生上的靈體們……而且，為什麼只有切腹自殺的男人是回歸光明啊？

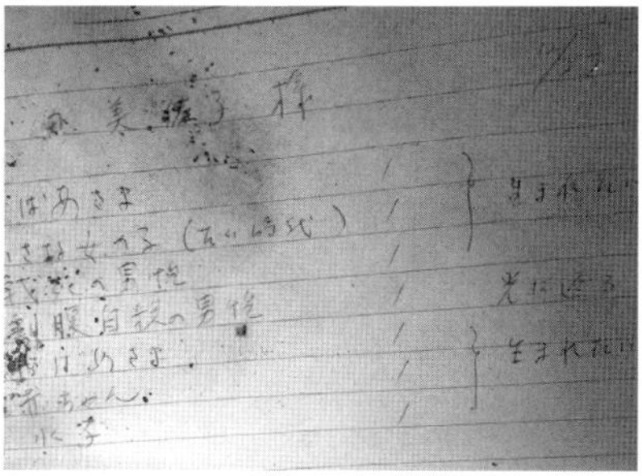

遺留在現場的一張詭異紙條。

南原峽谷（廣島）十二月九日

高知、高松、廣島三地的靈異怪談演出之旅最後一天，地點在廣島的DUMB RECORDS。由於在地人為我們介紹了幾個靈異地點，因此我們決定去探險。

第一個前往的南原峽谷，是南原川的溪谷，以賞楓的名勝而廣為人知。南原峽谷上有「明神三連隧道」，那是三個連續的隧道，相關的傳言非常可怕。

第一條隧道前方，會有個老人坐在隧道口；第二條隧道則是會聽到小孩子的哭聲；第三條隧道會有騎著自行車的警官出現，如果集滿三種靈異現象，就一定會發生意外，感覺好像《死亡遊戲》。

這一天是下雨天，這趟靈異怪談之旅是由NIKONIKO直播的木村先生全程負責開車接送，真的非常感謝。

在即將抵達南原峽谷露營區時，前方出現一條隧道，這就是傳說中的第一條隧道嗎？入口處並沒有老人坐著，所以我試著在隧道裡念誦經文。

「南無阿彌陀佛、南無阿彌陀佛……」

就在這個時間點，雨勢剛好停了，隧道外頭全被白茫茫的霧所包圍，太不可思議了。

穿過隧道後，我們抵達南原峽谷的露營區，此處也曾有過鬼火出沒的傳說，可惜訊號連不上，所以只能暫時中斷網路直播。訊號中斷的同時，前方幾公尺外突然有個巨大的東西衝了過去。

「為什麼會沒有訊號呢？好可惜啊……」

在感到驚訝的同時，不甘心的情緒也湧現。

雖然無法現場直播真的很可惜，但我還是小心翼翼地將燈光轉到那個衝過去的東西上，結果是頭鹿。突然衝過去的那個巨大的物體，原來是鹿。

繼續往露營區的內部走，來到一條封閉的隧道，看來從這裡開始才真的是明神三連隧道。由於入口封閉的關係，再加上訊號一直連不上，所以我們就沒有再往前進了。

在隧道內念誦經文，現場瞬間被白霧籠罩。

這條隧道並非明神三連隧道。

2018年

首狩神社（愛知）一月二日

年末年初的跨年期間，網路節目「OTUNE LIVE！」進行了整整二十七小時的直播。村田 ramu 先生為了參與演出從東京來到大阪，進入新的一年之後，我便招待他住在我的第五間凶宅。兩人昏睡了應該有十幾個小時，但我們的疲勞感並未完全消除，甚至村田先生還說：「田螺先生，你在睡覺的時候一直在吐呢。」

當我洗完澡回到房間，村田先生又說：「田螺先生，你在洗澡的時候還是吐個不停，真的沒關係嗎？」

唔，我並沒有吐。雖然說睡覺的時候可能沒有意識，因此實際情況如何不得而知，但是我很確定洗澡的時候我並沒有吐。所以，這到底是什麼狀況？

元旦那天晚上，我跟村田先生搭上木村先生開的車前往樹海，中途順便轉往愛知縣豐橋市的首狩神社。這座神社的正式名稱為淺間神社，據說只要踏上石階的第一階及第三階，就會被詛咒。

為什麼會被叫做首狩神社呢？因為以前往來這處隘口的旅人都會被斬首，當人們排成一排走上石階，走在最後一個的人，項上人頭就會被當成狩獵的目標。順帶一提，在地人

都相信首狩神社的神明會保佑學業進步。

我們抵達現場時，已經是一月二日的深夜。爬上石階時，我們都遵照傳說踩了第一階及第三階。一股腦兒向上爬的同時，也一邊驗證究竟誰的頭會被當成獵物，會是走在最後一個、負責拿攝影機進行直播的木村先生呢？還是最年長的村田先生呢？

實際走了一趟之後才知道，所需時間不僅比介紹看板上寫的還要多好幾倍，而且爬到頂端的山路簡直就像是在攀岩一般。我們一邊氣喘吁吁一邊持續攀爬，好不容易總算抵達山頂。就在這時候，村田先生的手機卻壞了。結果，沒有任何一個人的頭被獵殺，唯有村田先生的手機受害了。

回程輪到我走最後一個，而我就這麼等待著獵人頭的情節出現。回到入口處的鳥居前方時，透過NICONICO直播觀賞的網友傳了留言上來。

「田螺先生在吐嗎？」

「聽得到嘔嘔嘔的聲音耶。」

都說了我沒有吐啊！

在這條隘道上，走在最後面的人的人頭會成為狩獵的目標。

穩穩踏上踩了就會受到詛咒的第一階及第三階，一步步爬上石階。

正月的樹海（山梨）一月二日

一早在豐橋洗過三溫暖並稍事休息後，繼續出發去下一站。中午前我們就抵達了富岳風穴，被稱為樹海大師的上班族K先生，早已在停車場等待我們。K先生幾乎每週都會造訪樹海，他不僅具有分析風向、嗅出屍臭的能力，甚至有辦法在屍體前吃麵包。

「今天說不定能夠看到長頸鹿先生喔。」

K先生的用字遣詞總是如此特殊。

樹海基本上只有兩種顏色存在，樹葉的綠色，以及樹幹及土壤的褐色。所以要是發現其他顏色，就表示裡頭有些不屬於大自然的東西存在。我看向遠處，看到長長的黃色物體，頓時感到異狀。我總算了解長頸鹿先生的意思了（意指看到掛在樹上的上吊自殺者）。

K先生今天不是吃麵包，改吃雞肉沙拉，看來最近他似乎開始重視健康了。

吃著雞肉沙拉的K先生。

中午前抵達樹海。

橫濱外國人墓地（神奈川）一月十七日

我跟木村先生兩人一起進行靈異禁地巡禮。晚上十點，我們的第一站是橫濱的外國人墓地，我是從 The Band Apart 的原先生的靈異怪談節目中得知這個景點的，據說在墓地的山丘上會有一塊黑色的東西追著人跑。

外國人墓地幅員廣闊，先說結論吧，我們所去的墓園，並非原先生在怪談中所提到的地方，真是可惜了。

深夜十一點，我們從橫濱外國人墓地徒步走到被稱為「白宮」的一棟民宅。那是一間位在普通住宅區的民宅，沒有什麼可疑之處，不過住在這棟白宮裡的人卻被捲入各種奇奇怪怪的事件之中，搬走又遷入，反覆不休。走近一瞧，那棟民宅已經不是白宮了。

現在住在裡頭的人，應該過著屬於他們自己的生活了，所以我們也就這樣走過去而已。

並沒有被黑色的東西追著跑。

小坪隧道（神奈川）一月十八日

據說本牧十二天這個地方有老太婆的幽靈出沒，順路繞過去時已經跨日了。我跟木村先生準備前往連結鎌倉市及逗子市的小坪隧道，以靈異地點的知名度來說，這個隧道算是非常有名。只不過，同名的隧道有好多個，很容易讓人搞混。

我們最先抵達的是靠近海邊城市的「小坪隧道」，這條隧道就在一三四號國道旁，但跟我們打算要去的隧道是不一樣的。

這條隧道地處寧靜的住宅區，本身小小的，內牆用鐵皮覆蓋了起來，鎌倉市這一側的入口處立了一塊隧道工程殉職人員的慰靈碑。一旁還安置了一尊比較新的地藏王菩薩，以及一尊已然風化的地藏王菩薩。一定是因為同名的隧道在靈異怪談領域裡太知名了，所以這條隧道才會被誤認吧。脖子上圍了黃色絲巾的地藏王菩薩表情相當平靜安穩。

當天晚上，我跟木村先生原本打算到三一一縣道尋找位在山邊的小坪隧道，但一直迷路、一直迷路，最後抵達的地方是小坪七丁目的十字路口。從這個十字路口看過去，左邊是小小的小坪隧道，而右邊較大的則是新小坪隧道。真是被搞得越來越糊塗了。

關於小坪隧道的傳說，最常聽到的包括像是從上面會有線掉到引擎蓋上；女鬼舉起手站在路邊，只要有車停下來，她就會坐上車的類型；以及不知何時汽車後座突然多了不認識的人等等，總之就是某種東西搭上車的故事為最大宗。

但是，直到最後也沒有人上了我們的車。

圍著黃色絲巾的地藏王菩薩。

沒有人來搭我們的車。

曼陀羅堂（神奈川）一月十八日

深夜兩點，因為發現小坪隧道上方好像有一個火葬場，所以我們便下車開始爬山。這座山上似乎還有一間曼陀羅堂，這裡是在鎌倉時代的大戰中喪生的武士們埋葬的墓地，過往曾有「山丘都是死者所堆成」的說法。另外，曼陀羅堂的北邊還有結核病養護站，南邊則是小坪火葬場。各式各樣的機構都聚集在這裡了。

不管怎麼說，這條山路給人的感覺非常不好，除了繼續往上爬之外別無他法，但是沒有頭的石像和石造祠堂放在一起，樹木則高低起伏不定，看起來宛如魔界村一般。

我跟木村先生兩人好不容易找到了曼陀羅堂的看板，不過這個時期禁止進入，門窗都深鎖著。從曼陀羅堂走下山，往小坪隧道的方向走，途中發現一棟洋房，搭建在一處讓人不禁想問「為什麼會選這裡」的地方。而且，洋房裡亮著燈，表示有人住在裡頭。這棟洋房據說就是「恐怖莎莉之館」（サリーちゃんの館）。

直到不久之前，都還聽說有人看到小坪隧道上方的火葬場附近，有個手拿鐮刀、帶著兩隻獵犬的男人。這個人就是以前恐怖莎莉之館的主人，或者應該說是管理者，對於那些來試膽，實質上卻造成騷擾的年輕人們，他會一一趕走。現在，恐怖莎莉之館已經變成普

通的民宅了，今天就讓我們先把小莎莉放在一邊吧。

由於完全沒有發生靈異現象，內心多少有些不甘心，因此我們便到鎌倉墓園的電話亭去瞧瞧。這裡也是相當知名的靈異地點，據說會有穿著白色衣服的長髮女鬼出沒。

我試著從電話亭打電話給華井，不過還是沒有發生任何事。隔了一會兒，我又打電話到野尻湖的納瑪象博物館，透過語音服務可以聽得到納瑪象的聲音。

直到最後，我們都沒遇到任何靈異現象。

如果有什麼狀況發生，那才真是稀奇了呢。

在曼陀羅堂周遭，沒有頭的石像和石造的祠堂放在一起。

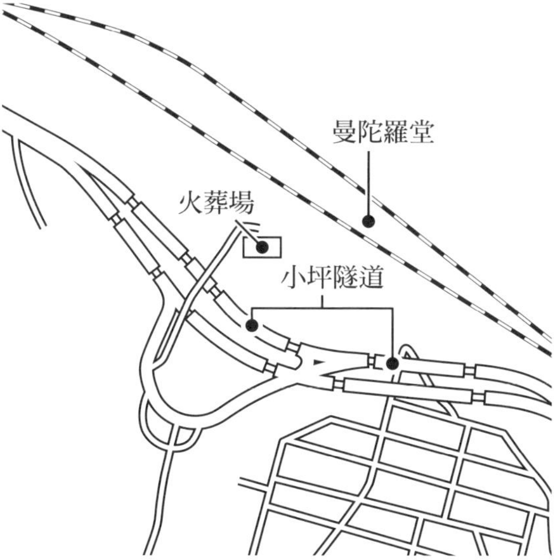

高峰休息站（奈良）一月二十七日

我哥曾經在奈良縣的高峰休息站，開車載到了一個老婆婆的幽靈，所以我、華井和西根三人決定親自到這個休息站，驗證老婆婆是否真的存在。

我們抵達時已經是深夜三點半，我哥的靈異體驗是發生在深夜四點，總算在接近的時間點抵達了。不過，那已經是二十年前的故事了，廁所比哥哥所形容的要乾淨多了。根據哥哥的說法，在女生廁所前面放了祈福的鹽堆，而老婆婆則是一直在洗手。

因為我們不能隨便闖入女生廁所，所以只能在前面看看，結果並沒有發現鹽堆。我豎起耳朵傾聽，裡面的洗手台感覺也沒有水聲。接著我們到男生廁所去看看，我挺喜歡的，因為放了很多花瓶。

深夜四點，我們一行人準備返回大阪。我哥說，從休息站開到第一條隧道為止，老婆婆會一直坐在後座，時間大約二十分鐘。能在老婆婆坐在車內的狀態下，還能平安無事地開二十分鐘的車，現在我才知道哥真是太強了。

我們正從休息站開到第一條隧道。

廁所重新裝潢過，變得乾淨多了。

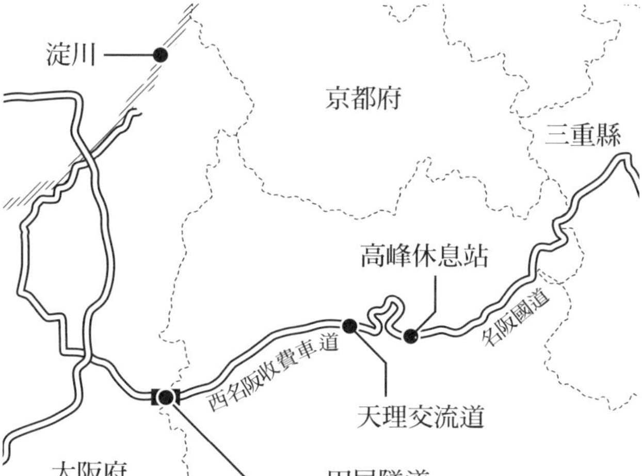

朝霧站（兵庫）一月三十一日

為了電視節目《北野誠之我們是靈異偵探團》的拍攝工作，我在兩天內再次造訪「あ・あ・ま・た・し・す」各站，也就是明石站（あ）、朝霧站（あ）、舞子站（ま）、垂水站（た）、塩屋站（し）和須磨站（す）。

首先前往ＪＲ朝霧站，這個車站有人行天橋可以通往大藏海岸。二〇〇一年夏天，舉辦煙火大會的那一天，人行天橋發生意外。由於過多的觀光人潮擠上人行天橋，導致群眾如雪崩般摔落，進而發生人壓人的慘劇，有十一人死亡、兩百四十七人輕重傷。如今，人行天橋設置了慰靈碑，隨時供養著鮮花。

除此之外，朝霧站還有其他事故，發生煙火大會憾事的同一年冬天，人行天橋下方的大藏海岸發生溺斃事件。

原本ＪＲ神戶線就是因為輕生事件頻傳而聞名。相信大家都知道，在事故較常發生的地方，一般都會裝設具有穩定人心效果的藍色警示燈，在朝霧站周邊的平交道，照明設備就是藍色的。

當然，朝霧站本身的平交道照明也是藍色的，不過不知道為什麼就連車站北邊也充滿

了藍光。深夜造訪的時候，由於眼前全都是藍色的光，反倒讓人感到惶惶不安，不過想必是有不得不這麼做的原因吧。

話說回來，其實在我們造訪的十天前發生一件詭異的事故意外。二〇一八年一月二十一日下午四點五十分左右，電車因為在朝霧站撞上一名女子而緊急停駛。不過警察及救護人員在軌道上找了半天，都沒發現女子的蹤影。列車長因為聽到奇怪的聲音，再加上看到疑似人影的東西，所以才會緊急停車。究竟列車長所看到的是什麼呢？

參拜朝霧站的人行步道慰靈碑。

朝霧站前方充滿藍色燈光。

舞子墓園（兵庫）一月三十一日

看過拆卸中的明舞購物中心後，我、華井和西根一起前往舞子墓園，這座墓園就位在我的老家旁的斜坡上方。人稱恐怖王的田中俊行先生，同樣是神戶人，他從住在舞子的朋友那邊聽到關於舞子墓園的「復活之門」傳說，所以特地來告訴我。

某天深夜，田中先生的朋友A君及B君相約到舞子墓園試膽。據說敲敲墓園內的「復活之門」，就會發生詭異的事情（關於這件事我並不清楚），他們就想去驗證這個傳說。發現復活之門的B君，不理A君「別這麼做比較好」的勸告，還是敲門了。不過因為什麼事都沒發生，所以兩人敗興而歸，一起到附近的公共廁所小便。

這間廁所的天花板及牆壁之間留了一道縫隙，B君看著那個地方，突然之間不知道在害怕什麼似的全身顫抖、恍惚失神。下一秒，B君倒在地上，但是雙腳不停從地面彈起，過程中他的膝關節也變得越來越腫。

A君趕緊扛起B君，跑到住在墓園附近的奶奶家避難，此時B君才恢復了理性，開始說起剛剛發生的事情。

「有個超過兩公尺高的大個子男人，從廁所的縫隙看著我，我嚇了一大跳，趕緊從那邊逃離，但他卻追上來，拿著棍棒一直毆打我的腳。」

看來失魂落魄的B君是產生了宛如惡夢般的幻覺了。不過他的膝關節確實有腫起來，太可怕了。

從田中先生那邊聽到這個故事之後，我就在前年十二月造訪舞子墓園，並且找到復活之門。我敲了敲那道門，也到附近的公共廁所小便。附近池塘的牛蛙叫得震天價響，另外還有兩、三根樹枝發出劈里啪啦折斷的聲音，然而那個巨大男人終究沒有出現。

這次換華井挑戰。

「我絕對不想碰上這種事。」

他嘴裡雖然這麼說，但還是按部就班地進行著，這就是華井的個性。我和西根將車停在後方，在車內守護著華井。華井敲了敲上頭寫著「復活」兩字的門，然後進入公廁。就在華井上廁所時，我聽到一個非常尖銳的電子音。華井回來後，我們詢問他感想。

「沒什麼特別的事情發生，我只有尿尿而已。不過，想要從那麼高的縫隙往內看的話，應該只有巨人安德烈才能辦到吧。」

原來我聽到的尖銳電子音，就是華井小便的聲音……

復活之門。

公共廁所的天花板縫隙。

龜水（兵庫）二月一日

為了電視節目《我們是靈異偵探團》的拍攝工作，這一天來到了明石市，在通往柿本神社及月照寺的西參道入口處尋找龜水。此處有一座龜的雕像，龜的口中有水湧出，流入下方的水槽，因而取名為龜水，據說這裡湧出的是人丸山的靈泉。

我的同學Y小姐從她的媽媽那邊聽到一個故事，說是龜水這附近會有一個沒見過的老婆婆出來告訴大家龜水的所在地，然後一回頭人就不見了。

我實際到現場去等待老婆婆，深夜一點的柿本神社前方，完全沒有人出沒的跡象。無計可施之下，我走到龜水去打水，並且稍微等了一下老婆婆，但她終究沒有現身。如果她真的出現的話，我倒是很想跟她說說話。

人丸山的靈泉湧出。

暗峠（奈良）二月四日

暗峠位於橫跨大阪及奈良的一座山中，通往此處的三〇八號國道，擁有日本國道中最陡的斜坡，斜坡的寬度十分狹窄，只能容納一台車經過，而且開到一半就變成碎石子路。

我跟NICONICO直播的木村先生從東京來到這裡，負責開車的木村先生認為應該沒問題，勇敢地決定挑戰。順帶一提，暗峠據說會有和尚的幽靈出現。

從愛知移動到大阪，下午六點終於抵達暗峠。這條路比我們想像的還要難開，斜坡幾乎開不上去。這時，木村先生大喊一聲：

「啊……」

對向有來車！木村先生在地獄般的大斜坡上倒車，他的人生中從來沒有如此焦慮過。好不容易倒車到一個能讓對向車通過的地方，然後再繼續仰攻暗峠。

途中有個詭異的石碑聚集地，我們在此處稍事休息。這個石碑群之中有一口井，不知道為什麼從井的深處可以聽得到鋼琴彈奏的聲音，這究竟是怎麼一回事，

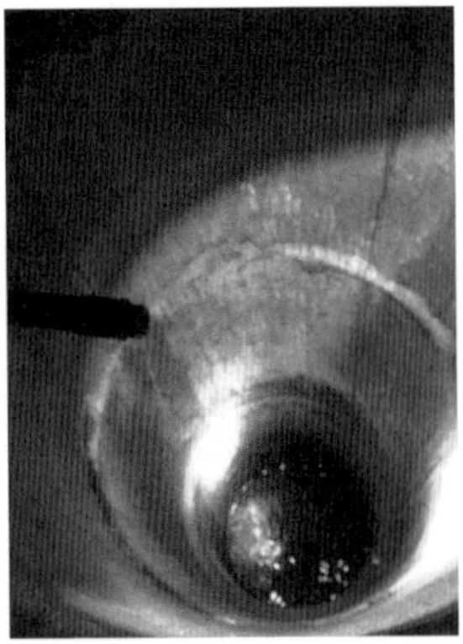

傳出詭異聲響的水井。

我完全沒有頭緒。

再次踏上征途，接下來換成碎石子路。在「啊啊啊……」一路尖叫的過程中，我們還是過關了，順利通過暗峠。

採集蕨菜的山（京都）二月十九日

深夜一點半，我人正在西院，打算前往長岡京，根據Google地圖的計算，徒步大約需要三小時。我準備前往的地方，曾發生過一起懸而未決的事件，長岡京殺人事件，又稱為蕨菜採集殺人事件。一九七九年，有兩名主婦到山上採集蕨菜，之後便下落不明，直到遺體在山頂附近被人發現。直到現在犯人都還沒抓到，因而成為懸案。

其中一名婦女的口袋裡放了一張收據，上面寫著「我被追殺了 請救救我 這個男人是壞人」，說起來真是一件疑點非常多的案子。

此時已經是深夜四點，我已經走了兩個半小時。眼前是一尊紅色的安東尼奧．豬木雕像……喔不，那其實是京都向日市麻辣商店街的在地吉祥物「辣椒小子」（からっキー）雕像。以辣椒為模型所製作的辣椒小子雕像，就設置在ＪＲ向日町站前，也就是說，我目前只走到向日町站而已。

這已經比預定的時間晚了一個小時，距離目的地起碼還要一個小時以上，照這個態勢，等我抵達時天就亮了。我有時會對自己說：「選擇放棄也是很重要的。」（況且也沒有非得走路到目的地不可的理由。）所以我決定改搭計程車。

來到向日町站附近的計程車公司，司機幾乎都在睡覺，我連連說著「不好意思」，將司機叫醒，搭著計程車前往目的地附近的一所小學。如此一來就將一個小時的行程縮短為十五分鐘，終於在預定的三小時內抵達採集蕨菜的山。

開始爬山之後，我看到一塊寫著「當心毒蛇」的看板，大冬天的毒蛇應該不會出來吧，所以我決定置之不理。更重要的是，難得來到殺人事件的現場，而且還開著直播，但我卻因為又冷又累而幾乎沒說半句話，就這樣持續在黑暗的竹林小路中前進。四周杳無人煙，直播畫面裡只有靜靜地呈現著同樣的光景，不過這時卻有收看直播的網友留言說：

「小心啊！犯人說不定也在看直播。」

什麼意思啊？四十年前的殺人犯，有可能會在三更半夜看一個不知所謂的藝人在網路直播？

「犯人當時可能是十幾歲或是二十出頭左右，現在大概六十歲上下吧，所以看到直播的可能性是有的。」

即使如此，六十歲的大叔有可能得知直播服務嗎？好吧，的確也不是沒有可能。犯人有可能在最近買了手機，並於搜尋引擎輸入「採集蕨菜殺人事件」，查看與事件相關的影片或直播，像這樣經常進行自我搜尋（egosearching）有可能已經成為犯人的日常樂趣。不斷思考著各種可能性，讓我感到越來越不安。犯人會不會一邊看直播一邊跟在我身後之類的……

走著走著，突然無路可走了，前方的路被一道鐵門擋住。寒冬的深夜五點，就在即將抵達犯罪現場的前一刻，遊戲結束了。我的內心鬆了一口氣，但一想到必須照著原路走回去，就不免心生絕望，真是痛苦啊。

首先看到的是寫著「當心毒蛇」的看板。

犯罪現場是座充滿竹子與梅樹的山。

山路深處用鐵柵欄封了起來。

辣椒小子的雕像。

花魁淵（北海道）二月二十五日

我與說書人匠平一起在札幌薄野的靈異怪談酒吧「驚魂夜」進行表演，結束後匠平先生帶我到札幌周邊的靈異地點走走，美其名為「靈異招待會」。

他第一個帶我去的地方是位在札幌市南區藻南公園內的花魁淵。明治時期從吉原被帶到北海道的花魁，發現這片土地非常寂寥，跟主人說的完全不一樣，因此傷痛欲絕的她，便從懸崖上跳到豐平川的河岸邊自盡了，之後懸崖下方的河岸不知道從何時開始就被稱為花魁淵。

深夜十點，氣溫零下四度，大雪不斷堆積，藻南公園已是一片銀白世界。儘管如此，匠平先生卻只在T恤外面套了件運動外套而已，真是強壯的孩子啊。

「有位酒吧的客人實際看見過花魁淵的幽靈，那時他到這附近散步，剛好橋上有個穿著華麗和服的女人在看著他，還對他行了個禮，接著便往下跳了。」

我一邊聽著匠平先生的解說，一邊想說先把花魁淵的看板找出來，因為走在不習慣的雪道上，我摔倒了兩次。更糟的是，雪還跑進靴子裡。結果，花魁淵的看板被埋在雪裡，根本找不到，真不該在冬天造訪北海道的靈異地點。

●西岡水源地（北海道）二月二十五日

深夜十一點，我搭著說書人匠平先生的車，離開零下四度的花魁淵，前往札幌市豐平區的蓄水池——西岡水源地。

「這個地方發生過很多跳水自殺事件，半夜對著池子拍照，據說會拍到幾十雙白皙的手從水面伸出來。另外就是池中的一座水塔，被發現有人影在窗戶現身，以及窗戶上的手印會『砰砰砰砰砰』不斷增加。」

可能是因為匠平先生每天的工作就是描述靈異故事吧，聽他說起這些靈異現象就像吃飯喝水一樣稀鬆平常。

「還有一點要注意，在池子周邊行走時，耳邊會聽到窸窸窣窣的說話聲。」

咦？這是什麼意思？

「這裡也有一個說話很快的女鬼會出沒，這個女鬼喜歡在人們耳邊說些事情，但由於說話速度太快了，所以完全聽不懂。」

如果真的有什麼想傳達的，慢慢說不是比較好嗎……

「啊，對了。那道階梯的最後有座不動明王的祠堂，站在這座祠堂的直線位置上，會

產生很不舒服的感覺。」

這是什麼現象呢？難不成是不動明王會發射雷射光束？

前往祠堂的小路的確是有細窄的小橋與石階連成了一直線，感覺就像是通往某個神祕地點的通道，真是太神奇了。我們往前走去看看不動明王。

在一片白靄靄的雪景中，祠堂裡卻一點雪都沒有，明明即使有雪花飄進裡頭也不奇怪的說。祠堂內不但沒有雪，而且把手伸進祠堂內，還感覺到相當溫暖，這尊不動明王似乎真的對外散發著某種力量吧。

祠堂前方貼了一張紙條，上面寫著「請勿獻上供品」。

這是為什麼呢？我問了匠平先生。

「大概是因為野生動物會跑來吃吧。」

這個回答讓人恍然大悟。

「另外，這裡平常都會有棕熊出沒。現在棕熊在冬眠所以應該沒關係，但還是請多加留意。」

這件事才最可怕吧！

通往祠堂的細窄小橋。

三段壁（和歌山）三月二日

深夜兩點，我跟華井及西根三人一同前往和歌山的觀光勝地——三段壁。此處不僅是風景名勝，同時也是情侶勝地，另外也是自殺熱點，自然而然也就成為靈異怪談的舞台。

下車之後，狂風陣陣吹來，風聲聽來感覺就像女子抽抽搭搭的哭泣聲。在走去三段壁瞭望台的路上，我們轉進樹林裡，發現了名為「文殊堂」的祠堂。從這座祠堂沿著山路走一小段，就能看到一尊延命地藏王，這是為了鎮住在此自殺之人的魂魄而設的。原本我們打算從延命地藏王朝著西國三十三所地藏的方向走去，但西根卻有不祥的預感，因此我們便打消念頭。西根說，從我們原本要走的那個方向傳來巨大的海浪聲。

文殊堂外頭設有一台「生命線電話」，主要就是為了預防自殺，電話亭內經常備有十圓硬幣，讓人即使沒錢也可以打電話。

繼續往瞭望台走，在強烈的海風吹襲下望向三段壁，一片漆黑的環境中什麼都看不到，不過倒是可以看到懸崖的前端有某個東西正在發光。我們想要再往懸崖的方向靠近一點看清楚，沒想到觸動了感應器！

「前方往三段壁方向已經封鎖了，請大家不要擅自進入。」

原來如此，為了防止有人自殺，所以只要再往前走，感應器就會開始播放。再次望向三段壁的位置，剛剛的光已經消失了，究竟是什麼東西在發光呢？

我們退開懸崖，繼續順著道路前進。

「嗚哇……」

華井立刻大喊：「有尖叫聲！」我和西根也都聽到了，雖然是從很遠的地方傳來，但聽得出來是尖銳的女性尖叫聲。接著，感應器又響了。

「前方往三段壁方向已經封鎖了，請大家不要擅自進入。」

「前方往三段壁方向已經封鎖了，請大家不要擅自進入。」

「前方往三段壁方向已經封鎖了，請大家不要擅自進入。」

完全沒有其他人在現場，但是感應器就是一直響個不停……

懸崖遠方傳來詭異的尖叫聲。

電話亭內備有十圓硬幣，讓人隨時可以撥打的「生命線電話」。

筆山（高知）三月十四日

高知、高松、廣島三地的春季靈異怪談演出之旅第一天，參加完高知的演出後，搭上高知在地音樂家 watch 先生的車，準備前往筆山。在筆山公園裡，有土佐藩主山內家的墳墓，據說夜半時分會有鬼魂在裡頭飄蕩。

另外還聽到這樣的故事，筆山山麓有一間音樂工作室，高知在地的樂團成員H先生有次自己一個人在裡頭練習吉他，本來應該只有他自己一個人在彈奏，不知道什麼時候多了另一個吉他聲。仔細一聽，那把吉他正在跟自己彈的樂曲合奏，儼然是場幽靈的演奏會。

H先生一開始有些不知所措，但是隨著演奏會持續進行，他的心情也越來越亢奮，於是就這樣彈奏了許久。就在演奏會來到最高潮的瞬間，幽靈過來跟他背靠著背，也就是吉他手與吉他手背靠著背一起合奏。H先生著實嚇了一大跳，回過神之後就立刻飛奔逃離現場了。

我們不知道那間音樂工作室在哪裡，所以沒辦法前去拜訪，不過倒是在筆山的墓園裡發現了巨大的觀音像，那座觀音像名為「高知觀音」，就連帶路的 watch 先生都不知道祂的存在。大約十公尺高的觀音像，只有上半身突出於地面，用手電筒一照，發現觀音的臉

和手大到超乎想像，讓人不禁感到害怕。比例上感覺相當怪異，只有嘴唇是紅色的這一點也挺奇妙的。

欣賞了筆山公園的夜景之後（對，我們的目的改變了），接著前往來高知時一定會順道去喝一杯的酒吧。老闆岩合先生沒有見過幽靈，但卻看過類似像飛碟的東西。

某天晚上，岩合先生從自家窗戶往外看時，發現筆山上有一團謎樣的發光體正不斷地上上下下地移動。這件事情他有跟熟識的朋友說，然而沒有人看過那樣的發光體。不過，有位在地震研究單位裡工作的朋友，倒是給他看了一份有趣的資料。在岩合先生目擊發光體的同一日期、同一時間，筆山那邊被觀測到神祕的電磁波，那位朋友將圖表化之後的資料拿給岩合先生看。

筆山上有鬼魂飄蕩的傳說，高知則有許多目擊飛碟的報告。雖然我無法說明這究竟是怎麼一回事，但我相信在這背後一定有些什麼。

筆山公園裡的巨大觀音像。

幽靈出沒的喫茶店遺跡（香川）三月十六日

高知、高松、廣島三地的春季靈異怪談演出之旅，第二天在高松舉行。田中俊行先生在節目上展示一張「一旦擁有就會染病」的靈異照片，結果他就在舞台上鼻血流個不停，應該沒事吧。

演出結束後，來高知總是非常照顧我的加賀先生及I先生，這一天同樣開車載著我一起去探訪靈異地點。

香川縣的三大靈異地點分別是喝破道場、牟禮醫院和金山醫院。二〇一六年，加賀先生及I先生已經帶我去過牟禮醫院了。可惜的是，當我們去的時候，牟禮醫院已經完全拆毀了，現場只剩一片空地。I先生當時是用自己的手機開Google地圖充當導航，但就在我們抵達的瞬間，手機畫面的顏色整個改變，不僅變黑，上面的文字也全部都變成顯示座標的數字。我們眼前還有一隻烏鴉的屍體掉下來，後來車子裡的兒童安全鎖還自動上鎖，害我們沒辦法下車。

這次我們要往金山前進，以「坂出的廢棄醫院」在地方上廣為人知的金山醫院，過往

曾是結核病患者的隔離設施，就跟我去年六月造訪的大坂R醫院一樣，不僅有「要是把醫院的東西帶回家，就會有幽靈打電話要你『還回來』」、「幽靈會跑到你家，取回你從醫院帶走的東西」之類的傳聞，也有「失去下半身的女鬼出沒」等等的靈異故事。不過很遺憾，金山醫院也已經拆除了，建築物已經不復存在。

醫院附近的金山隧道也傳出有「老人與小孩的幽靈出沒」，但這並不是我們此行的目的地。我們要去的地方，是位在金山隧道前方不遠處的一間喫茶店廢墟，那是從I先生小時候就非常聞名的靈異地點。

距今大約二十多年前就傳聞這間喫茶店的二樓有女鬼出沒，那個女鬼是遭到店長劈腿的女服務生。某天，女服務生自殺了，從此之後就時常有人會在二樓的窗戶看到她。順帶一提，I先生的爸爸也曾親眼目睹那個女鬼。

諷刺的是，這一帶的年輕人為了要一睹女鬼的真面目，所以經常光臨喫茶店，反倒讓喫茶店的生意變得相當好。不過，不曉得從何時開始這裡變成了一座廢墟，如今更是連廢墟的痕跡都不剩了。

深夜一點，在細雨紛紛之中我們抵達了現場。正打算下車時，兒童安全鎖又再次自動上鎖了，搞得我們又沒辦法出去，和當時去牟禮醫院時一樣。最後是I先生想辦法從外面將門打開，我們才能下車。

「我覺得啊，這邊有東西！」

幾個小時前鼻血流個不停的田中先生喃喃自語著。

「啊，從那邊開始，就有這種感覺。」

難不成是突然萌生靈異體質？我投以懷疑的眼光。

「哎呀田螺君，靈異怪談啊，如果是在這樣的地方進行，連我都會有所感應的。」

知道當時那間廢墟在哪裡的I先生這麼說。

「我知道了。田中先生所指的地方，的確就是那家喫茶店所在地。」

我想，偶爾還是要相信他人所說的話。

站在喫茶店遺跡前的田中先生。

林田港（香川）三月十六日

深夜兩點，我們準備前往林田港。據說在林田港，車子會突然暴衝駛進海裡。事實上，從海底已經有五台汽車被拖上岸，而且車內還有多具屍體，當地的新聞媒體在幾年前也報導了這起事件。根據傳聞，把車子停在林田港的時候，即使關掉引擎、拉起手煞車也沒有用，車子還是會自己動起來，然後落入海裡。

小雨之中，熱愛釣魚的加賀先生開始在林田港釣起魚。

「我要在這裡釣魚嘍……」

他在釣魚的期間，我們則是對著海一邊暢談靈異故事，一邊看他釣魚。結果加賀先生的車子並沒有被拉進海裡，更可惜的是他也沒釣到任何一條魚。

只不過，有個地方就是讓人覺得詭異，那裡有個路障倒在地上。那個路障後方就是海了，當我將手電筒照向海面，有一團白白的東西浮了上來，看起來有點像人的臉。

「嗚哇！」

我嚇了一跳，但仔細一看才發現那是群聚在一起的小魚，只是剛好看起來像人的臉而已。不過，我聽說容易釣到魚的熱點常會發現人的屍體，該不會……

已斐峠（廣島）三月十六日

高知、高松、廣島三地的春季靈異怪談演出之旅來到最後一天，在廣島的DUMB RECORDS結束表演後，在地的A先生先帶我前往已斐峠。

已斐峠沿路有許多彎道，所以事故頻傳，在地人都以「魔鬼峠」稱呼它，可見有多恐怖。在已斐峠附近的地藏王菩薩也有不少傳說，像是：「曾有面臨危險事故的人，在地藏王菩薩的幫助下順利脫險了，回去答謝參拜時，卻聽到有個聲音說：『要是死了就好！』」

A先生常聽到的傳言是：「像這樣的地藏王菩薩共有七尊，如果七尊全都參拜了，就會被詛咒。」其他還有「要是在路上找到被丟棄的運動鞋，後面就會有馬拉松選手的幽靈追來」，可能是那個選手在跑馬拉松時鞋子掉了吧。如果我遇到那個選手幽靈，我想我會把運動鞋還給他。

這裡的彎道真的是九彎十八拐，的確是相當危險的一段山路。我確定有一尊地藏王菩薩就在已斐峠的頂端，不過其他的就找不到了。

只找到一尊地藏王菩薩。

魚切水庫（廣島）三月十七日

我向來參加靈異怪談活動的在地廣島人詢問靈異地點相關資訊，結果每個人都異口同聲地說「魚切水庫」。跟魚切水庫相關的傳言包含「常拍到靈異照片」、「當地的暴力集團會到這裡棄屍」等等。帶路的A先生說：「我所知道的是，有一對情侶在這邊乘船戲水，當警察上前做例行盤問時，這對情侶就消失了。」

深夜兩點，我們抵達魚切水庫，水庫周邊有許多廢墟，對岸也看得到一棟像洋房一樣的廢墟，就像任天堂電動遊戲《惡魔城系列》裡的世界。

A先生要介紹的並不是廢墟，而是一座橋，在紅色的橋下，掛著一條似乎是用來上吊的繩子，只要一碰到那條繩子，就會像鬼壓床一般全身無法動彈。

我們走到橋下，尋找那條繩子，布滿綠色苔蘚的繩子就在橋梁的邊緣，陰森詭異地垂掛著。我朝著繩圈的裡頭瞧了瞧，發現像是白髮的細小纖維。眼前的景象似曾相識，跟前年的黃金週我到樹林探險時所看到的一樣，都是殘留毛髮的繩子。人在死後屍體開始腐爛，最先脫落的就是頭髮，而且難以腐化的毛髮，會比肌肉更容易殘留下來。

雖然說我對於要不要碰觸繩子這件事非常猶豫，最後我還是下定決心將手指伸進繩圈裡頭。結果發現，原本我認為是頭髮的東西，其實是蜘蛛絲。接著我順勢用手指碰了碰繩子，但是並沒有變得無法動彈。

橋下的樹上掛著毛巾及女用背心，不過這裡有些什麼我就不得而知了。

垂掛在紅色橋梁下的繩子。

鼓起勇氣將手指伸進繩圈中。

阿闍梨之森（大阪）三月二十五日

位在高槻的阿闍梨之森，經常能拍到靈異照片，據說只要踏進神社後方的一處石碑群，就會看到在神木上吊的人。

我曾因為拍攝電視節目《北野誠的你們不要去啊！》去過一次，這裡也是我第一次發生無法進行臉部辨識的地方。用智慧型手機拍照時，相機都具有辨識人臉的功能，會自動出現四角浮標，但相機對我的臉卻沒有任何反應。更離譜的是，人臉辨識的浮標竟然出現在我的膝蓋位置，變成「膝蓋辨識」了。

之後，北野誠先生帶我到京都的某間神社，那裡的神婆S姐告訴我：「你身邊跟了一個女鬼，那個鬼就像一塊磁鐵似的，吸了許多等級較低以及四處浮游的幽靈，結果就變成了一個大畜生。就是因為這樣，你的臉才會呈現幾乎看不見的狀態。」

這句話是在二〇一四年時說的。

「你本身的能量很強，所以現在還頂得住，不過也是只差這樣（幾公分）就會滿出來了，到時候請務必再回到這裡。」

聽了這個忠告到現在已經過了四年。其實在這天的一個月之前，我就來這間神社進行了消災解厄的儀式。新年期間我就有無意識作嘔的現象，而先前在高知拍攝《北野誠的你們不要去啊！》的外景時也是如此，住在飯店隔壁房間的北野誠先生，聽到我作嘔的聲音，差不多就是那時期，S姐主動聯絡北野誠先生。

「田螺先生應該差不多快滿出來了，請帶他過來神社一趟吧。」

所以我就被帶到神社去，接受了一個小時的「治療」。

「因為擔心會影響你的工作，所以我有幫你保留一點點。」

從那之後，手機裡的我漸漸能夠進行臉部辨識了。

只不過這一天在阿闍梨之森，我還是沒辦法做臉部辨識。

我試著走進石碑群之中。

站在椿上，手就能碰到神木。

七間廢墟（山口）四月四日

這幾個月我一直被《凶宅怪談：人可怕還是鬼可怕？》的截稿日追著跑，因為已經拖稿非常久了，所以我連著好幾天都在事務所及出版社的會議室閉關寫作。

不過這一天，「不好意思，青春十八旅遊通票的期限快到了，請給我一天的時間，讓我去走走吧！我會在電車裡寫稿的。」

青春十八旅遊通票是ＪＲ線普通電車的一日通行票券，途中不管進出車站幾次都可以，春季的使用時限只到四月十日，我無論如何都希望可以把票用掉。其實，我只是想去遠方走走。中午我從大阪站搭上新快速電車，花了一個小時抵達姬路站，接著在相生待了三十分鐘，然後在岡山、笠岡、糸崎之間來回換車，傍晚五點在三原站下車，買了個章魚飯鐵路便當。對向月台停了一列彩繪電車，上面有廣島東洋鯉魚隊選手的彩繪。

再次搭上電車，在黃色的慢車中搖搖晃晃，晚上八點在山口縣的岩國站下車。岩國知名的觀光勝地——錦帶橋，具有五個拱橋造型，夜晚的燈光一打，相當賞心悅目，我在橋下拍了會在 Instagram 大受好評的漂亮照片。其實，錦帶橋也是經常會拍到靈異照片的地點，但是我並沒有拍到什麼特別的。

過了橋之後，我來到祭拜岩國藩主吉川家的吉香神社，而神社的前方則有一棟岩國白蛇館，這讓我想起去年夏天時造訪的四日市鵜之森神社。

在岩國的夜晚進行了一場輕旅行後，我搭上最後一班電車往西前進。一開始我並沒有決定要去哪一站，不過最後我選在山口縣光市的島田站下車。從大阪一路過來，整整花了十二個小時，途經八十個車站，坐車期間我一個字都沒寫。

為什麼我會在島田站下車呢？那是因為這裡有「七間廢墟」（七つ家）。這裡聚集了七間廢墟，類似像聚落一般的地方，據說在最靠裡面的那一棟房子裡曾發生殺人事件。也有人說，這個未完成的住宅區因為人們不願意住進去，所以就變成廢墟了。

深夜十一點半，從車站出來，一直到抵達七間廢墟之前，我就走在完全昏暗的道路上，對我來說已經習以為常了。途中我發現一個好幾層鳥居串連在一起的階梯，但因為這裡並不是我的目的地，所以就先略過了。鳥居旁有一片空地，上頭丟棄了非常大量的墓碑。我在黑夜裡走了四十分鐘，終於在過了深夜十二點時來到七間廢墟的入口。

我沿著兩旁長滿雜草的小路前進，首先在右側發現了第一間房子。由於它位在稍微高一點的位置，所以我無法靠近。接下來來到第二間房子，此處的樹林與老朽的房子已經融為一體，就像喪屍一樣，如果房子也有喪屍的話，大概就是長這樣吧。

第三間房子的屋頂倒塌壓了下來，竹子無情地貫穿整間房子，是串燒之家；第四間房子只剩下石牆。在找到第五間房子之前，我先發現了一台被燒得焦黑的車子被棄置在路旁。車頂及引擎蓋已經長出雜草，變成新的地面了。

車子後面就是第五間房子，這間房已經沒了屋頂，浴缸也露了出來。在近處的一棵樹上釘了塊木板，但我並不清楚用意為何。緊接著是最裡面的第六間房子，這裡很明顯地被焚燒後，只剩下地基而已，再往前全是樹林，無法繼續往前了；第七間房子位在森林深處，完全看不到。

因為突然下雨了，所以我回到第二間房子，在廢墟的屋簷下躲雨，就在這時候，猛然有個疑問浮上我心頭：「我現在是在做什麼？」

我逃離了做不慣的撰稿工作，逃到靈異景點來，現在我該做的事情並非巡訪靈異禁地，而是寫書。在做這些事情時，如果沒有持續動筆，會造成很多人的困擾。出書對我來說是無比珍貴的機會，然而現在的我，卻在遙遠的山口縣廢墟裡躲雨，而且我心裡還想著，如果能發生些什麼就太好了。不可思議的現象、無法解釋的狀況，我內心不斷期待著這些，拜託幽靈出現在我的眼前吧！我想，這就是逃避現實吧。

過去的兩年裡，我只要一有時間就往有靈異現象的地方跑，光是能待在這些地方，就讓我倍感充實。對我來說，靈異場所並不恐怖，反倒是將不可解的世界與現實串連起來的希望。

深夜四點半，雨持續下著，所以我決定離開廢墟聚落。回到縣道之前，我突然耳鳴了。回程路上，我順道去了剛剛略過的鳥居，穿過層層鳥居後，裡頭是一間廢棄神社。塗成紅色的祠堂及主殿，已經殘破不堪。走到神社後方，有片被翻挖過的空地，我用Google地圖查了一下自己的所在位置，結果那片空地是墳墓。再次走回廢棄神社時，我覺得自己好像踩到某個東西，會是什麼呢？我邊想邊把腳抬起來，發現我踩到的應該是當作神體的神鏡。

「啪唰啪唰啪唰。」

瞬間，從上面落下大量的枯葉。

我將神體擺放至崩塌的祠堂前方，接著便走下鳥居階梯，在階梯下方有個丟棄大量墓碑的空地。原來如此，這裡的墓碑應該就是從廢棄神社後面的墳墓移過來的，所以那裡才會有翻挖的痕跡，一切就這麼奇妙地合理化了，這讓我懷抱著暢快的心情回到了島田站。

「啊，回去之後就必須繼續寫作了！」帶著這樣的想法，我搭上清晨的第一班電車，準備回歸現實。

錦帶橋能拍到靈異照片，放上 Instagram 大受好評。

第二間房子的塗鴉相當嚇人。

第三間房子被竹林貫穿，變成串燒之家。

我在廢棄神社踩到被用來當作神體的神鏡。

—後記—

靈異旅行是逃亡也是療癒，更是日常

在平成正式轉換成令和的瞬間，我人在流放之島，漂浮在瀨戶內海的鹿久居島，是藩政時代流放犯人的小島。一六九八年至一七一〇年，為了讓罪犯能夠洗心革面、重新做人，便懲罰他們在這裡進行開墾荒地的勞動工作。

至於我為什麼會到這座島呢？其實就是因為書稿已經趕不上截稿日期，於是我被流放到這座島上了。當然這是場面話，實話是我自己很想要去。喔不，正確來說我想去的地方是鹿久居島旁邊的「斬首島」。在鹿久居島服勞役卻還是無法改過向善的犯人，就會被帶到只會用來砍人首級的「斬首島」。

在我持續進行靈異禁地之旅的過程中，其實已經知道這座斬首島的存在了，那就只是一個充滿死亡氣息的地方。我一定要去！我想知道自己在那座島上會有什麼感受。

二〇一九年四月按照原定計畫，《凶宅怪談2異界探訪恐怖之旅》的書稿應該要在三月完成。現實卻是，從前年的十月開始撰稿以來，整整半年的時間才寫了不到三分之一。

「OTUNE LIVE！」是我例行錄製的節目，裡頭的工作人員得知這個情形，便將我監禁在攝影棚，並斷然執行「壓榨松原田螺計畫」，逼我寫出一百篇的分量來。他們用五十八個半小時連續直播的方式來激勵我，就連自作自受的逼稿過程，也可以變成娛樂大眾的節目，真是非常感謝節目的工作人員們。

不過，即使如此，我還是沒寫完稿子，總之還是得做點什麼，因此我放棄黃金週的假期，跑到島上閉關。這麼一來，我就能夠在完稿的瞬間，同時進行恐怖之旅。我的目的地就是斬首島，這就是我為了寫稿流放到島上監禁的過程了。

然而，不管我查了多少資料，就是找不到前往斬首島的方法。結果我就在瀨戶內海的各個小島間流轉，在生存遊戲的環境中嘗試寫作。風吹雨打、擔心漲潮、害怕昆蟲，以及被鳥啄傷，理所當然地寫稿工作完全沒有進度。

五月一日，我在鹿久居島度過一夜之後，得知「體驗古代生活Mahoroba」這個單位可以讓人搭獨木舟到斬首島。儘管離交稿目標還差得很遠很遠，但我還是搭上獨木舟前往斬首島，這是我第一次的獨木舟體驗。只要稍微失去平衡，就會翻船。我一邊死守著儲存了所有原稿資料的手機，一邊用慢到讓人想放棄的速度朝著斬首島前進。

再一下、再一下就能抵達斬首島了。突然之間，海流產生劇烈變化，翻船的危機接踵而來。獨木舟新手的操作功力對於這樣的狀況一點都幫不上忙，我就這樣被海流沖到岸邊，已經近在眼前的斬首島，就像最後的魔王一般昂然而立。

這次書中收錄的內容是到二〇一八年四月的七間廢墟為止，但在那之後我仍持續進行靈異巡迴之旅，這本書邁入尾聲的同時，我仍在旅行的途中。

靈異旅行是逃亡也是療癒，旅途中會有很多成長及發現，所以在回到正常生活時，就更能用嶄新的心情面對一切了，對吧。不過在我進行靈異禁地之旅的過程中，旅行本身已經漸漸成為我的日常了。

等著我回去的家是凶宅，而且我會不斷尋找下一間凶宅，就像在搜尋新的靈異禁地一般。以斬首島為起點，我知道自己還想要探索更多未知的世界，未知是可怕的，我想要持續挖掘並理解那個世界的一切。對我來說，探訪未知並不是旅行，而是活著的目的。

最後，我想對購買本書的讀者說，謝謝你們願意聽我分享我的日常生活。

松原田螺

國家圖書館出版品預行編目資料

凶宅怪談．2, 異界探訪恐怖之旅 / 松原田螺作；李喬智譯．-- 初版．-- 臺北市：三采文化，2020.07
-- 面；公分．--（FOCUS：94）

ISBN 978-957-658-376-6（平裝）
1. 鬼靈 2. 日本
298.6 109008039

suncolor 三采文化集團

FOCUS 94

凶宅怪談 2 異界探訪恐怖之旅

作者｜松原田螺　譯者｜李喬智
日文編輯｜李媁婷　美術主編｜藍秀婷　封面設計｜李蕙雲
版權經理｜劉契妙　內頁排版｜陳佩君　校對｜黃薇霓

發行人｜張輝明　總編輯｜曾雅青　發行所｜三采文化股份有限公司
地址｜台北市內湖區瑞光路 513 巷 33 號 8 樓
傳訊｜TEL:8797-1234　FAX:8797-1688　網址｜www.suncolor.com.tw
郵政劃撥｜帳號：14319060　戶名：三采文化股份有限公司
本版發行｜2020 年 7 月 17 日　定價｜NT$420